权威·前沿·原创

皮书系列为
"十二五""十三五""十四五"时期国家重点出版物出版专项规划项目

BLUE BOOK

智 库 成 果 出 版 与 传 播 平 台

北部湾蓝皮书

BLUE BOOK OF BEIBU GULF

北部湾国际门户港发展报告（2022~2023）

ANNUAL REPORT ON DEVELOPMENT OF THE BEIBU GULF
INTERNATIONAL GATEWAY PORT(2022-2023)

主　编／朱芳阳　陈　磊
副主编／朱　念　潘柳榕　李　燕

社会科学文献出版社
SOCIAL SCIENCES ACADEMIC PRESS（CHINA）

图书在版编目（CIP）数据

北部湾国际门户港发展报告.2022-2023/朱芳阳，
陈磊主编；朱念，潘柳榕，李燕副主编.--北京：社
会科学文献出版社，2023.11
（北部湾蓝皮书）
ISBN 978-7-5228-2772-8

Ⅰ.①北… Ⅱ.①朱… ②陈… ③朱… ④潘… ⑤李
… Ⅲ.①北部湾-港口经济-经济发展-研究报告-
2022-2023 Ⅳ.①F552.767

中国国家版本馆 CIP 数据核字（2023）第 211857 号

北部湾蓝皮书
北部湾国际门户港发展报告（2022~2023）

主　　编／朱芳阳　陈　磊
副主编／朱　念　潘柳榕　李　燕

出 版 人／冀祥德
组稿编辑／周　丽
责任编辑／张丽丽
文稿编辑／赵熹微
责任印制／王京美

出　　版／社会科学文献出版社·城市和绿色发展分社（010）59367143
　　　　　地址：北京市北三环中路甲 29 号院华龙大厦　邮编：100029
　　　　　网址：www.ssap.com.cn
发　　行／社会科学文献出版社（010）59367028
印　　装／三河市东方印刷有限公司

规　　格／开本：787mm×1092mm　1/16
　　　　　印张：19.25　字数：287 千字
版　　次／2023 年 11 月第 1 版　2023 年 11 月第 1 次印刷
书　　号／ISBN 978-7-5228-2772-8
定　　价／158.00 元

读者服务电话：4008918866

本书得到以下项目资助：

2022 年度、2023 年度广西北部湾经济区发展专项资金（重大人才）项目、广西高校人文社会科学重点研究基地——北部湾海洋发展研究中心项目、北部湾海洋经济研究院项目。

本书得到以下单位支持：

广西壮族自治区北部湾经济区规划建设管理办公室、交通运输部水运科学研究院、北部湾大学、桂林电子科技大学。

特此表示感谢！

主要编撰者简介

朱芳阳　管理学博士、教授，曾为泰国那黎宣大学博士生导师、广西大学与广西师范大学硕士生导师，现为北部湾大学国际商务专业硕士生导师。北部湾大学党委教师工作部、人事处（离退休工作处）部长、处长，北部湾海洋经济研究院执行院长，陆海新通道北部湾研究院首席专家，北部湾海洋发展研究中心研究员。广西高校卓越学者、高水平创新团队负责人，广西高校重点经济管理学科专业群负责人，广西物流管理一流专业负责人，国际商务硕士点负责人。中国物流学会理事、特约研究员，广西工商管理类专业高校指导委员会委员，广西国际经济贸易学会副会长。主要从事物流与区域经济发展研究，出版《北部湾物流产业生态位选择与构建研究》等多部学术专著；提交《关于发挥钦州物流节点作用，主动融入西部陆海新通道建设的相关建议》等多篇咨询报告，被各级政府部门采纳；发表高级别论文多篇；主持完成国家自然科学基金1项、省级项目5项。

陈　磊　法学博士，研究员，北部湾大学党委副书记，北部湾海洋发展研究中心主任，陆海新通道北部湾研究院常务副院长，中国行政管理学会理事会理事，硕士生导师，广西大学MPA研究生校外导师。主要从事绩效评价领域研究。先后主持厅级科研项目5项；参与国家社科基金重大项目、一般项目，广西哲学社会科学重点项目等10余项科研项目研究工作。发表学术论文10余篇，主要论文成果包括《提升法治政府绩效满意度的思路建议》《法治政府绩效满意度实证研究——基于2014年广西的抽样调查》《新媒体时代高校廉洁教育的路径研究》《法治政府绩效评价：可量化的正义和不可量化的价值》等，出版学术专著《法治政府绩效评价群众满意度研究》。

朱　念　北部湾大学教授，硕士生导师，北部湾大学经济管理学院院长，学校社科联副主席，钦州市社科联兼职副主席，陆海新通道北部湾研究院副院长，广西高校人文社会科学重点研究基地——北部湾海洋发展研究中心副主任，钦州发展研究院常务副院长，双师型教师，钦州市青年拔尖人才。主要研究方向为区域经济与国际经济。主持国家社科基金项目1项，主持完成教育部课题1项、广西哲学社会科学课题1项，参与国家级、省部级课题10余项。在核心期刊发表论文30余篇；出版《我国对东南亚地区投资的国家风险传染机理研究——以越菲马印四国为例》《基于灰色系统理论与应用的广西北部湾向海经济研究与预测》等著作、教材6部。

潘柳榕　北部湾大学经济管理学院副教授，陆海新通道北部湾研究院研究员，泰国 Naresuan University 物流与供应链管理在读博士研究生，双师型教师（创业咨询师），自治区级一流课程负责人。主要研究方向为服务供应链、港口物流、企业数字化转型。主持教育部人文社会科学项目1项、广西哲学社会科学项目1项、市厅级课题2项；参与国家社科基金项目1项，省部级、地厅级课题10余项。在省级以上期刊发表学术论文13篇（其中 SSCI 期刊1篇、中文核心期刊1篇），出版专著2部。

李　燕　北部湾大学经济管理学院教授，硕士生导师，广西高校人文社会科学重点研究基地——北部湾海洋发展研究中心办公室主任。主要研究方向为海洋经济管理。主持完成教育部人文社会科学项目1项、省级教改项目1项、地厅级项目3项、校级项目4项，主持在研广西哲学社会科学项目1项、省级教改项目2项、校级课题3项，参与完成国家社科课题1项、教育部课题1项，参与省厅级其他课题10多项。连续多年主持钦州市重大课题，多项研究成果被钦州市委政研室采用。在省级以上刊物发表系列学术论文40 余篇，其中在《农业现代化研究》与《西南师范大学学报》（自然科学版）等核心期刊发表论文 20 余篇。科研成果获钦州市社科奖一等奖 2 项、二等奖 1 项、三等奖 1 项。出版专著 1 部，参编著作 4 部。

摘　要

　　本书对北部湾国际门户港 2022~2023 年总体发展情况进行了梳理，基于当前新形势、新背景和新机遇，从港口物流规模、基础设施建设、集疏运体系、运输服务、临港产业、绿色低碳、智慧港口七个方面客观总结了北部湾国际门户港发展现状与成就，从国际经贸形势、自治区经济发展状况、北部湾经济区发展状况等方面分析了北部湾国际门户港发展的环境与基础。本书指出北部湾国际门户港较国内外先进港口仍然存在一定差距，集装箱吞吐量、集疏运体系畅通程度等仍落后于其他沿海发达港口，港口—腹地协调联动不足，港口业务协同能力与临港产业支撑能力等方面存在差距，提出应时刻防范周边港口的竞发展，关注北部湾国际门户港面临的新形势与要求，从加快向海产业发展、推进西部陆海新通道平陆运河建设、优化北部湾港营商环境等方面着手不断提高北部湾国际门户港的综合竞争力和国际影响力。此外，本书在聚焦世界一流港口建设、港口营商环境优化、港产城耦合协调发展、对外贸易影响、平陆运河建设下临港功能建设、高质量构架北部湾经济区品牌六个专题开展专门调查与研究。

　　本书强调北部湾国际门户港建设是全面贯彻落实《中共中央、国务院关于新时代推进西部大开发形成新格局的指导意见》《西部陆海新通道整体规划》《中共中央、国务院印发国家综合立体交通网规划纲要》《广西壮族自治区人民政府关于广西建设西部陆海新通道三年提升行动计划（2021—2023 年）》等重要战略与规划的具体实践，广西应立足港口产业发展实际，多措并举，扎实推进"国际枢纽海港"建设，推动北部湾国际门户港迈向新征程。

西部陆海新通道建设与门户港协同发展具有重要意义。本书在西部陆海新通道视角下，分析广西港口物流与外贸发展现状及港口物流发展对广西外贸的影响机制。提出激发通道与港口活力，有效促进对外贸易的有效建议。

2022年新中国成立以来第一条江海联运的大运河——平陆运河工程的顺利开工，对进一步实现区域互联互通具有举足轻重的作用。本书在平陆运河建设背景下，重点分析了钦州临港区域城市功能空间整合面临的优势、机会、困难和存在的问题，提出平陆运河建设背景下推动钦州临港区域城市功能空间整合的对策建议。此外，本书还深入解析广西北部湾经济区区域城市品牌营销存在问题和未来发展方向，提出未来广西北部湾经济区城市品牌营销的策略选择。

关键词： 北部湾国际门户港　一流港口　西部陆海新通道　港产城协调

目 录 ⟍⟋

I 总报告

II 专题报告

皮书数据库阅读 **使用指南**

总 报 告

General Report

B.1
2022~2023年北部湾国际门户港发展
情况分析与展望

朱芳阳　潘柳榕　殷翔宇　肖雨杉　黄云薇*

摘　要： 在《西部陆海新通道总体规划》的推动下，平陆运河建设如火如荼，广西北部湾地区紧抓发展机遇，充分吸收 RCEP 政策红利，积极谋求进步发展。本报告基于当前新形势、新背景和新机遇，客观分析并总结现阶段北部湾国际门户港在基础设施建设、港口集疏运体系和港口运输服务等方面的发展现状与成就；立足自治区经济发展状况与国际经贸发展形势，指出北部湾国际门户港较国内外先进港口仍然存在一定差距，集装箱吞吐量、集疏运

* 朱芳阳，博士，北部湾大学教授，博士生导师，陆海新通道北部湾研究院首席专家，广西高校人文社会科学重点研究基地——北部湾海洋发展研究中心研究员，主要研究方向为海洋资源产业化开发、港口物流等；潘柳榕，北部湾大学经济管理学院副教授，陆海新通道北部湾研究院研究员，主要研究方向为服务供应链、港口物流、企业数字化转型；殷翔宇，经济学博士，副研究员，交通运输部水运科学研究院发展中心总工程师，主要研究方向为水运经济、政策和发展战略规划；肖雨杉，北部湾大学在读硕士研究生，主要研究方向为港口物流；黄云薇，北部湾大学在读硕士研究生，主要研究方向为港口物流。

体系畅通程度等仍落后于其他沿海发达港口，港口—腹地协调联动不足，港口业务协同能力与临港产业支撑能力等不足；建议应时刻关注周边港口的发展，关注北部湾国际门户港面临的新形势与要求，从加快向海产业发展、推进西部陆海新通道平陆运河建设、优化北部湾港营商环境等方面着手不断提高北部湾国际门户港的综合竞争力和国际影响力。

关键词： 北部湾国际门户港　货物通道　临港产业

一　2022~2023年北部湾国际门户港发展总体概况

北部湾国际门户港位于我国北部湾南部，地处泛北部湾、泛珠三角、大西南和东南十国四大经济圈，是我国西南最便捷的出海口，拥有面向东盟、辐射西南地区的资源集散优势。《西部陆海新通道总体规划》中明确指出要将北部湾港建设为国际性综合交通枢纽。《西部陆海新通道总体规划》将北部湾港定位为国际门户港。自2013年"一带一路"倡议提出以来，广西被定位为"面向东盟区域的国际通道，21世纪海上丝绸之路与丝绸之路经济带有机衔接的重要门户"。党的二十大报告指出加快建设西部陆海新通道。这是党中央在新形势下对构建新发展格局作出的重大部署，是西部地区以开放促发展的重要战略。为加快建设交通强区，构建现代化高质量广西综合立体交通网，建设新时代中国特色社会主义壮美广西，根据《交通强国建设纲要》《国家综合立体交通网规划纲要》等文件要求，广西壮族自治区党委、政府印发了《广西综合立体交通网规划（2021—2035年）》，将广西北部湾国际门户枢纽港规划为"一港、三域、五核、五区、多港点"。"一港"即广西北部湾港。"三域"指防城港港域、钦州港域和北海港域，其中，防城港港域建设为煤炭和矿石等大宗能源原材料接卸中转基地，兼顾西部陆海新通道（平陆）运河联运，服务冶金等重化工产业；钦州港域建设为集装箱核心港区和西部陆海新通道（平陆）运河联运枢纽，服务石化等临港产业；北海港域重点服务临港产业，以煤炭、矿石等大宗干散货和液化天然气（LNG）、油品等能源物资运输为主，兼顾集装箱、滚装运输，发展邮轮旅客运输等。"五核"指渔澫、企沙、金谷、大榄坪、铁山西五大核心港区。"五区"指企沙南、三墩、石步岭、铁山东、涠洲岛五大港区。"多港点"指沿海分散布局的小港点。北部湾三港的功能定位最终确定，北部湾港打造国际门户港的现实需求和重大机遇已然到来。

北部湾国际门户港凭借西部陆海新通道和平陆运河成为"承东启西，贯通陆海，连通江海"的枢纽中心，为港口腹地以及辐射区域搭建了一个货物集散、国际中转、航运交易的服务平台。北部湾国际门户港的建设有助于打造服务西南、中南、西北的国际陆海联运基地，能大幅度提高服务效率，提高贸易便利化水平，带动产业联动发展，推动北部湾港加快建成世界一流港口，为更好服务和融入新发展格局、建设新时代中国特色社会主义壮美广西提供有力支撑。2022年以来，广西相关部门全面贯彻落实国家《"十四五"推进西部陆海新通道高质量建设实施方案》等系列重要文件，牢牢把握机遇，以港口建设引领经济发展，保障北部湾港腹地经济的快速增长。临港产业集群的力量开始凸显，成为全区发展的重要引领。北部湾国际门户港的建设最大限度地满足了临港产业需求，大大提升了港口综合能力及国际竞争力。

2022年，北部湾国际门户港在创新建设方面取得了新的突破。2022年北部湾港集装箱吞吐量达到702.08万标准箱，同比增长16.8%，增速连续3年居全国集装箱吞吐量前10沿海港口首位；2022年北部湾港新增航线11条，包括日本、越南、泰国等多条RCEP（《区域全面经济伙伴关系协定》）直航航线，其中7月开通的北部湾港至北美西航线，是东盟国家、陆海新通道沿线地区通往北美的新路径，同时，北美东航线15万吨级"中远海运喜马拉雅"轮靠泊北部湾港，刷新到港最大集装箱船舶纪录。在港口建设上，北部湾港也取得了新的成就，建成运营我国首个海铁联运自动化集装箱码头、全国规模最大的数字化散货堆场。钦州自动化集装箱码头的建成投用使得北部湾港智能化得到了跨越性发展，北部湾港成为继青岛港、天津港之后全国第 3 个拥有 20 万吨级自动化集装箱泊位的码头。2023 年 6 月，钦州港大榄坪港区大榄坪南作业区 9 号 10 号自动化码头泊位建成验收，该码头泊位将实现国际航行船舶常态化靠泊，标志着西部陆海新通道北部湾国际门户港建设迈上新台阶。

2022 年，北部湾港在北部湾国际门户港建设方面取得了一系列显著的成就，被归纳为"五个新"方面的发展。第一，北部湾港在集装箱吞吐量和西部陆海新通道海铁联运班列开行量方面实现新高。集装箱吞吐量达到 702.08 万标准箱，同比增长 16.8%。第二，港口建设迈向新高度。2022 年新增设计吞吐能力达到 3000 万吨，创下历史最高纪录。此外，成功建成并投入运营了中国首个海铁联运自动化集装箱码头以及全国规模最大的数字化散货堆场。第三，集装箱航线取得了重要的突破。首次开通了北美西航线，实现了欧美远洋航线零的突破。此外，北美东航线 15 万吨级"中远海运喜马拉雅"轮靠泊北部湾港，刷新了港口接待最大集装箱船舶的纪录，并成功实现了全国最大内贸集装箱船"中谷南宁"轮的首航。第四，港口运营效率创下新的纪录。如钦州港区自动化集装箱码头的作业效率从每小时 17.3 个自然箱提升至每小时 23.9 个自然箱，同时集装箱船舶的平均等泊时间从 18 个小时大幅下降至 5~8 个小时。第五，北部湾港在国内港口中的地位和作用进一步提升。全年完成的货物吞吐量达到 3.71 亿吨，列全国港口第 10 位，是我国沿海最大的外贸煤炭进口口岸。这些成就为北部湾港的未来发展奠定了坚实的基础，标志着其在国际贸易和区域发展中的重要地位得到巩固和加强。这些努力将进一步促进港口的可持续增长，提高区域经济的竞争力。

（一）港口物流规模

1. 货物运输

北部湾国际门户港货物吞吐量持续稳定增长，由 2010 年的 11923 万吨

增长至 2022 年的 37134 万吨（见图 1）。根据交通运输部统计，2023 年 1~6
月，北部湾港完成货物吞吐量 2.1 亿吨；集装箱吞吐量达 360.74 万标准箱；
北部湾港全港货物吞吐量在全国沿海港口排第 9 位，增速在全国排名前 10
的沿海港口中继续保持领先地位①。

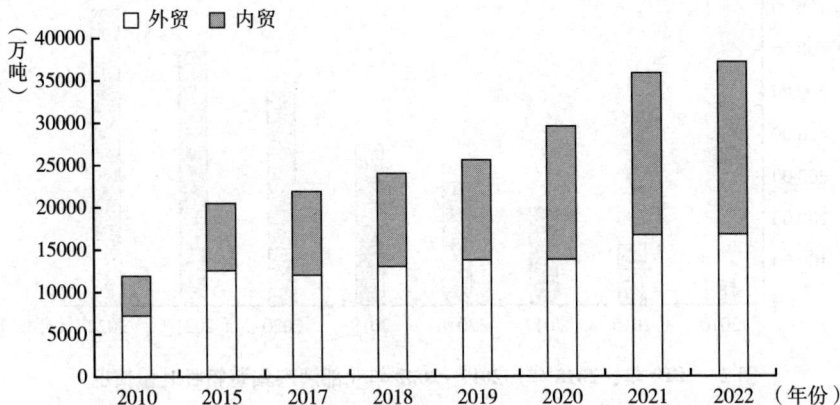

图 1　2010 年、2015 年、2017~2022 年北部湾国际门户港货物吞吐量情况

资料来源：历年《全国交通运输统计资料汇编》。

　　2010 年北部湾港共完成外贸货物吞吐量 7195 万吨，占比 60.35%；2020
年外贸货物吞吐量为 13828 万吨，占比 46.77%；2021 年占比 46.60%；2022
年外贸货物吞吐量为 16756.2 万吨，占比降至 45.12%，外贸货物占比显著降
低，外贸货物吞吐量占比连续 3 年低于内贸货物吞吐量。

　　2. 集装箱运输

　　北部湾国际门户港积极优化生产布局，形成以钦州港域为集装箱运输主
要港区，防城港港域、北海港域协同发展的生产布局。经过 10 余年的发展，
北部湾港集装箱吞吐量持续保持快速增长态势，已由 2010 年的 56.00 万标
准箱，增长至 2022 年的 702.08 万标准箱（见图 2），成功进入"700 万标准
箱时代"，列全国港口第 9 位，同比增长 16.8%。其中，钦州港集装箱吞吐

---

　　① 资料来源：广西壮族自治区北部湾经济区规划建设管理办公室。

量达540.70万标准箱，是2022年我国7座吞吐量增速超10%的港口之一。北部湾港2023年的目标为800万标准箱，2023年1~6月已完成360.74万标准箱，同比增长13.8%。

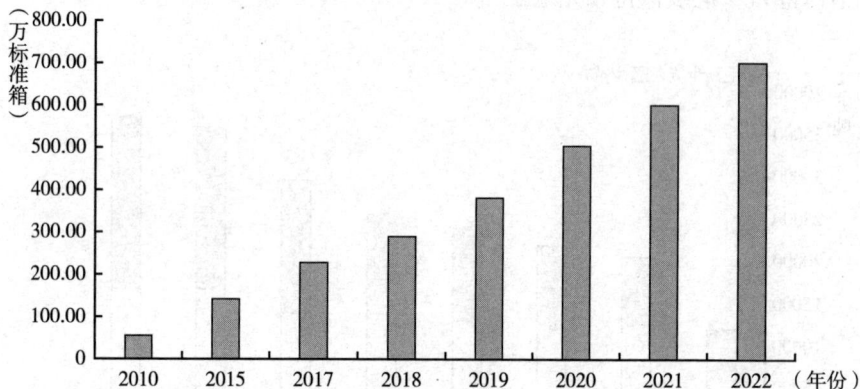

图2　2010年、2015年、2017~2022年北部湾港集装箱吞吐量情况

资料来源：历年《全国交通运输统计资料汇编》。

《中国港口年鉴（2022版）》数据显示，北部湾港集装箱吞吐量前5的货类分别是轻工医药产品，占比8.6%，同比增幅为18.9%；非金属矿，占比8.4%，同比增幅为18.9%；煤炭及制品，占比8.2%，同比增幅为-6.3%；钢铁，占比7.4%；化工原料及制品，占比7.1%。在2022年集装箱吞吐量外贸占比中，东盟国家货量占比约为一半。

（二）港口基础设施

1. 码头泊位

北部湾港生产性泊位数量由2010年的217个逐渐增长至2022年的283个，其中，万吨级泊位从2010年的49个提升至2022年的103个（见图3），最大靠泊能力达30万吨。具体而言，截至2022年末，北海港域共有生产性泊位64个，其中万吨级泊位16个；钦州港域共有生产性泊位82个，其中万吨级泊位36个；防城港港域共有生产性泊位137个，其中万吨级泊位51

个。北部湾港年综合通过能力为 31535 万吨、591 万人。近年来，北部湾国际门户港建成运营全国第 3 个 20 万吨级自动化集装箱码头，建成 30 万吨级油码头，具备 20 万吨级集装箱船、散货船，30 万吨级油船和 15 万吨级 LNG 船通航靠泊条件。

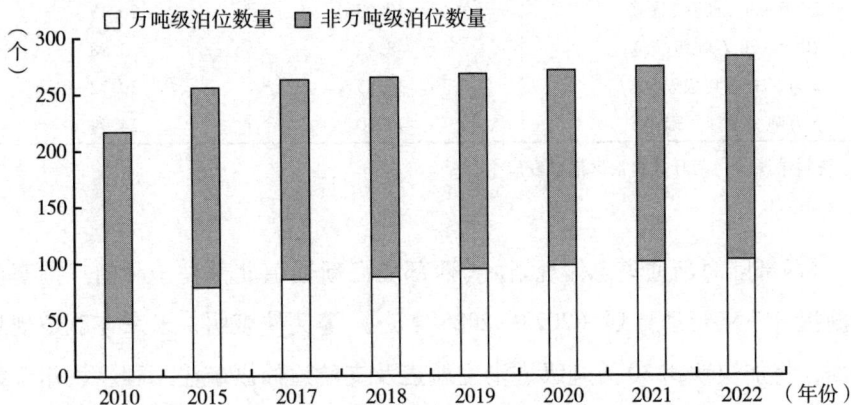

图3　2010 年、2015 年、2017~2022 年北部湾港生产性泊位情况

资料来源：2022 年广西壮族自治区港航发展中心。

《西部陆海新通道北部湾国际门户港基础设施提升三年行动计划（2023—2025 年）》强调要全面提升基础设施能级，加强钦州港域散杂货码头建设，推动建成钦州 30 万吨级油码头、大榄坪南作业区 7 号 8 号自动化集装箱泊位、金鼓江 19 号泊位配套进港航道工程等项目。此外，大榄坪南作业区 9 号 10 号自动化集装箱泊位正在开展实船联调联试工作。

2. 航道建设

2022 年底，广西北部湾沿海公共航道总里程达 202.07 公里，其中 30 万吨级以上航道 42.79 公里，占比 21.18%；20 万~30 万吨级航道 40.68 公里，占比 20.13%；10 万~20 万吨级航道 48.45 公里，占比 23.98%；5 万~10 万吨级航道 39.85 公里，占比 19.72%；5 万吨级及以下航道 30.30 公里，占比 14.99%（见表 1）。

表 1　2022 年底广西北部湾沿海公共航道里程结构

单位：公里，%

项目	里程	占总里程的百分比
总计	202.07	—
30 万吨级以上航道	42.79	21.18
20 万~30 万吨级航道	40.68	20.13
10 万~20 万吨级航道	48.45	23.98
5 万~10 万吨级航道	39.85	19.72
5 万吨级及以下航道	30.30	14.99

资料来源：广西壮族自治区港航发展中心。

《西部陆海新通道总体规划》《西部陆海新通道北部湾国际门户港基础设施提升三年行动计划（2023—2025 年）》等文件表明，未来在航道规划方面，将加快钦州 30 万吨级进港主航道及支航道回淤疏浚工程、钦州金鼓江作业区 19 号泊位配套进港航道工程、钦州 1 号至 12 号外锚地等航道项目、防城港 30 万吨级进港航道工程的投资建设。北部湾国际门户港枢纽能级的大大提升，将有力保障世界一流港口加快建成，助力西部陆海新通道经济高质量发展。

（三）港口集疏运体系

北部湾国际门户港地处华南、西南与东盟经济圈接合部，是面向东盟的国际大通道、西南中南新的开发开放支点。北部湾国际门户港可通过密集的珠江水系及公路、铁路网与珠三角、泛珠三角洲乃至华南地区经济腹地相连。

1. 铁路集疏运

广西铁路出海通道干线全部实现电气化，已先后建成超 110 条北部湾港口铁路专用线，实现北部湾港重要港区铁路进港全覆盖。在港区铁路快速建设的同时，北部湾国际门户港集装箱海铁联运业务也同步快速增长，占集装箱吞吐量的比例稳步提升。北部湾国际门户港海铁联运从 2016 年起步，

2017年海铁联运共完成3963标准箱，仅占集装箱吞吐量比重的0.17%。经过短短4年，北部湾海铁联运量于2021年已达到280617标准箱，占集装箱吞吐量的比重也达到4.67%（见图4）。2023年1~6月，西部陆海新通道沿线省份经北部湾港海铁联运班列累计发送货物40.2万标准箱、同比增长12.4%，货物种类从约50种拓展至约940种，流向全球119个国家和地区的393个港口。北部湾港积极推动海铁联运外贸班列开行，2022年西部陆海新通道北部湾港海铁联运班列共发运外贸进出口货物约148961标准箱，同比增长33%。[1] 钦州铁路集装箱中心站与北部湾港钦州自动化码头之间的物理维网正式拆除，实现了铁路、码头、海关一体化监管模式，减少集装箱转运环节，降低物流费用，铁海联运集装箱的转运可以做到"下船即上车，下车即上船"，这意味着钦州港区海铁联运实现区域一体化运营。

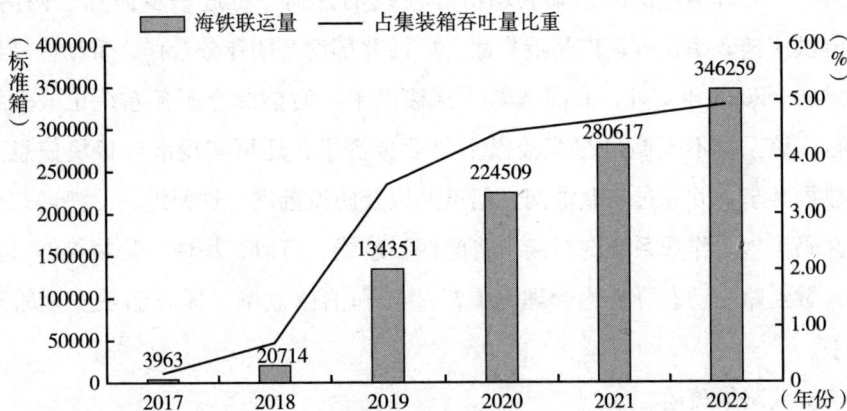

图4 2017~2022年北部湾国际门户港海铁联运业务发展情况

资料来源：历年《全国交通运输统计资料汇编》。

国家《"十四五"推进西部陆海新通道高质量建设实施方案》明确提出扩大开行图定班列，稳步增加海铁联运班列开行规模。为落实文件精神，相关部门积极推动北部湾港海铁联运一体化建设，促进多式联运高效衔接，推

---

[1] 资料来源：广西壮族自治区北部湾经济区规划建设管理办公室。

动海铁联运班列提质增量，进一步提高北部湾港综合竞争力，完善全区综合交通运输体系，为全面建设新时代壮美广西贡献更大力量。

2. 水路集疏运

北部湾国际门户港依托发达的珠江水网为货主提供高效、优质、便捷、经济的水上运输服务。平陆运河建设，总投资超 720 亿元，建成后将连通西江干流与北部湾国际枢纽海港，成为我国西南地区的一条由西江干流向南入海的江海联运大通道。近年来，北部湾国际门户港积极利用北部湾区域国际枢纽海港、中国—东盟港口城市合作网络等平台红利，发展钦州港、北海港和防城港港三港港内、港外穿梭巴士，有效地促进了北部湾港物流运输质量的提升和集装箱业务的发展。广西北部湾、广东的"两湾快航"将以南沙港、钦州港为枢纽中心，打造"两湾"便捷高效的海上物流通道，"粤港澳大湾区—北部湾经济区"集装箱海运航线的开通，将进一步提升"两湾"物流供应链效率，推动广州港集团、广西北部湾集团业务合作，带动区域经济发展。2023 年 7 月，北部湾港"穿梭巴士"智能综合服务系统正式上线运行，该系统不仅满足"穿梭巴士"业务需求，还可实现港口板块信息系统数据共享，并通过与北港网、船讯网以及防城港港、钦州港、北海港三个港区码头生产作业系统的对接，将船期、航线、订舱、场地、货物等信息共享，做到船舶动态可视化管理，提高船舶和泊位效率，提升船舶安全管理水平。

3. 公路集疏运

北部湾港各港域公路集疏运主要依托所在城市公路网完成。其中，防城港港所在防城港市由原来的"两横一纵"高速公路网布局提升为"三横三纵"布局，高速公路规划总里程由 140 公里增加至 350 公里，同时防城港市的国省道建设也在全面提速；钦州港所在钦州市以城市环路建设为重点，持续优化"六横六纵一环七通道"主干路网框架，基本形成主城区"一环二联七射"交通网络，规划形成"七横六纵两联一环"高速公路网；北海港所在北海市公路网格局由原来的"三横七纵一环"转变为市域范围内的"二横四纵"高速公路路网骨架以及以国省干线为骨架、县乡公路为补充的

"二环四横六纵"的普通公路路网格局，并计划新增 118 公里的高速公路规划里程。这些改进和发展将有助于提高北部湾港地区的交通运输效率，促进北部湾港集疏运体系的不断完善。龙门跨海大桥与正在建设的大风江大桥极大地缩短了北部湾三市的交通运输距离，减少了运输成本，加强钦北防三市之间的经济联系，两座大桥的建设必将有助于北部湾经济区加快建设大港口、大交通、大旅游的综合发展新格局。

（四）港口运输服务

1. 优化营商环境

近年来，广西不断寻求跨区域、跨领域深度融合，引进新加坡国际港务集团、中远海运集团等国际大型港航企业参股北部湾港建设运营；不断优化营商环境，建成运营北部湾国际门户港航运服务中心，创新开展多式联运"一口价"收费模式，为企业提供"一单到底、一票结算、一次委托、一口报价、一次保险"的综合物流服务。2023 年 8 月，海关总署印发的《推动综合保税区高质量发展综合改革实施方案》提出要促进贸易便利化，优化全流程监管，借助智慧化、智能化监管手段，建立更加贴合企业实际的监管体系。

2. 提高作业效率

北部湾港钦州自动化集装箱码头坚持"客户至上、效率优先"，系统设备及生产组织持续优化，作业效率稳步提升，船时效率提升 152.6% 以上，泊位效率提升 218.8%，船舶保班率达 100%。2023 年 3 月，钦州港成功对"安盛 27"和"海丰盛德"，以及"汉海 3 号"和"弘泰 22"集装箱船舶实施高标准"套泊热接"作业，该作业模式实施后，两船靠离衔接时间较以往传统模式预计节省 50% 以上，提高了班轮准点率。

3. 节省通报关时间

2022 年 5 月底，广西海事局在钦州组织开展西部陆海新通道和自贸试验区建设海事工作。在加快口岸开放，打造更加便利高效的通关模式，推进政务服务标准化、规范化、便利化方面，广西海事局推出船员证书办理、船舶证书办理等 9 个基本套餐，涉及 22 个政务服务事项，船舶进口岸通关时间压缩了80%，出口岸通关时间压缩了81%。[①]"北港网"的建成，实现了港口泊位申请、船期申请、班列订舱、穿巴订舱、车辆派单、拖轮申请等业务的线上办理，简化了通关报关的手续，减少了37个人工环节以及28项纸质单证，为港口业务的办理节省时间超过20个小时。[②]同时，建成了集装箱设备交接单无纸化管理系统，实现了集装箱提货电子单在船公司、船代、货代、车队与码头之间互联互通，打通了物流链上下游各节点的信息通道，使客户线上完成提箱手续的办理操作，实现进出口提箱全过程跟踪和全流程追溯，不仅降低作业成本、压缩口岸作业时间、加强业务主体之间协同，也对改善口岸营商环境产生积极深远的影响。

（五）港口临港产业

发展向海经济，壮大产业是关键，北部湾国际门户港的建设，离不开临港产业的支持。北部湾港将RCEP作为指引，布局建设物流仓储园区、贸易加工园区、飞地合作园区、特色产业片区，通过"园中园""区中区"开发模式，大力发展跨区域临港型产业，重点发展港航物流、国际贸易、绿色化工、船舶工程、电子信息、生物医药等特色产业，引进发展"三来一补""两头在外""就地加工、异地分销"等联动型产业，形成优势特色产业集群，全面提升临港产业园区发展能级，推进钦州国际门户港、产业园区和临港产业三端联动发展，并将其建设成为广西北部湾经济区的"滩头阵地"。

1. 引进临港产业

近年来，广西北部湾临港产业稳定发展，发展战略方向也逐渐趋于科学合理化，临海临港产业呈现聚集的发展态势。2022年，钦州市主动对接长江经济带、粤港澳大湾区，引进了一批百亿元工业项目，计划用5年时间，迅速构建起以石化、新能源电池材料、装备制造、粮油食品加工4个支柱产业为主导的"4+N"现代化临港产业集群。其中，石化产业以中国石油广西石化炼化

---

① 资料来源：中国水运网。
② 资料来源：广西壮族自治区北部湾经济区规划建设管理办公室。

一体化项目、华谊钦州化工新材料一体化基地、恒逸高端绿色化工化纤一体化项目、桐昆绿色化工基地等为重点，构建"油、煤、气、盐"多元化石化产业体系；新能源电池材料产业以中伟新材料、格派电池材料等项目为重点，形成三元材料和磷酸铁锂的锂电池正极材料"双链条"发展格局；装备制造产业以远景智慧能源产业基地、中船海上风电装备产业基地、锦峰海洋重装项目等为重点，建成广西首个海上风电装备产业园。

北海市聚焦重点产业，引进上海起帆电缆，浙江福莱特、一道新能源，重庆宇隆等大批优质企业落户北海，项目涉及电子信息、新能源、生物医药、装备制造等多个领域。新签制造业项目投资总额高达606.36亿元，占比78%。截至2022年底，北海市共引进百亿元级项目2个，投资总额达214亿元；十亿元级项目17个，投资总额约430亿元；亿元级项目32个，投资总额约120亿元。其中，铁山港（临海）工业区引进太阳纸业、玖龙纸业等龙头企业，使得北海临港产业集群化效应愈加凸显。新材料产业也是北海市重点打造的六大工业产业集群之一，2022年铁山港（临海）工业区新材料产业累计产值超789亿元，占工业区规模以上工业产值的48.54%。

近年来，防城港市大力开展招商引资，引进并统筹推进重点项目52个，竣工项目12个，总投资超500亿元。防城港市聚焦打造产业集群新高地，扎实推进"4+5"产业集群发展，经过深入分析研判国家、自治区产业政策，提出打造钢铁、有色、粮油食品、绿色新材料4个千亿元级支柱产业，电子信息、能源、装备制造、生物医药、县域轻工业5个百亿元级特色优势产业的构想。2022年防城港钢材产量全区第一，钢铁产业成为拉动工业经济增长主要动力，为防城港市贡献了近一半的工业产值。依托钢铁产业链，防城港将成为装备制造业、合金新材料业集聚的现代重工业基地。截至2023年6月，防城港市在册医疗器械企业有73家，预计两年内再引进医疗器械生产企业50家，实现年产值100亿元以上，未来3~5年将形成年产值300亿元到500亿元的产业集群。2023年计划新引进癌症早期筛查试剂盒与治疗药物项目、防城港市智慧医养产业园建设项目、广西北部湾智慧医疗研究院项目等15个，投资金额达87.6亿元。防城港市同时也引进了大海粮油、澳加粮油等一批粮油加工企业，成为全国重要的粮油加工生产基地。

2.建设产业园区

重点产业园区的开发建设可作为广西北部湾经济区产业发展的突破口，建设大项目、大集群、大交通、大港口，以重点产业园区开发建设的突破带动北部湾经济区优先发展，可实现全区经济的快速健康发展。2022年，自贸区钦州港片区全年GDP为474.20亿元，同比增长13.5%。截至2023年6月，钦州港片区GDP为262.9亿元，同比增长7.5%，累计外贸进出口额597.2亿元、累计实际使用外资29068万美元。[1] 经济发展势头迅猛，为高质量发展奠定了坚实基础。

2022年北部湾临港重点产业园发展情况如表2所示。其中，北海工业园区规模以上工业总产值达2441.80亿元，同比增长15.0%，工业投资同比增长25.7%；北海铁山港工业区规模以上工业总产值达1625.60亿元，同比增长21.6%，获评全区工业投资先进区，上榜"中国工业百强区"。[2] 北海铁山港（临海）工业区在2023年1~6月完成规上工业产值860.3亿元，完成税收58.91亿元；完成固定资产投资91.3亿元，同比增长43.8%，其中完成工业投资80.1亿元，同比增长37%，完成外贸进出口98亿元，同比增长15%。

表2　2022年北部湾临港重点产业园发展情况

单位：亿元，%

园区	规模以上工业总产值	增速
北海工业园区	2441.80	15.0
北海铁山港工业区	1625.60	21.6
防城港经开区	1920.66	9.1
自贸区钦州港片区	1286.00	38.5
其中：钦州港区	1087.90	28.2
中马钦州产业园	183.30	243.4
广西钦州综合保税区	14.90	-43.3

资料来源：广西壮族自治区北部湾经济区规划建设管理办公室。

---

① 资料来源：中国（广西）自由贸易试验区钦州港片区管委会。
② 资料来源：北海市投资促进局。

防城港经开区是广西沿海大工业布局的主要地区之一，是广西冶金产业发展二次创业"一核、三带、九基地"总体布局的核心，拥有坚实的临港大工业基础。2022年，防城港经开区规模以上工业总产值达1920.66亿元，连续7年排广西产业园区第一。2023年上半年，规模以上工业总产值达970.68亿元，预计全年达2100亿元左右。防城港经开区精炼铜产量、精制食用植物油产量、钢材产量、发电量等均居全区首位，工业经济对GDP增长的贡献率达73.9%，全市研发投入强度达2.05%，连续2年居全区首位。2023年1~6月，防城港市规模以上工业增加值同比增长13.2%，其中轻工业增加值同比增长30.9%，重工业增加值同比增长11.3%。从主要行业看，电力、热力生产和供应业，农副食品加工业，黑色金属冶炼和压延加工业，有色金属冶炼和压延加工业分别增长了50.9%、29.6%、9.5%和7.4%，合计拉动全市规上工业增加值增长了15.2个百分点①。

（六）绿色低碳港口

北部湾国际门户港一直把绿色港口建设作为践行"双碳"目标的重点任务，采取有力的管理措施和有效的技术手段，不断优化能源结构，节约燃油消耗，减少污染物排放，加快低碳化进程，扎实推进北部湾港绿色低碳发展。

1. 新能源发电

近两年，新建成北海铁山港区4.5兆瓦分布式光伏发电系统，成功试运行3座自主设计智能充换电站。为深度开发港区清洁能源，北部湾港集团联合天津中远海运有限公司、新加坡国际港务集团，三方共同出资4.4亿元，组建了清洁能源开发公司，在钦州港域分期建设80兆瓦的新能源发电项目，以支撑零碳港口建设。北部湾港海域风能资源丰富，拥有海上风电开发利用的条件。2022年9月，《广西能源发展"十四五"规划》发布，文件要求重点推进北部湾近海海上风电项目开发建设，共规划海上风电场址25个，

---

① 资料来源：防城港经济技术开发区管委会。

总装机容量为 2250 万千瓦。

2. 岸电使用

近年来，北部湾港船岸协同降碳力度显著加大，集装箱泊位岸电覆盖率达 92.86%，干散货泊位岸电覆盖率达 70%，5 万吨级及以上生产性泊位岸电覆盖率达 71.15%，2022 年岸电连船 4224 艘次，岸电使用量 161.45 万千瓦·时，分别同比增长 16.1% 和 76.2%。北部湾港积极发展清洁能源项目，水电、光伏、电力业务多头并进，其中光伏电站已有 7 座，装机规模从 2015 年的 10 兆瓦发展到 2021 年末已高达 334 兆瓦。

3. 绿色运输

北部湾港大力发展绿色运输，通过建成运行海铁集疏运平台，推动完善"公转铁""公转水"等信息调度平台，促进海铁联运绿色化、清洁化。北部湾港西部陆海新通道海铁联运班列开行量从 2021 年的 6117 列增长到 2022 年的 8820 列，同比增长 44%；2023 年预计将突破 9000 列，运输品类 900 多种。

4. 绿色设备

近两年，北部湾港各种智能装备的投入使用全面提升了港口的生态环境质量和水平。2021~2022 年，北部湾港投入约 10 亿元，建成防风抑尘网超 20 公里，各类污水处理站 62 座，绿化面积达到 77 万平方米，三个港域空气优良率均超过 99%；新建成了全球首个"U"形工艺布局、全国首个海铁联运自动化集装箱码头，以及全国规模最大的数字化集装箱堆场，使港口能耗与碳排放大幅降低。与此同时，北部湾港大力推广使用清洁能源，推进场桥"油改电"，各港区投入使用的新能源流动机械达 100 多台。

5. 绿色港口等级评价

北部湾港注重顶层设计和标准引领，推动绿色港口发展体系不断完善：出台了《北部湾港"十四五"绿色港口发展规划》，全面推进绿色港口建设；扎实推进碳达峰行动、推进零碳港口建设，通过优化运输能源消费结构、对标建设星级绿色建筑、创建碳达峰示范试点等措施，努力实现"碳排清零"。2023 年 5 月，由广西北部湾国际港务集团有限公司等单位共同主办的2023绿色与安全港口大会暨第二届北部湾绿色港口发展论坛在广西南宁举办。会上，广西多个助推绿色低碳港口发展的项目落地，由广西北部湾港牵头组建"零碳港口研究发展中心"，并聘请中国工程院王成山院士作为中心名誉主任，共同探索绿色港口发展路径。北部湾港一直贯彻落实绿色发展，加强资源统筹协调，推行一系列绿色发展具体举措，努力推进北部湾港向绿色港口转型发展。

（七）智慧港口建设

北部湾港积极落实交通运输部等9部门《关于建设世界一流港口的指导意见》中"建设智能化港口系统""加快智慧物流建设"等相关要求，通过推行创新与示范，以点带面不断推进智慧港口建设。

2022年6月，钦州大榄坪南作业区7号8号自动化集装箱泊位正式启用。这是全球首个采用"U"形工艺布局的全自动化集装箱码头、全国首个海铁联运自动化集装箱码头。该项目充分利用技术创新提升作业效率，一是自动化双小车岸桥技术创新。改传统自动化单小车岸桥作业为自动化双小车岸桥作业，使效率提升10%以上。二是自动化轨道吊技术创新。在全球范围内，首次创新应用基于新型装卸工艺的自动化双悬臂轨道吊。该轨道吊可分别兼顾一侧悬臂下人工集卡及另一侧悬臂下自动化车辆的自动化装卸作业。同时为了保证对外集卡的自动化作业，配备了齐全的智慧安防系统，有效保障了整个作业环节的安全可控。三是智能引导运输车（IGV）技术创新。创新智能引导运输车（IGV）技术，码头应用8轮4轴底盘形式的IGV，搭载自主研发的柔性智动充电机器人，真正实现IGV的自动充电，充电20分钟可实现作业4个小时，具有"充电不离场，快充长续航"的特点。

2022年11月，北部湾港设备管理系统（PEMS）3.0和北部湾港主数据管理系统双双正式上线，系统以"智慧"助力设备管理、推动数据标准化工作水平迈上新台阶。其中，PEMS 3.0是北部湾港集团重点研发建成的一套设备智慧化管理系统，可以做到设备全寿命周期的精细化管理，既能加强当前设备管理，又能实现对未来设备的预防性维修，并可适应多变的设备管理需求。主数据管理系统是北部湾港集团采取定标准、搭平台、落执行、推服务"四步走"策略下着力打造的数据资产，通过对 380 张数据表，约 88 万条数据的清洗合并，最终得到主数据约 53 万项，参考数据约 2 万项，为公司多个系统提供数据支撑服务。[①]

2023 年 5 月，"广西防城港码头 5G 智慧码头项目"荣获第 5 届"绽放杯" 5G 应用征集大赛优秀奖。该项目在防城港渔澫港区中心堆场这个全国沿海港口中为数不多的海铁联运自动化散货堆场里，开拓式运用 5G 通信、北斗定位、人工智能、数字孪生等高新技术，实现了 58 万平方米散货堆场的智能控制和管理。该智能控制中心可远程操控堆场中的 22 条带式输送机、2 座快速定量装车楼和 4 台斗轮堆取料机，实现"一键启停"安全高效全自动化堆取料作业，其降本增效、提质优服成效十分显著。近两年，5G 通信远程控制的干散货斗轮堆取料机自动化控制系统的成功应用，以及 513 号泊位的广西首个自动化集装箱堆场"5G+轨道吊"远控试点工作有序开展等创举，为 5G 智慧码头画上点睛之笔，是防城港码头努力践行习近平总书记建设"四个一流"港口殷殷嘱托的重要举措。[②]

2023 年 8 月，北部湾港首个铁路智慧调度中心在防城港码头正式投入使用，智慧"调度"实力加持，守护安全高效生产。该中心负责防城港码头铁路道口远程集中控制、货运组织集中、智能调度作业等工作，发挥"超强大脑"作用，提高调车效率和机车利用率，极大缓解道口人员不足的问题，进一步降本增效，提高海铁联运集疏运效率。自 2019 年以来，防城港码头公司陆续完成了铁路调车场计算机联锁系统、铁路道口远程集中控制系统、铁路智能调度作业系统和无线调车监控系统等的建设，这些项目的投产标志着北部湾港铁路数字化时代的开启。如今，铁路智慧调度中心建成使用，标志着北部湾港铁路集疏运智慧化建设迈上了新台阶。[③]

---

① 资料来源：北部湾港集团。
② 资料来源：北部湾港集团。
③ 资料来源：北部湾港集团。

二 北部湾国际门户港发展环境与基础

现代化港口作为连接海陆运输的节点和对外交流的窗口，是腹地发展开放型经济的重要载体。北部湾国际门户港作为广西发展新时代开放型经济的重要枢纽，近年来随着高水平共建西部陆海新通道的推进发展迅速，有力带动了北部湾经济区以及广西的经济增长。广西是我国与"一带一路"沿线主要国家实现"五通"的重要纽带，其与周边国家的贸易往来是"一带一路"倡议升级的重要支撑，也是"一带一路"框架下推进国际合作的重要部分。北部湾港作为广西以及整个西部地区深度融入国内国际双循环新发展格局的重要支撑，在新形势、新背景、新机遇下分析其发展环境与基础，不仅有利于北部湾港高质量发展，而且有助于整个西部地区经济联动发展。

（一）北部湾港面临的国际经济与贸易形势

WTO 统计数据显示，全球货物贸易出口额从 1960 年的 1304 亿美元增加到 2022 年的 24.9 万亿美元，增长了 190 倍。中国是拉动全球贸易增长的重要引擎，1960~2022 年，中国外贸进出口总值从 38.1 亿美元跃升至 6.31 万亿美元（见图 5）。海关总署 7 月 13 日发布的数据显示，2023 年上半年我国货物贸易进出口规模首次突破 20 万亿元，同比增长 2.1%。2023 年全球经济形势面临多方面的挑战和机遇，在此背景下，我国外贸实现稳中求进，总体运行平稳，充分彰显了我国经济韧性强、内生动力足的优势。我国与东盟等重要贸易伙伴的贸易增速平稳，中国是 130 多个国家和地区的第一大贸易伙伴，推动经济全球化红利持续释放。

自"一带一路"倡议提出以来，我国对"一带一路"沿线主要国家的进出口总值由 2013 年的 6.46 万亿元，增长到 2022 年的 13.76 万亿元；2023 年也继续保持了快速增长势头，2023 年上半年我国与"一带一路"沿线主要国家的进出口总值达 6.89 万亿元，同比增长 9.8%，占我国贸易总值

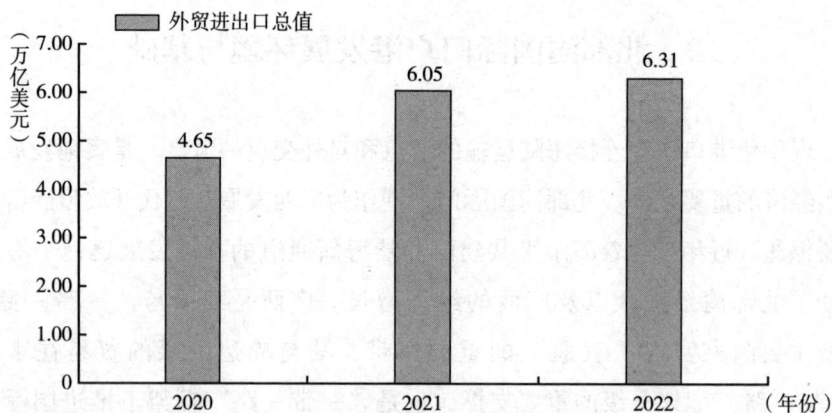

图5 2020~2022年中国外贸进出口总值

资料来源：中华人民共和国海关总署。

的比重达到34.3%。《区域全面经济伙伴关系协定》（RCEP）等一系列自由贸易协定陆续签署实施，标志着亚太地区经济一体化进入新的阶段。2023年上半年，我国与东盟的进出口总值为3.08万亿元，与欧盟的进出口总值为2.75万亿元，与美国的进出口总值为2.25万亿元，分别同比增长5.4%、1.9%、-8.4%。自由贸易区建设降低了贸易壁垒，优化了贸易结构。随着自贸区建设的继续深入推进，开放型经济新体制的打造将为我国企业持续打开海外市场带来重要机遇。

当前全球国际经济贸易处在一个复杂的环境中。受地缘冲突、大国博弈等因素影响，国际政治经济形势错综复杂，贸易保护主义回潮、逆全球化抬头、供应链重构，对全球贸易秩序和格局产生了重大影响，全球经济增速放缓，我国外贸也面临新的下行压力。

1. 亚太新格局

东盟地处亚洲太平洋与印度洋之间，因此成为亚太地区大国博弈的必争之地。2009年美国高调宣布加入《跨太平洋战略经济伙伴关系协定》，并更名为《跨太平洋伙伴关系协定》（TPP），2010年开始主导TPP，并于2016年达成协议。尽管特朗普政府在2017年初宣布退出TPP，但美国并没有放弃对亚太地区主导权的争夺。相反，美国将亚太战略转向"印太战略"，对东南亚的争夺更加激烈。2022年5月拜登政府推动的"印太经济框架"（IPEF）正式启动，这是美国"印太战略"的重要抓手，对中国与东盟的合作产生冲击。

在亚太新格局下，中国与东盟的经贸合作既面临RCEP生效带来的机遇，也面临大国博弈加剧、CPTPP（《全面与进步跨太平洋伙伴关系协定》）与IPEF双重压力等挑战。全球供应链危机和"K"形经济复苏将加剧贸易保护主义，同时，在大国博弈下，美国将继续构建价值链联盟、贸易联盟，加快贸易区域化步伐。RCEP是亚太区域经济一体化的里程碑，也是亚太区域一体化发展的新起点，RCEP区域化程度仍有很大潜力。因此，作为衔接我国同RCEP成员国贸易桥梁的北部湾港，应抓住RCEP的新机遇，织密北部湾港航运网，推进国际物流枢纽建设，助推中国—东盟形成更加紧密的"内循环"新发展格局，将双边关系做深做实。

2. 贸易"智能化"

数字技术与产业的融合，直接促进了国际贸易数字化转型，带动了跨境电商、数字服务贸易等新业态、新模式逆势增长。数字贸易对贸易模式、贸易对象、贸易结构、贸易格局产生深远影响，推动全球产业链、供应链、价值链和创新链发生深刻变革，成为全球数字经济开放与合作的重要纽带，并为新一轮经济全球化注入强劲动能。

从全球数字贸易发展的最新态势来看，2022年，跨境数字服务贸易保持增长，全球数字服务贸易规模为3.82万亿美元，同比增长3.9%。具体到中国的情况来看，中国数字服务贸易保持增长，2022年中国数字服务进出口总值达3710.8亿美元，同比增长3.2%。中国数字服务贸易继续保持顺差，国际竞争力进一步增强，2022年数字服务贸易净出口规模达467.5亿美元，同比增长55.8%，占世界的5.1%，较2021年上升0.2个百分点。目前，中国与东盟国家的服务贸易处于发展阶段，双边服务贸易仍存在较多壁垒，服务贸易的密切度远不及货物贸易。通过探讨《东盟数字总体规划2025》与《中国—东盟关于建立数字经济合作伙伴关系的倡议》及其行动计划，中国与东盟应在数字经济、智慧城市、人工智能、电子商务、大数据、5G 应用、数字转型、网络和数据安全等领域开展合作，迎接第四次工业革命。

3. 绿色贸易壁垒

俄乌冲突将加速世界经济的"逆全球化"，进而影响世界经济格局。西方国家将加速"逆全球化"进程，在高科技领域设置严格的技术和安全门槛。在大国博弈的背景下，各国的贸易保护措施也更隐秘和复杂。2021 年 7 月，欧盟在一揽子气候应对方案中提出建立"碳边境调整机制"，对碳排放管制宽松地区的商品在进口时征收碳税或出售碳排放许可证，覆盖钢铁、水泥、电解铝等高碳产品。同时，美国也计划从 2024 年开始对未明显降低碳排放的国家征收惩罚性碳关税，征税对象涵盖石油、天然气、钢铁、铝制品等，适用于约 12% 的美国进口商品。

碳关税将推升高碳排放产品的出口成本，削弱中国等发展中国家工业品出口的竞争力，给全球贸易格局带来不确定性。同时，碳关税将加速低碳产品、新能源设备贸易增长，为绿色技术先进国家带来贸易优势。显然，碳关税正在成为影响国际贸易环境和发展格局不可忽视的因素，这将冲击全球自由贸易体系，导致高碳排放产品出口国贸易成本上升，不同碳排放强度贸易国的竞争优势发生变化，影响各国出口，同时其也将倒逼高碳产品出口国加快贸易低碳转型，构建绿色贸易体系。因此，北部湾港也应将绿色低碳作为发展目标之一，规避相关环境保护的潜在贸易壁垒。

（二）广西经济发展概况

1. 经济总量保持平稳增长态势，人均 GDP 与全国平均水平差距较大

从全国层面来看，2022 年广西 GDP 为 26300.87 亿元，同比增长 2.9%，经济总量在全国排第 19 名，在西南中南 6 省（区、市）中排名第 5（见表 3），经济总量仍然有待提升，经济发展水平较低，属于欠发达地区。

表3　2022年西南中南6省（区、市）GDP及其排名

单位：亿元

地区	四川	湖南	重庆	云南	广西	贵州
总量	56749.8	48670.37	29129.03	28954.2	26300.87	20164.58
排名	6	9	16	17	19	22

资料来源：国家统计局。

从人均GDP来看，广西人均GDP较低，2022年仅为52215元，不仅低于西南中南其他5省（区、市），还远低于全国人均GDP（85698元）。与全国平均水平相比，差距约33483元。总体而言，广西经济发展水平与全国及其他地区相比相对落后，且存在差距越来越大的现象，在经济发展方面仍然面临一定的困难。

2. 贸易规模加速扩大，贸易结构不断优化

（1）进出口额稳步增长。广西进出口总额逐年递增，2022年广西货物进出口总额为6603.53亿元，比上年增长11.3%。其中，出口总额为3705.35亿元，同比增长26.1%；进口总额为2898.18亿元，同比下降3.1%。进出口顺差为807.17亿元（见图6）。据海关统计，2023年1~6月，广西货物贸易进出口总值3390.7亿元，同比增长43.2%，增速高于全国41.1个百分点，高于西部地区39.7个百分点。其中，出口1690.4亿元，同比增长51.7%；进口1700.3亿元，同比增长35.6%。

（2）进出口以工业制成品为主，贸易结构不断优化。以出口产品的"总值"为标准来看，广西出口产品主要集中在机电产品、高新技术产品、服装、纺织纱纱及其制品、塑料制品、鞋类、灯具、家用陶瓷器皿、电线电缆箱包及类似容器、汽车零件等；以进口产品的"总值"为标准来看，进口产品主要集中在机电产品，高新技术产品，大豆、鲜干水果及坚果，煤、铁锰矿砂及其精矿，原油及成品油，金属加工机床，电线电缆等。从进出口产品结构来看，广西初级产品进口总额大于出口总额，机电产品和高新技术产品则相反。总体而言，广西对外贸易商品均以工业制成

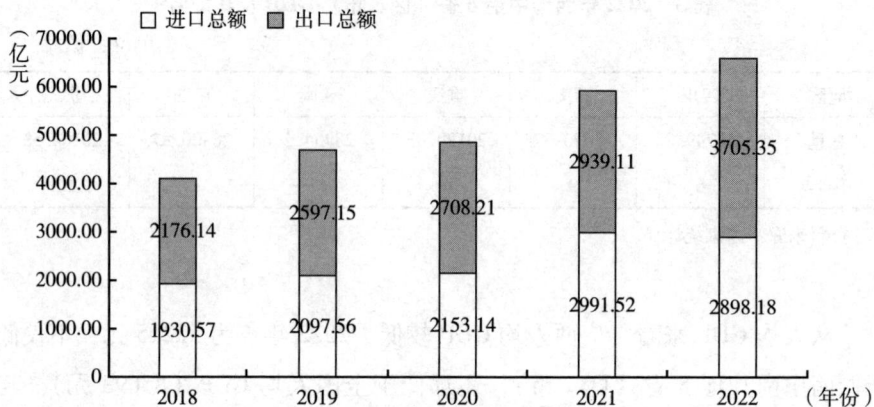

图6 2018～2022年广西货物进出口总额

资料来源：广西统计局、《2022年广西国民经济与社会发展统计公报》。

品为主，究其原因则是广西充分发挥自己的区位和资源优势，区内产业不断转型升级生产并出口技术含量高、资本密集型的工业制成品，不过仍有较大的上升空间。

（3）东盟国家成为重要的贸易伙伴。从广西与东盟国家进出口总额及其比值来看，2020年、2021年和2022年与东盟国家进出口总额占广西进出口总额的比值分别为48.87%、47.57%和42.57%（见表4）。可见，与东盟国家的贸易往来已成为广西对外贸易的重要组成部分。

表4 2020～2022年广西与东盟国家进出口总额情况

单位：亿元，%

年份	进出口总额	与东盟国家进出口总额	所占比值
2020	4861.35	2375.70	48.87
2021	5930.63	2821.17	47.57
2022	6603.53	2811.13	42.57

资料来源：广西统计局、《2022年广西国民经济与社会发展统计公报》。

近年来，广西与东盟国家的经贸往来持续紧密。从广西与东盟国家进出口总额来看，出口额大于进口额，可见，与东盟国家的贸易往来中，以商品输出为主（见图7）。

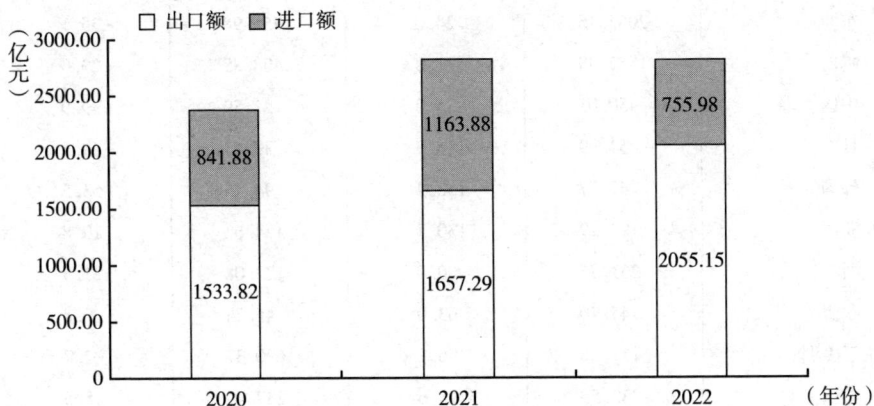

图7　2020~2022年广西与东盟国家进出口总额

资料来源：广西统计局、《2022年广西国民经济与社会发展统计公报》。

如表5所示，广西出口到越南的货物总额在2022年达到1582.49亿元，占广西出口东盟货物总额的77.0%。越南已成为广西对东盟出口贸易最主要的国家以及出口贸易依赖程度较高的国家。2023年1~6月，广西对第一大贸易伙伴东盟的进出口总额为1613.8亿元，同比增长92.6%，占同期广西进出口总额的47.6%。但同时由于广西的对外贸易伙伴主要是东盟，且主要以低附加值产品、初级产品、农产品、轻加工产品为主，技术密集型和资本密集型等高附加值、深加工产品较少，无论是进口还是出口都严重依赖于越南。可以说，当前广西的对外贸易市场还相对较为单一，产业链条较为脆弱，抗风险能力不够强。因此，拓展海外市场、调整市场结构、加强抗风险能力成为广西外贸发展亟待解决的重点问题。

表5　2022年广西对主要国家和地区货物进出口总额及其增长速度

单位：亿元，%

主要国家和地区	货物出口额	增长率(同比)	货物进口额	增长率(同比)
亚洲	2855.99	14.2	1600.86	-6.8
东盟	2055.15	24.0	755.98	-35.1
越南	1582.49	11.0	408.85	-29.3
中国香港	450.01	-35.0	21.59	-39.9
日本	51.99	108.9	30.43	-49.5
韩国	47.77	158.2	94.76	58.5
非洲	92.29	130.7	174.62	10.8
欧洲	231.75	90.8	122.08	21.5
欧盟	145.70	63.0	45.24	-0.8
拉丁美洲	151.26	96.2	620.37	2.7
北美洲	332.55	93.6	237.45	15.5
美国	311.01	93.3	120.56	33.4
大洋洲	41.51	52.7	142.39	-30.8

资料来源：《2022年广西国民经济与社会发展统计公报》。

（三）北部湾经济区经济发展概况

北部湾经济区由6个地级市行政区域组成，分别为南宁、钦州、北海、防城港、玉林和崇左，总面积为7.34万平方公里。其中北部湾经济区核心区域由南宁、钦州、北海、防城港4市所辖行政区域组成，总面积为4.25万平方公里。

自2008年《广西北部湾经济区发展规划》颁布实施并上升为国家战略以来，中央和广西相继出台《广西壮族自治区人民政府关于促进广西北部湾经济区开放开发的若干政策规定》（2008）、《广西北部湾经济区条例》（2010）、《关于深化北部湾经济区改革若干问题的决定》（2014）等政策措施，支持北部湾经济区的发展建设。同时，北部湾经济区经济社会发展也得到党和国家领导人的高度重视，中马钦州产业园区、中泰崇左产业园区、南宁经济技术开发区、钦州保税港区和北海综合保税港区等一批国家级、自治区级重要平台纷纷在北部湾经济区设立，其发展进入了快车道。近年来，《北部湾城市群发展规划》（2017）、《西部陆海新通道总体规划》（2019）、《中国（广西）自由贸易试验区总体方案》（2019）等一系列国家战略相继出台。北部湾经济区作为我国西南沿海的重要经济区，在西部陆海新通道建设、《区域全面经济伙伴关系协定》（RCEP）实施以及面向东盟的开放合作中发挥至关重要的作用，已成为带动支撑西南中南地区开放发展新的战略支点和广西重要的经济增长极。纵观2020年1月至2023年6月广西北部湾经济区经济产业发展概况，其总体呈现以下特点。

1. 经济运行总体稳健，主要指标增速高于全区

北部湾经济区聚力攻坚，稳定了区内工业、投资、消费、外贸和就业，各项主要指标运行呈总体平稳、稳中向好发展态势，部分指标增速高于自治区平均水平，部分城市主要指标增速位居自治区前列。2022年，北部湾经济区GDP同比增长3.4%，比自治区平均水平（2.9%）高0.5个百分点。分城市来看，地区生产总值增速呈"4高2低"的特征，钦州增长8.2%，排全区第1位；崇左（6.1%）、防城港（5.1%）、北海（3.5%）增速均高于全区平均水平，玉林和南宁分别增长2.5%、1.4%（见表6）。2022年，北部湾经济区受不确定因素影响，经济运行出现一定程度波动，但随着国家和自治区一系列稳经济大盘政策的落地实施，全年经济运行总体平稳。2020~2022年，北部湾经济区地区生产总值三年平均增长4.8%，比自治区（4.7%）高0.1个百分点，与《广西北部湾经济区高质量发展"十四五"规划》提出的"年均增速高于全区1个百分点"目标要求仍有一定差距。随着宏观政策的落地和其他积极因素的积累，2023年上半年北部湾经济区经济运行保持稳定恢复态势。2023年1~6月，北部湾经济区地区生产总值同比增长2.9%，比自治区平均水平（2.8%）高0.1个百分点。分城市来看，地区生产总值增速呈"3高3低"的特征，防城港（7.4%）增速排自治区第1位，崇左（5.5%）和北海（6.0%）的增速均高于自治区平均水平，钦州、玉林和南宁分别增长-0.7%、2.3%和2.2%（见表6）。

表 6 2020~2022 年及 2023 年上半年北部湾经济区 6 市经济总量及增速排名

单位：亿元，%

地区	2020 年			2021 年		
	名义 GDP	GDP 增速	GDP 增速自治区排名	名义 GDP	GDP 增速	GDP 增速自治区排名
南宁	4726.34	3.7	9	5120.94	6.1	13
钦州	1387.96	2.6	11	1647.83	10.0	3
北海	1276.91	-1.3	14	1504.43	8.8	9
防城港	732.81	5.1	7	851.88	9.4	8
玉林	1761.08	3.3	10	2070.61	9.9	5
崇左	809.00	6.1	6	989.09	9.8	6
地区	2022 年			2023 年上半年		
	名义 GDP	GDP 增速	GDP 增速自治区排名	名义 GDP	GDP 增速	GDP 增速自治区排名
南宁	5218.34	1.4	13	2698.81	2.2	10
钦州	1674.21	8.2	1	811.24	-0.7	14
北海	968.08	3.5	8	494.33	6.0	3
防城港	1917	5.1	3	889.19	7.4	1
玉林	2167.46	2.5	11	1005.57	2.3	9
崇左	1081	6.1	2	517.71	5.5	4

资料来源：广西北部湾经济区 2020 年 1 月至 2023 年 6 月统计月报。

2. 工业生产承压趋稳，临港产业集群加快发展

工业经济呈现回升态势。北部湾经济区紧盯紧抓产业提速，打好工业增产增效硬仗和强化要素保障硬仗，聚焦提升产业链供应链现代化水平，强力实施一批产业基础再造和全产业链提升工程，加大力度协调畅通供应链，推动重点企业稳产达产，工业生产延续恢复向好态势。2022 年，北部湾经济区规模以上工业增加值同比增长 7.2%，比自治区平均水平（4.2%）高 3.0个百分点。其中，崇左（15.8%）、钦州（10.8%）、防城港（10.4%）等城市在 2021 年中高速增长的基础上仍然保持了较高增速，增速分别排自治区第 1、第 2、第 3 位；北海（8.6%）高于自治区平均水平；南宁增长1.9%，玉林下降 0.8%，均低于自治区平均水平。2023 年 1~6 月，北部湾经济区规模以上工业增加值同比增长 6.0%，比自治区平均水平（5.2%）高 0.8 个百分点。

临港产业集群加快发展。北部湾经济区依托北部湾港口和产业园区特色优势，积极开展化工新材料、电子信息、机械装备制造等产业链招商和向海经济产业招商，持续深入推进"湾企入桂""民企入桂"等进程，临港产业集群持续壮大发展。2022 年，北部湾经济区八大产业集群营业收入实现 1.08 万亿元，同比增长 9.7%，其中，林浆纸与木材加工产业（32.3%）、石油化工产业（30.0%）和能源产业（17.2%）保持快速增长态势；粮油和食品加工产业（10.0%）、生物医药和健康产业（5.1%）、电子信息产业（5.4%）保持平稳增长。受政治、经贸等不确定因素影响，缺芯、缺电等问题接踵而来，产业链供应链面临严峻考验，对相关行业企业增产增效带来较大冲击，北部湾经济区装备制造产业（−9.7%）和冶金精深加工产业（−0.7%）呈负增长态势（见图 8）。

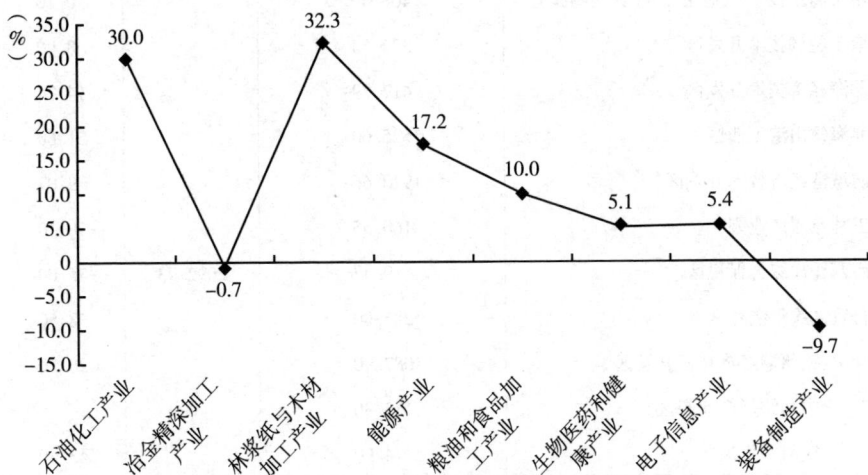

图 8 2022 年北部湾经济区八大产业集群营业收入增长率情况

资料来源：广西北部湾经济区 2020 年 1 月至 2023 年 6 月统计月报。

重点园区集聚效应显著提升。北部湾经济区加快推动产业延链补链强链，着力构建向海发展产业示范平台，同时强化重点产业园区企业动态监测，紧密跟踪重点企业生产经营状况，对园区减产企业开展"一企一策"帮扶。2022年，北部湾经济区10个重点园区规模以上工业总产值和贸易额总计8598.95亿元，同比增长17.27%，其中自贸区钦州港片区（38.50%）、北海铁山港工业区（21.60%）和北海经济技术开发区（14.24%）实现快速增长，防城港经济技术开发区（9.07%）、南宁经济技术开发区（8.00%）、广西—东盟经济技术开发区（7.80%）等园区保持平稳增长，南宁六景工业园区（-4.92%）、玉林龙潭产业园（-10.10%）、广西凭祥综合保税区（-35.00%）为负增长（见表7）。

表7 2022年广西北部湾经济区10个重点产业园区发展情况

单位：亿元，%

园区	规模以上工业总产值	贸易额	同比增速
广西—东盟经济技术开发区	155.42		7.80
南宁六景工业园区	138.21		-4.92
南宁高新技术产业开发区（含武鸣园）	468.49		0.10
南宁经济技术开发区	324.53		8.00
北海经济技术开发区	417.29		14.24
北海铁山港工业区	1625.60		21.60
防城港经济技术开发区	1920.66		9.07
玉林龙潭产业园	160.55		-10.10
广西凭祥综合保税区	9.47	2092.73	-35.00
自贸区钦州港片区	1286.00		38.50
其中：钦州港经济技术开发区	1087.90		28.20
中马钦州产业园区	183.30		
钦州保税港区	14.90		243.40
合计	6506.22	2092.73	
规模以上工业总产值和贸易额总计	8598.95		17.27

注：自贸区钦州港片区（包括钦州港经济技术开发区、中马钦州产业园区、钦州保税港区）。

资料来源：广西北部湾经济区2022年统计年报。

3. 外贸进出口占比仍然较大，经济区内各城市差距较大

在全球贸易增长放缓的背景下，北部湾经济区进一步发挥独特区位优势，积极融入区域一体化大市场，持续深化与RCEP成员国贸易投资合作，助力全区打造国内国际双循环重要节点枢纽。2022年北部湾经济区6市进出口总额高达5544.05亿元，占广西进出口总额的83.96%。2020~2022年北部湾经济区6市进出口总额占广西进出口总额的比值，分别达到83.43%、81.60%和83.96%。以南宁、钦州、北海和防城港4市计算，它们的进出口总额占广西进出口总额的比值，在2020年、2021年和2022年分别达到了44.87%、45.08%和49.68%。由此可见，广西的进出口即对外贸易主要集中在北部湾经济区。

图9给出了北部湾经济区6市2020~2022年进出口总额占北部湾经济区进出口总额的比值情况。从6市3年的进出口总额占比结构可知，北部湾经济区进出口主要来自崇左、防城港和南宁3市，3市进出口总额约占北部湾经济区进出口总额的80%。北海、钦州和玉林进出口总额占比则相对较小，尤其是玉林市，其进出口总额占比不到1%。

4. 外商直接投资增势显著，推动外资迈向新高度

2020年以来，面对复杂严峻的外部形势，自治区相关部门落实党中央、国务院的有关外资决策部署，在2020年出台《广西壮族自治区人民政府关于进一步做好利用外资工作的实施意见》和《广西外商投资企业"一站式"服务平台建设实施方案》，在2022年出台《广西北部湾经济区高质量发展"十四五"规划》，在2023年推动出台《广西实际使用外资两年倍增行动计划》《广西重点开发区外贸外资"破零倍增"行动方案》《广西壮族自治区关于落实〈进一步鼓励外商投资设立研发中心若干措施〉的意见》等一系列政策文件，推动北部湾经济区外资企业增资进资。

从图10和图11可以看出，在2020~2022年，无论是北部湾经济区6市（南宁、北海、钦州、防城港、崇左、玉林）实际利用外资总额，还是北部湾经济区4市（南宁、北海、钦州、防城港）实际利用外资总额，均在广西全区实际利用外资总额中占据较大份额。

2020年

2021年

2022年

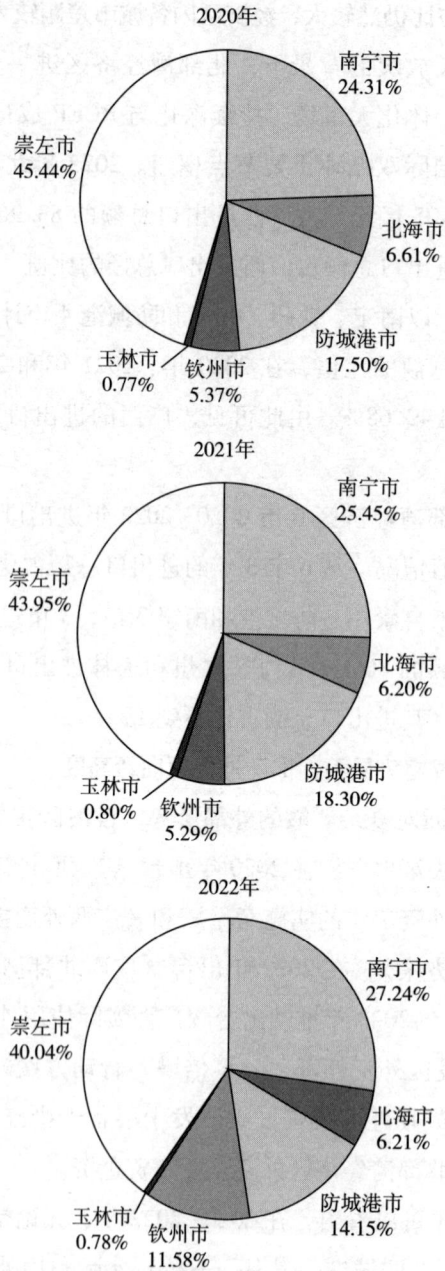

图9 2020～2022年北部湾经济区6市进出口总额占比情况

资料来源：广西北部湾经济区2020年1月至2022年12月统计月报。

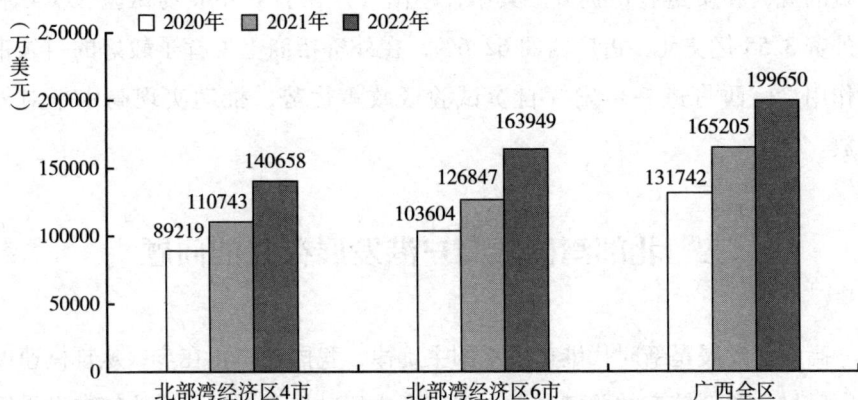

图 10　2020～2022 年北部湾实际利用外资情况

资料来源：广西北部湾经济区 2020 年 1 月至 2022 年 12 月统计月报。

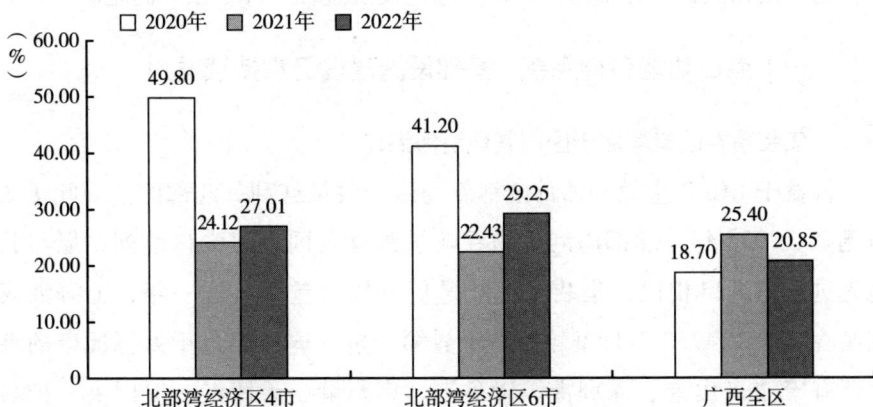

图 11　2020～2022 年北部湾实际利用外资额增长率

资料来源：广西北部湾经济区 2020 年 1 月至 2022 年 12 月统计月报。

从 2020 年、2021 年和 2022 年的数据看出，实际利用外资额随着时间推移逐年递增。其中，2022 年，北部湾经济区 6 市实际利用外资同比增长 29.25%，比广西全区（20.85%）高 8.40 个百分点；北部湾经济区 4 市实际利用外资同比增长 27.01%，比广西全区（20.85%）高 6.16 个百分点。2023 年 1～6 月，全区实际利用外资 5.67 亿美元，同比下降 27.17%，利用外资的规模和质量有待提升。其中，中国（广西）自由贸易试验区实际利用外资 3.55 亿美元，占广西的 62.6%，在外资招商上发挥了较好的引领带动作用。广西将进一步发挥自贸试验区政策优势，推动实现高水平对外开放。

三　北部湾国际门户港发展存在的问题

高质量发展是新时代港口发展的主旋律，我国港口正在步入从规模速度型向质量效益型转变的关键时期，现已形成的世界级大港仍需为转向世界级强港努力。在港口高质量发展转型升级的关键阶段，既需要更为全面的指标评价引领我国港口发展，也需要通过相关评价主动对标发现并正视我国港口存在的不足和短板。北部湾国际门户港在发展过程中存在以下问题。

（一）港口功能有待完善，基础设施建设仍需持续发力

1. 集装箱吞吐量落后于国内其他沿海港口

得益于 RCEP 生效和西部陆海新通道的政策红利，北部湾港吞吐量增速迅猛。2022 年，北部湾港货物吞吐量跻身全国沿海港口前列，但与其他先进沿海港口相比，集装箱吞吐量仍有较大差距。这一年，上海港集装箱吞吐量以 4730 万标准箱排在世界第一位。国内超过千万标准箱的港口还有宁波舟山港、深圳港、青岛港、广州港、天津港、厦门港。排名第 8 的苏州港集装箱吞吐量为 908 万标准箱，高居世界内河港口第一名。从这个数据看，北部湾港口为实现千万标准箱的目标，还需做出更大的努力。

从表 8 可以看出，2020~2022 年，北部湾国际门户港货物吞吐量总体低于上海港和宁波舟山港，虽然西部地区货物经北部湾港出口东盟在距离上比传统的长三角路线更具优势，但货主受多重因素影响还是选择传统的长三角路线，运输货源不足是北部湾港集装箱吞吐量总量较小的直接原因。2022 年北部湾国际门户港外贸货物吞吐量的增速高于上海港、宁波舟山港，集装

箱吞吐量增速更是远超这两大港口，可以预测未来北部湾国际门户港地缘优势和政策优势将进一步凸显。

表8 2020～2022年三港货物吞吐量与外贸货物吞吐量比较

单位：万吨

年份	北部湾国际门户港	
	货物吞吐量	外贸货物吞吐量
2020	29567	13828
2021	35882	16694
2022	37134	16756
年份	上海港	
	货物吞吐量	外贸货物吞吐量
2020	65105	38864
2021	69827	41491
2022	66832	39834
	宁波舟山港	
	货物吞吐量	外贸货物吞吐量
2020	117240	53678
2021	122405	56179
2022	126134	56003

资料来源：中国交通运输部网站。

2. 港口基础设施建设有待完善

北部湾作为我国西南对外开放的重要窗口，近年来在港口建设、航线拓展和密度提升等方面取得了长足的进步，辐射带动广西区内经济加速发展，并在此基础上紧密联系并开展西部地区与东盟各国的跨境物流和贸易合作。但与国内外发达的沿海港口相比，北部湾国际门户港基础设施建设仍具有较大的发展空间。这主要体现在以下三个方面。

一是北部湾国际门户港平均靠泊能力以及集装箱航线标准有待提升。当前，北部湾港的大型化和专业化泊位占比不断提高，航道拓展工作不断深入，港口核心竞争力进一步增强，但与国内外综合实力靠前的港口相比，仍有提升空间。青岛港、宁波舟山港等已实现停靠40万吨级矿石轮船，但北部湾三港现阶段只有钦州港拥有 30 万吨级码头，北海港泊位最大靠泊能力仅达到 15 万吨级，防城港港达到 20 万吨级，均与钦州港存在较大差距，天然深水良港的环境优势未被充分利用，北部湾三港靠泊能力参差不齐。截至 2022 年底，北部湾港开通的集装箱航线共 75 条，高标准内外贸集装箱航线屈指可数，难以满足港口生产需要，船舶大型化问题亟待解决。

二是北部湾国际门户港散货中心堆场堆存能力不足。以防城港为例，一些已投用的专业化堆场，其实际堆存量远远超过了原来的设计容量，泊位后方堆场长期处于超载状态，没有剩余空间供新货堆存。北部湾港的堆存能力受到多个因素的影响，包括港口现有设施的规模、装卸设备的数量和效率、堆场的设计和管理等。港口企业应当根据货物吞吐量的增长和市场需求的变化逐步提升堆存能力，以满足日益增长的货物处理和储存需求。

三是北部湾国际门户港绿色智慧发展程度不够、效率不高。一方面，北部湾港大宗货物绿色运输比例、清洁能源使用比例、集装箱码头达环保标准与国内沿海港口仍有一定差距。另一方面，北部湾港口智能化水平有待提高，互联网信息平台建设较为落后，无法利用数据驱动技术将物流和价值链上的信息进行资源整合，"信息孤岛"和"信息不对称"等问题长期得不到解决。在这个数字与智能快速发展的时代，港口可以通过引进先进的技术，如物联网、人工智能和大数据分析等来提升管理效率和运营水平，帮助港口实现更精细化的货物跟踪，优化资源利用和提高安全性。

3. 航线网络不完善，集疏运体系有待优化

北部湾港基础设施不完善、集疏运体系相对落后、产业支撑薄弱、港口服务能力较差、航线密度不够，导致桂林、柳州等多个地市的货主舍近求远，绕远路去湛江港、广州港和深圳港。2022 年北部湾港新增航线 11 条，航线总数达 75 条，其中外贸 47 条，内贸 28 条。虽然北部湾港现有航线网络可通达全球 100 多个国家和地区的 200 多个港口，但其建设速度还不能满足日益增长的进出口运输需求。

《广西北部湾国际门户港建设三年行动计划（2021—2023 年）》指出，健全北部湾港运输组织体系要充分结合北部湾经济区腹地经济条件和区位特点，创新物流模式。北部湾钦北防三市主要靠铁路和高速公路进行进出口货物的疏运和集港。钦北防三港的大宗散货都以铁路运输为主要运输方式，但铁路覆盖密度难以满足港口发展需要，铁路运力严重不足，港口内外各个物流节点之间衔接不畅，运输效率低下，货运力度不够，致使大量货物积压在港口内。同时，南宁经钦州到防城港的铁路运价高于国家定价，一些货主为节约运输成本会选择到其他区域港口出海，进一步导致北部湾港运输货源不足。三大港口经营管理部门应当积极引进先进企业经营管理经验，提升港城之间货物疏运和集港能力，完善运输配套设施，缓解交通压力，尽快解决集疏运不畅这一严重阻碍北部湾国际门户港物流发展的瓶颈问题。铁路集疏运、公路集疏运以及水路集疏运扩能改造或者加快建设成为迫切要求。

（二）港口—腹地协调联动不足抑制发展速度

1. 港口对腹地经济全局效益不明显

目前，北部湾国际门户港并没有充分地发挥经济腹地的优势作用。一是港口资源利用与保护的现状与支撑中西部腹地经济长远发展的要求不匹配，港口岸线和陆域空间资源趋于紧张。二是港口辐射带动能力亟待提高，港口发展不能满足腹地扩展需要。近年来，北部湾国际门户港发展逐渐步入正轨，规模效应逐渐形成，但北部湾经济区内仓储、金融服务等现代服务业还不够发达，未能有力支撑区域性国际航运枢纽的建设。同时，对内综合运输大通道不畅，对外连接国际国内市场的航线不够丰富，难以满足腹地经济增长需求。三是北部湾国际门户港承接经济腹地产业能力较低。港口对腹地承接地区特色产业转移、产业结构的系统优化和布局的引领作用并不明显，与我国西南中南等省（区、市）加快承接国际国内产业转移、利用国际与国内两个市场资源的要求不相适应。

2. 腹地经济对港口的支撑作用有待提升

首先，北部湾国际门户港处于我国西南边陲地区，地区经济相对落后，进出口货物贸易与服务贸易需求量较小，腹地经济进出口贸易的规模大小限制了北部湾国际门户港的发展。腹地内许多大型进出口企业宁愿选择路程遥远的广州港、深圳港、中山港进行货物贸易，也不选择距离较近的北部湾港。其次，直接经济腹地欠发达，难以为港口发展提供保证。2022年广西生产总值达到26300.87亿元，同比增长2.9%，在全国31省（区、市）GDP排名和GDP增速排名中均处于第19名，属于欠发达地区。最后，腹地知名企业对港口综合配套服务支撑力度不足。腹地企业的发展壮大能为港口提供对应的综合配套服务，推动港口的整体发展。近年来，北部湾国际门户港大力推行开放合作举措，但引进起关键性、决定性作用的国际大型知名港口、航运、物流等类企业数量偏少。

（三）港口业务协同能力有待提升，临港产业支撑能力不足

1. 服务港口业务协同能力有待提升

当前北部湾国际门户港对外开放窗口和通道的功能、地位尚未完全确立，中国—东盟自由贸易试验区"升级版"的平台作用尚未得到充分发挥，构建"一带"与"一路"重要枢纽的使命任重道远。北部湾国际门户港业务量逐年增加，这对港口服务能力提出更高的要求。

一是货箱存量不足。北部湾国际门户港航运企业较少，出口集装箱数量多于进口集装箱数量，甚至经常需要从广东茂名、湛江等地的港口调用空集装箱，增加了时间成本和费用。二是装拆箱服务能力不足。现代化信息技术支撑能力不够，开展业务时整体机械化、信息化程度不足，导致拆装箱业务和装卸作业各环节的衔接性效率低下，集装箱运输需求难以满足。三是由于费用、综保区功能定位模糊等，码头堆场没有得到充分利用，堆场面积充足但市场化利用不足，港口周边缺乏集装卸、仓储、交割、货物配送等功能的物流中心，难以满足客户的货运需要。四是口岸服务功能有待加强。通关代理、船代、货代、金融保险、信息等现代化口岸服务功能提供不足。五是口岸开放程度亟待提升，与之相适应的监管设施、检验检疫能力等也应当同步完善与提升，以满足日益增长的外贸业务量需求。

2. 临港产业集群发展定位模糊，支撑能力薄弱

《广西北部湾港总体规划》明确了钦北防三港的功能定位，钦北防三港直线距离短，地理区位与功能定位相似，存在货源竞争等问题；港口主要业务——装卸、储存和转运，缺乏货检、分装、包装等一系列增值服务，难以带动临港产业的发展。近年来，北部湾国际门户港在港口产业集群发展中存在的问题，主要表现在以下方面。

首先，三大产业结构差异较大，产业支撑薄弱。北部湾国际门户港产业结构差异较大，难以形成合力发展特色产业，容易模糊港口产业定位，弱化港口综合竞争力与产业布局功能。产业结构的差异一方面能够促进生产要素的相互流动，但另一方面会导致特色产业缺乏与产业支撑力度薄弱。

其次，关联产业以劳动密集型为主，其附加值较低。北部湾国际门户港关联的产业以劳动密集型为主，对科学技术、人才、资本、知识等先进生产要素的需求较少，导致产业经济效益不高，产品产业链处于低端，附加值不高。从北部湾国际门户港的货源结构看，工业成品等高价值的货源不足。从价值链角度看，煤、石油等资源型产业以及上游产业是北部湾国际门户港与腹地地区的主要关联产业，而这些产业的技术含量和附加值往往较低，国际竞争力差。

再次，集疏运产业体系发展滞后。中国—东盟自由贸易区建设不断完善，我国通过北部湾国际门户港进出口的产品种类和数量逐年增长。但北部湾国际门户港集疏运体系还不发达，海、铁、陆交通发展建设不平衡，导致货物严重压港。主要问题包括对内综合运输大通道不畅且存在瓶颈，码头与集疏运通道衔接不畅，港口集疏运产业体系亟待完善；对外连接国际国内市场的航线难以满足需求，标准化与信息化建设尚未与国际接轨，由于各国标准不一，同一业务需要经多个端口处理，难以突破代码不通等技术壁垒，工作效率大大降低；促进贸易便利化的功能和政策有待完善等。

最后，港口经济主要依托重工业，产业发展单一。北部湾经济区经济产业主要由重工业在支撑，加快沿海重工业发展已成为港口经济发展的选择。随着临海工业的发展，重工业产业的发展不足以满足北部湾经济区的发展需求。石化产业、金属冶炼、临港能源化工产业，均是北部湾经济区重点支持产业。但受制于资源分布、地域分工、城市体系、人才技术等因素，其产业结构还较为单一。

（四）周边港口竞合发展，北部湾港竞争力和影响力有待提升

北部湾海域及周边国内港口主要包括湛江港、海口港、洋浦港及广西北部湾港，国外港口主要包括越南的海防港和岘港等。

集装箱吞吐量反映了港口在国内外物资交流和对外贸易运输中起的作用，是进行港口规划和基本建设的依据。2022年洋浦港集装箱吞吐量同比增长全国第一，之后依次是钦州港、防城港港、北海港、海口港、湛江港。洋浦港和海口港受益于海南自由贸易区建设以及海上丝绸之路"南大门"区位，其较强的港口实力和巨大的发展潜力为北部湾港成为环北部航运枢纽带来了挑战。位于雷州半岛的湛江港、越南的岘港与北部湾港的防城港港和北海港的集装箱运营能力相当，在"一带一路"倡议下，它们的竞合更多地体现在对中国—东盟进出口腹地货源以及港口投资的竞争，以寻求中国—东盟进出口腹地货源的重新分配。北部湾港口企业为取得竞争优势，常常通过低廉的价格来吸引腹地货源，并出台优惠政策压低门槛招商引资，长此以往将为北部湾港口建设的健康发展留下隐患。

（五）财政政策持续性不足，政策红利未能充分发挥

目前，在国家层面、自治区层面以及地市层面均有支持打造北部湾国际门户港的政策，基本形成国家、自治区、地市三种空间协同的政策体系。然而，在港口发展的不同阶段，各政策产生的效果不尽相同，部分政策没有发挥促进港口发展的作用，甚至存在不利于其发展的问题。

第一，港口公共基础设施建设财政优惠政策可持续性不强。通过梳理北部湾国际门户港享受的各类政策，调研发现财税优惠比重呈现下降趋势，港口公共基础设施建设面临资金短缺问题。"十四五"期间，北部湾港总投资约360亿元规划建设航道、防波堤、锚地等16项公共基础设施项目，但国

家对单个公共基础设施项目的资金补助最多5亿元。如钦州东航道扩建一期、二期工程两个项目合计投资65亿元，仅获得国家10亿元补助，为总投资的15%，公共基础设施项目资金筹措困难，影响建设实施。从地方落实财税政策效果看，现阶段减免税收和财政补贴等政策对企业落户的吸引力逐渐下降。同时，调研发现，企业落户更看重区域市场空间、劳动力和土地价格、交通通达性、地方行政效率、市场化程度等。

第二，对出自治区铁路通道和航道等基础设施建设支持力度相对较弱。基础设施建设在西部大开发中十分重要，然而广西出自治区铁路通道建设速度与当前经济发展需要不相匹配。2023年8月31日，南宁至贵阳高铁才全线开通运营，而合浦至湛江的沿海铁路开工建设日期仍未可知，省际铁路线路能力仍然不够，技术水平偏低，部分地区增修铁路的需求日益迫切。跨省铁路通道需要省际协调，且投资规模较大，因此需要中央层面支持和推动。

（六）港航服务业发展速度难以满足港口建设需求

2019年12月，北部湾国际门户港航运服务正式启动运营，北部湾航运交易有限公司揭牌成立；2020年8月，北部湾（防城港）航运贸易金融中心建设启动；2022年1月，北部湾国际航运贸易金融服务平台启动仪式顺利举行。北部湾国际门户港在航运服务建设征程上稳扎稳打，不断进取，但与国内外航运先进地区相比，其现代航运服务业起步较晚且发展速度不尽如人意，在航运与服务方面仍然存在不足，直接影响到北部湾区域经济的稳定与健康发展。

一是航运金融体系发展速度难以满足港口建设需求。"运输港"向"贸易港"的转型升级要求改变以单一装卸为主的生产经营模式，发展以港航金融为代表的现代服务业，增值传统主营业务，这也是打造区域性国际航运物流枢纽、市场交易枢纽的需要。虽然北部湾国际门户港港航金融具备一定的发展基础，但由于北部湾国际门户港在融资租赁、融资担保、航运保险业务方面缺少可信的服务平台，在基础设施租赁、船舶贷款、招商引资业务方面缺乏竞争力和创新力，现有金融机构难以开展跨境资金池、贷款、资产转让等金融业务。

二是海洋保护法律不完善，海事航运法规服务有待加强。在海洋环境保护方面，国家和地方已颁布实施如《海洋环境保护法》《防治船舶污染海洋环境管理条例》《广西壮族自治区海域使用权收回补偿办法》等一系列国家法律、地方性法规和政府规章制度，但针对北部湾海洋环境保护的法律、法规还存在诸多问题。如在立法上，法律法规以及政府规章制度关于某些涉海领域的立法还存在缺失；在执法上，由于涉海行政管理部门和海洋环境监管部门分工不明确和职能重叠，存在执法力度不强和交叉执法等现象；在海事航运法规方面，缺少专门针对北部湾国际门户港的海事法规。此外，针对性服务于北部湾国际门户港的仲裁机构、律师事务所也较少，难以满足北部湾国际门户港海事服务的需求。

三是船运体系有待健全完善，一站式航运服务发展不够充分。由于对国内外大型航运企业的吸引力不足，北部湾航运经营企业竞争力不强。相较于进驻航运服务中心的港航物流贸易企业数量，能正常开展业务工作的企业屈指可数。航运服务体系仍存在仓储服务发展缓慢、港口工程服务水平偏低等问题。如港口内集装箱堆场场地不足且质量不高，港口内仓储设施成本偏高，港口集装箱设备的配备与装卸、搬运、储存环节的标准化程度低，科技水平不足等。仓储服务发展面临的问题亟待解决。与国内外先进港口相比，北部湾国际门户港缺乏龙头企业的引领与指导，在航运一站式服务体系方面仍需主动延伸管理链条、扩大服务范围、优化服务环节。

四 北部湾国际门户港发展面临的新形势与要求

（一）国内航运形势变化情况

1. 散货市场总体稳定，未来不确定性增多，预计运价波动进一步放大

2022年，我国的散货市场整体上保持稳定。在年初，电力使用不足造成的预期偏差，导致运输市场的供求关系呈现相对疲软态势，运费处于低位

浮动。但到了年中，随着运输需求的逐步增长，高气温导致电力需求增加，得益于稳价政策的扶持，沿海运费得以大体上保持稳定。2022年我国沿海（散货）综合运价指数平均值达到1124.52点，相较上一年度减少了13.5%。全年指数最高值为3月18日的1254.16点，较上年高点回落22.7%。2023年，世界经济恢复预期较低，无法有效预期国际市场需求变化，预计沿海煤炭运输市场整体船货较为平衡。随着"碳达峰，碳中和"政策陆续实施，运输船只换代，将逐步影响运价。

2. 液货危险品运输市场需求总体平稳，运力供给相对稳定，预计运输需求持续增长

在原油运输的领域，我国二程中转石油受国际油价的剧烈上涨、炼油工厂检修期等诸多因素的影响，运输需求下降。然而，随着国际油价的稳定和炼油厂总负荷的逐步恢复，海运市场也在持续恢复，2022年的运输总量有所增长。与此同时，海上石油的运输总量也有所上升。由于航线较短，并且用户较为单一，管道石油的运输数量总体来说比较稳定。考虑到我国的化工产品生产和消费仍然在稳健增长，沿海地区的大宗液态化工品船舶运输市场的需求持续增长，2022年全年的化学品运输量大约4000万吨，同比增长约9.6%。在沿海地区化工产品船舶运输价格整体稳定的情况下，市场供需保持在紧张的平衡状态，部分航线的运价稍有上扬。

3. 内河航运市场货运量稳步增长，客运量还在恢复，预期在未来仍将维持稳定的运营

2022年，内河水路运输需求总体较为稳定，增速有所放缓。观察各种细分市场，干散货航运市场呈正向稳步上升的态势，船只运输能力的供给大于需求，一整年的运价总体维持在较低的水平。而集装箱运输市场显示出更快的增长速度，其铁路与水路的复合运输量同比增长超过六成。散货液态危险物品运输市场相对稳定。2023年，长江、珠江等内河运输逐渐恢复，煤炭、矿石、建筑材料等大宗商品的运输需求将会增加，同时，随着生产和消费逐渐恢复正常，集装箱运输的需求将会得到进一步的推动。

（二）国际航运形势变化情况

1. 全球贸易发展不平衡，国际航运面临压力

随着美国和欧洲去库存以及经济的停滞，全球贸易在 2022 年底陷入收缩。由于地缘政治担忧、各地区保护主义和国际供应链重构，全球贸易也进入了增长放缓的时期。到 2024 年，全球贸易增长率将保持在较低水平，这意味着航运也面临压力。尽管如此，随着各国经济刺激政策实施，一旦消费者在商品上的支出回升、支出模式回归正常化，2023 年下半年贸易将更加强劲。

在发达经济体经济增长放缓、新兴经济体恢复趋势增长的背景下，全球贸易发展不平衡。因此，2023 年和 2024 年，亚洲区域内贸易量可能超过全球平均水平，中东和非洲也将紧随其后。因此，全球区域内运力部署将对班轮公司的表现产生影响，或将带动亚洲区域国家的经济发展。

2. 国际航线距离的增长要求航运质量提升

全球航运数据比全球贸易数据表现要好，特别是在油轮方面。在欧美国家对俄罗斯实施制裁前，欧洲国家近一半石油来自俄罗斯，但由于俄乌冲突，以及 2023 年初欧盟对俄罗斯新制裁的生效，国际贸易发生了巨大变化。由于国际形势的不确定，许多国际航线进行了大规模重新规划，从短途到长途的贸易转变，将成为欧洲从南亚、中东和北美运输石油的长期持续的新形势，更长的航行距离，要求更好的航运质量。

3. 国际形势对油轮市场产生利好

航行距离变长的影响在油轮运输行业中最为显著，原本流向欧洲的俄罗斯石油开始流向亚洲，而欧洲国家已不再大批量进口俄罗斯原油和石油产品，并开始从沙特阿拉伯和美国进口更多原油，从印度进口柴油等成品油。从需求端看，预计全球的石油需求将增多海运贸易或将复苏，且由于新兴市场经济率先恢复，油轮市场将逐渐扩大；从供给端看，受全球经济下滑影响，油轮航运运力将依旧维持较缓慢的增长，这一轮供给端将是市场步入新一轮上行周期的重要原因。上述情况将推动 2023 年全球石油产品运输需求

呈现两位数增长，而运力仅增长4%。同样，原油贸易也将被推高，但其对干散货运输（煤炭、铁矿石）的影响要小得多。

4. 全球需求降低集运市场面临挑战

2020~2022年，由于消费品的高需求和多次供应中断，航运价格及其利润达到了前所未有的水平。但当前这种情况正在迅速改变。全球集装箱运输市场的发展受到多种因素的影响。第一，需求放缓、港口拥堵问题得到解决，一系列新造船顺利交付，市场力量向买方转移，现货运价大幅下降，导致集运市场利润降低。第二，全球经济疲软影响集装箱运输需求。中国和其他新兴市场的航运需求逐渐增长，但欧美等主要市场的经济复苏情况尚不明朗，这将对全球集装箱运输需求产生影响。尽管2020~2022年的高收益还能维持集装箱班轮公司的财务状况，但全球经济持续疲软，需求不高，集运市场依然面临压力。

5. 液化天然气需求上升，LNG船订单量巨大

2022年全球市场对液化天然气运输的需求一直很强劲，2023年将再次增长4%以上。在亚洲，中国和日本是液化天然气的主要进口国。对于出口国，特别是美国和卡塔尔，以及许多非洲国家来说，生产投资是为了提高产量。对于液化天然气运输船来说，市场对于液化天然气的高需求，推动了LNG船订单的增多。截至2023年6月，全球LNG船订单量达到330艘。其中大部分由一些专业造船厂交付，这将17万立方米LNG船的价格从每艘约2亿美元推高至2.5亿~2.6亿美元。其中大部分将于2024~2026年交付，这将导致未来几年LNG船运力的年增长率达到两位数。

6. 全球经济不景气影响铁矿石和煤炭的增长

干散货运输承运各种各样的货物，但通常严重依赖全球工业生产。目前，在消费需求疲软和利率上升抑制西方投资活动的情况下，生产困境将加剧。铁矿石和煤炭的海运贸易高度依赖中国的工业生产，中国工厂的重新开工帮助2023年的产量增长，但中国的经济复苏以及钢铁需求一直弱于预期。因此，2023年的产量仍远低于2020年的峰值水平。在欧洲，由于能源危机，煤炭需求暂时有增长势头，但如果欧洲能够摆脱对俄罗斯天然气的依赖，2024年煤炭需求可能会再次减弱。

7.粮食贸易保持稳定

2022年，黑海港口的关闭，严重阻碍了乌克兰的粮食出口，谷物运输遭到了严重破坏，全球粮食市场再度出现波动。随着短期协议的延期，全球粮食供应的不确定性和脆弱性仍然存在。尽管如此，随着各国际港口的优化，各国加强粮食出口合作，将进一步促进粮食贸易和技术交流，2023年全球粮食贸易稳中有进，7月追踪全球农产品价格走势的联合国粮农组织（FAO）最新食品价格指数（FFPI）止跌回升，与2023年6月相比，上涨1.3%。其中，植物油上涨12.1%，小麦上涨1.6%，大米上涨2.8%。

（三）国家对北部湾港发展的新要求

为深入实施《西部陆海新通道总体规划》《"十四五"推进西部陆海新通道高质量建设实施方案》，广西作为西部陆海新通道陆海交汇门户和核心枢纽，依托北部湾经济区背靠大西南、面向东盟的区位优势，加快西部陆海新通道建设，不断推进交通物流基础设施建设，构建北部湾国际门户港集疏运体系；不断织密国际班轮网络，加快航运服务业及相关配套行业的发展，为打造海洋强区、发展向海经济、促进经济高质量发展提供有力支撑。

1.积极推进西部陆海新通道和"一带一路"倡议的实施

随着"大进大出"、"一带一路"倡议和"陆海内外联动、东西双边互济"的出现，西部陆海新通道的重要性日益凸显，它不仅是一条简单的运输线路，更是西部经济建设的重要支柱。借助西部陆海新通道的建立，广西将会成为中西部地区的重要支点，促进其开放和经济效益的持续增长。目前，京东、广东钜豪等一大批临港产业项目纷纷落户北部湾港，为北部湾港带来了人流、物流、资金流，推动北部湾港加快融入国家战略，促进区域经济发展。

"一带一路"倡议的实施无疑会给沿线国家带来前所未有的发展机会，推动地区经济的蓬勃发展，促进全球经济的持续稳定，并且还可以为各国之间的沟通与合作搭建一个良好的桥梁，从而极大地改善当地的社会环境。同时，积极利用 RCEP 机遇，以 RCEP 实施为契机，推动中国—东盟区域合作机制在新通道上持续深化和拓展，在推动中国—东盟合作高质量发展上取得更多更大突破，充分发挥西部陆海新通道对经济的重大牵引作用，将更多优质资源向中西部地区聚集，加快布局新基建、打造新平台，聚势再塑产业链和供应链。

2. 推进港口集疏运体系建设，建成世界一流水平的国际枢纽海港

全力推进优化港口集疏运体系顶层设计，构建相互联通的港区铁路设施，提高运输效率。加快公路与港口的集疏运体系建设，公路发展应当与港口发展相互匹配。加快推进港口物流园区、堆场仓库、港口产业规划建设，积极布局规划港口配套的产业园区。全面梳理现存联通各港口的集疏运体系，依托港口所处地理优势、功能服务、规模大小和基础设施现状明确设计未来发展规划。港口之间应统一规划、布局、建设，提升效率，构建地方政府与各个产业之间协同共建共管的模式。

北部湾港正努力打造一个世界级的国际枢纽海港，并且积极开展与粤港澳大湾区港口的合作，大力推进海铁联运、江海联运，以期更好地促进与东盟港口之间的合作，为经济发展提供更多的支持。为了更好地满足国际市场的需求，北部湾港大力拓展国际市场，积极与越南、泰国、马来西亚等国家的港口开展深度合作，以及其他国际贸易活动，以期更好地实现北部湾港的国际化经营，增强其国际影响力。北部湾港积极投入海铁联运的建设，同时，也在不断深化和拓宽它的海上运输网络，积极拓宽国际海运市场，以满足客户的需求。

3. 提高江海联运能力，加快西江航运基础设施建设，建设自动化码头

随着平陆运河等重大项目的顺利实施，西江黄金水道迎来了一条全新的入海航线。由于全新船闸建设完成并投入使用，以及下游大藤峡水利枢纽工程二期蓄水水位的提高，货物经柳州水运南下出海更加方便快捷，运输能力显著提升。

2023 年 6 月，全球首创"U"形工艺布局的北部湾港钦州自动化集装箱码头成功投产运营一周年。自投产运营以来，北部湾港钦州自动化集装箱码头坚持"客户至上、效率优先",系统设备及生产组织持续优化,作业效率稳步提升,船时效率提升152.6%以上,泊位效率提升218.8%,船舶保班率达100%。

4. 加快文旅项目建设,发展海上旅游,加快绿色低碳发展

北部湾经济区充分利用其生态资源优势,致力于打造一个以生态为重点、以文化为指导、追求卓越的发展模式,建设高质量的北部湾国际滨海度假胜地。

第一,丰富优质度假产品供给。加快推进滨海旅游区、国家全域旅游示范区建设,加强滨海度假产品供给,不断丰富优质度假产品供给。

第二,培育滨海特色优势产业。大力发展海洋渔业、滨海旅游业、海洋科技和海洋装备制造业,加快培育滨海特色优势产业集群,推动形成高质量的现代海洋产业体系。

第三,提升滨海度假国际化水平。加强与国际知名机构合作,加快提升滨海度假国际化水平,吸引更多国际游客和商务人士来我国体验滨海度假生活。

第四,完善现代旅游市场体系。不断优化现代旅游市场体系,推进智慧旅游建设,深化区域联动与开放合作。

绿色低碳方面,绿色港口将成为未来航运业的新趋势新常态。北部湾港着重关注港口的顶层设计,积极推动不断完善低碳港口建设,增加绿色能源供给;通过使用新能源运输,实现集疏运清洁化,积极建设星级绿色基础设施,创立和建设国际化标准的碳达峰示范试点,努力实现碳排放清零,探索中国式现代化港口建设、传统港口产业升级转型路径,引领港口经济的发展。

(四)广西壮族自治区对北部湾港发展的新要求

为全面贯彻落实党的二十大报告"发展海洋经济,保护海洋生态环境,加快建设海洋强国"战略部署,深入落实《广西壮族自治区国民经济和社会发展第十四个五年规划和2035年远景目标纲要》《广西北部湾国际门户港建设"十四五"规划》，促进广西向海经济高质量发展，加快北部湾国际门户港建设，打造国际枢纽海港，广西壮族自治区对北部湾港发展提出如下四个方面的新要求。

1. 提升北部湾国际门户港枢纽能级

北部湾国际门户港作为广西的核心战略资源、最大比较优势和重要开放发展平台，承载着党和国家的重托和厚望。经过多年发展，港口规模日益壮大，辐射范围不断延伸，带动作用持续增强，在全国港口中的地位大幅提升。提升北部湾国际门户港枢纽能级，也是对未来以北部湾国际门户港为节点辐射各经济区域经济发展的重要支撑。近年来，北部湾国际门户港基础设施加速完善，保障能力稳步提升，港口吞吐量持续增长。2023年1~6月，北部湾港完成货物吞吐量2.1亿吨，同比增长15.6%；完成集装箱吞吐量360.74万标准箱，同比增长13.8%。

2. 服务产业链供应链稳定畅通

北部湾国际门户港作为广西面向东盟的前沿阵地也是我国努力打造的一个世界级国际枢纽港，是服务广西和中南、西南腹地产业链供应链稳定畅通的重要平台，对促进区域经济稳定繁荣至关重要。近年来，在各方大力支持和积极参建下，北部湾港大型化和专业化泊位加速建成，港口集疏运体系日益完善，港口货物年吞吐能力提升至4.3亿吨，集装箱年吞吐能力提升至870万标准箱，可有效满足腹地和临港产业发展需求。川渝贵滇等西部地区通过北部湾港加快融入全球产业链供应链，逐步形成促进贸易往来和产业融合的经济大走廊，反过来又进一步推动了北部湾港的开放发展。

3. 加快建设向海产业集聚区和中国—东盟合作示范区

在中国—东盟产业合作的推动下，钦州基本形成了石化、新能源电池材料、装备制造、粮油食品加工等产业协同发展格局，构建起排名全国前列的多元化石化产业体系，逐步形成我国西南产能优异、效率最高的能源化工园区。随着中国石油广西石化炼化一体化转型升级项目、华谊钦州化工新材料一体化基地三期项目、恒逸高端绿色化工化纤一体化项目、桐昆绿色化工基地项目、格派电池材料项目等投资超百亿元产业项目推进和产能释放后，钦州临港工业产值有望突破3000亿元。近几年，钦州抢抓中国—东盟自贸区3.0版建设、RCEP生效实施等重大机遇，充分利用区位优势、通道优势、港口优势和政策优势，加快构建以石化、新能源电池材料、装备制造等产业为主导的跨区域跨境产业链供应链，为探寻发展中国式现代化港口打下了基础。北部湾港作为西部陆海新通道国家战略重点发展的国际门户港，是服务中国—东盟区域经贸合作的桥头堡，在推动中国—东盟产业合作方面取得了积极成效。

4. 多点发力带动基础设施大飞跃

对标世界先进一流港口，北部湾国际门户港仍有差距和不足，一些基础设施建设尚处于起步阶段，港口物流效率、智慧绿色水平和服务水平需进一步提升。

第一，建设一流港航设施。加快建设防城港赤沙作业区1号和2号20万吨级散货泊位（水工按30万吨级预留）等重大工程。第二，加快推进港口集疏运体系建设。开展平陆运河江海联运体系项目前期工作，稳步推进龙门大桥建设及大风江大桥通车，逐步推进北钦防一体化和北部湾经济区高质量发展，带动周边经济高速腾飞，加快推进钦州新通道联运中心等铁海联运项目建设，实现铁海联运一体化数据实时互通和操作运营一体化。第三，提升智慧绿色水平。共同推动北部湾国际门户港数字化水平提升工程、北部湾国际门户港智慧监管服务工程等重点项目的实施，构建"北港网"生态圈，加快智慧港口建设步伐。

五 北部湾国际门户港发展的主要任务和未来展望

根据北部湾国际门户港的发展定位，结合国家"十四五"发展规划纲要、《西部陆海新通道总体规划》、《关于新时代推进西部大开发形成新格局的指导意见》及广西及北部湾经济区发展战略部署和北部湾港国际门户港的发展建设情况，北部湾国际门户港的发展目标是到2035年，建设成为具有国际市场、国际地位和国际标准的国际门户港，建设成为区域性航运中心、物流中心、贸易中心，成为西南中南地区对外开放的重要门户和引领带动经济发展的重要支撑，为西南中南地区全面实现现代化的百年目标提供坚实保障。因此，根据北部湾国际门户港的发展定位、发展基础、外部环境和存在的问题，本报告提出北部湾国际门户港中长期发展的主要任务和未来展望。

（一）北部湾国际门户港发展的主要任务

1.加快向海产业发展，拓展向海发展空间，联系东盟发挥桥头堡作用

习近平总书记于2017年和2021年两次视察广西，均指出广西要借助向海优势大力发展向海经济，将北部湾港建设成为面向东盟、连接世界的南方大港，写好21世纪海上丝绸之路新篇章。为全面落实习近平总书记视察广西时作出的重要指示，广西壮族自治区提出了"向海而兴、向海图强"的决策部署。

第一，加快发展向海产业。以强龙头、补链条、聚产业、拓市场、要创新和"港产城海"融合发展的思路为指引，聚集重点区域和重点产业，加快向海经济产业的招商引流、积极承接东部地区产业转移，深化"简易办"改革，持续优化北部湾港的营商环境，确保产业转移"接得住"和"留得下"，形成向海产业聚集效应。

第二，开放向海产业合作，实现海洋科技创新。积极发挥"一湾相挽十一国，良性互动东中西"的区位优势，积极服务融入新发展格局，高水平地开放向海产业合作，加快形成内聚外合、纵横联动的发展态势。同时，加强与区内外高校合作，聚集"科教兴海"和海洋科技创新。

2.借中马两国建交50周年之机遇，打好中马"两国双园"经济牌

马来西亚是东盟国家中为数不多与中国既无领土、领海争端，又无种族或文化冲突的国家。马来西亚的棕榈油、石英砂、水果、石油、煤炭、水产品、燕窝等特色产品也符合中国市场的需求。2013年中马双边贸易额突破千亿美元大关，9年后的2022年双边贸易额首度突破2000亿美元。中国连续 14 年成为马来西亚第一大贸易伙伴。虽然两国的政治、经济与文化交流非常频繁，互信互利的合作基础十分深厚，但是中国与马来西亚的经贸往来始终不尽如人意。

2023 年是两国建立全面战略伙伴关系 10 周年，2024 年是两国建交 50 周年。广西壮族自治区人民政府应乘势而为，做细做实发展战略、政策及举措的对接合作，深入开发共建"一带一路"合作潜力，以高水平、高质量打造互利共赢的全面战略伙伴关系。抓住机会做实中马"两国双园"钦州产业园建设，并结合广西自由贸易区先行先试、制度创新等政策优势，着力实施基础设施建设，并在能源、数字服务、金融服务、旅游服务、物流服务、中小企业服务等领域开展合作，优化供应链产业链，加强顶层设计，将钦州港打造成为与马来西亚重点资源区域对接的重要通道，集中力量并持之以恒地推动国际门户港建设。

3. 破局向海经济，加快推进西部陆海新通道平陆运河建设

广西是我国西部沿海大省，但我国西部地区货物却从珠江绕道广东出海，这不能不说是一种遗憾。作为背靠大西南、面向东南亚的重要通道节点，北部湾港应当积极主动融入西部陆海新通道的高水平建设，不断完善海、陆、空、水、铁综合交通网络体系，打通广西开放发展的"任督二脉"，实现西部地区货物从广西出海的夙愿。广西应坚持陆海统筹，释放"海"的潜力，激发"江"的活力，做足"边"的文章，举全区之力将北部湾港打造成为内通外畅、连江接海的国际门户港。2022 年 3 月，平陆运河项目正式批复立项，2022 年 8 月开工建设，广西壮族自治区人民政府严格要求围绕工程项目建设开展平陆运河的综合开发研究工作，特别关注平陆运河沿线产业经济带的建设及布局工作，力求为广西高质量发展注入新的活力。因此，做好平陆运河沿线产业经济带科学规划同样至关重要，这可以助力运输通道及时转型升级为经济通道。

4. 优化北部湾港营商环境，推动环北部湾经济区域一体化建设

通过实施"组货源、强基础、拓网络、优服务"四项措施，加快发展西部陆海新通道北部湾国际门户港建设。拿出"拼"的精神、"闯"的劲头、"稳"的作风，不断健全市场主体准入机制，实施负面清单管理制度。深化"多测合一"改革，压缩口岸通关时间，降低口岸进出口成本，打造通关一体化政务服务中心，实现一站式报关报检、海关和边防无缝式联合查验，简化海事部门进港审批流程，缩短靠船、查船与通关时间。以客户为中心，为进出口收发货人提供高效、便捷的政务服务。规范船舶代理、船舶物料供应商和货运代理等口岸服务单位的收费标准。鼓励优质的船货代理公司向外贸综合服务企业转型。推进通关体制机制改革，推行电子口岸，真正实现通关便利化，提高跨境贸易便利性，提升港口公共服务质量，优化北部湾港营商环境，推动区域一体化建设取得显著成效。

（二）北部湾国际门户港发展未来展望

1. 北部湾港融入西部陆海新通道建设取得高质量发展

将北部湾港打造成为西部陆海新通道出海口的最优选择，充分发挥北部湾港口辐射功能，打造广西沿海经济增长带。北部湾是联通西部地区与全球市场的枢纽。西部地区发展潜力巨大，西南区域的新能源、绿色化工、电子信息、生物医药产业等与北部湾钦州港、北海港、防城港港三大港目前"分工"遥相呼应。广西应抓紧完善通关、装卸、仓储、集疏运等各项服务功能，提高对海内外企业的辐射力和吸引力，尽快把北部湾组合港口体系做大做强。参照国际港口一代到五代码头发展的演变，汲取"陆地港口"概念的精华，北部湾港应以平陆运河为抓手，提前布局将珠三角地区的货源引流到北部湾港，并尽快成长为西部地区的"上海港"，这样有利于减缓珠三角的集疏运压力。抓住扩大内需机遇，做大做强广西优势特色产业。利用北部湾国际门户港的辐射能力，打造临港产业集群，形成广西沿海经济增长带，将北部湾港的发展深深地嵌入西部陆海新通道建设进程，最终实现高质量发展。

2. 向海通道国际网络基本建成，具备国际大港的建设条件

北部湾港发展坚持向海而生、向海图强，在区域经济一体化的协同下，加强与周边主要港口的合作，重点突破国际航线的建设，在内贸航线主网的

基础上织入外贸航线，将北部湾港的向海通道网络织密。多式联运业务得到大力发展，"一次委托、一口报价、一单到底、一票结算"的全程物流服务模式高效运作，西部陆海新通道海铁联运、国际铁路联运、跨境公路国际冷链运输网络全面建成。

在北部湾国际门户港独特的区位基础上，以建设国际门户港和打造千万标准箱集装箱干线港为目标，在现有基础设施条件下，高标准严要求继续加大基础设施建设投入力度，不断完善集疏运体系，发挥北部湾港积极响应国家"一带一路"倡议先锋带头作用。北部湾国际门户港应充分集聚资源和要素，提升集装箱货运量，实施港口扩能工程如在深水泊位、深水航道、集装箱泊位和机械设备套数等方面加大建设与投入力度，在码头仓储面积、码头堆场面积等方面升级扩能。完善集疏运体系建设，加快港口城市公路网的形成，加速推进铁路网的建设，扩大其运输能力，加快建设直通港口的铁路专用道，进一步提高连接西南中南地区的铁路运力，降低海铁联运的成本，加大对三港之间"穿梭巴士"（集装箱内支线）的建设力度，实现货物在三港的快速流通；进一步拓宽融资渠道，从根本上改善港口投资环境。

3. 成为西部地区陆海联动的先进制造基地

无论是从经济总量还是从产业结构来看，抑或是从工业发展水平来看，广西地区的产业基础都是十分薄弱的。如果港口经济的配套产业发展跟不上，那么港口与腹地的互动程度也很难提高。因此，除了腹地调整产业结构、港口改善基础设施建设，加快配套产业发展、构建临港工业集群也是十分必要的。北部湾港实现"油、煤、气、盐"特色化工新材料产业高水平建设，以中石油、华谊化工为龙头的绿色化工上下游产业链延伸进入"减油增化"的2.0版本建设阶段；成为全国钢、铜、铝、锰、锂等金属新材料精深加工的产业基地，为西部陆海新通道沿线地区提供材料和精深加工的保障服务；逐步形成以南宁、钦州和玉林为重点的共建共享零部件配套和供应链体系的高端装备产业智能化升级和产业基地，为区域重点企业提供设备装备配套服务。

北部湾国际门户港要充分利用 RCEP 规划指引，布局建设物流仓储园区、贸易加工园区、飞地合作园区、特色产业片区，通过"园中园""区中区"开发模式，大力发展跨区域临港型产业，重点发展港航物流、国际贸易、绿色化工、船舶工程、电子信息、生物医药等特色产业，引进发展"三来一补""两头在外""就地加工、异地分销"等联动型产业，形成优势特色产业集群，全面提升临港产业园区发展能级，推进钦州国际门户港与钦州港片区和临港产业联动发展，建设成为广西北部湾经济区的"滩头阵地"。

展望未来，北部湾国际门户港将积极推动实现更大的战略目标，以进一步提高港口的竞争力和综合能力。港口能级将迈上新的台阶。10 万吨级泊位进一步增加，为港口增加新的运营空间和能力。智慧港口建设将再次达到新的高度。预计完成建设钦州 20 万吨级自动化集装箱码头，以满足接纳世界上最大集装箱船舶的通航和靠泊需求。集装箱航线不断织密，这将包括增开至东南亚国家的航线，提高北美远洋航线的密度，并争取开通至欧洲远洋航线，以拓展港口的全球贸易网络。港口服务水平将进一步提升。港口管理部门将共同努力，以进一步缩短船舶进口岸审批时间，同时全面压缩港内的船舶检查、靠泊、装卸、查验和通关放行等环节，提升整体效率。集装箱运输的质量将显著提升，同时配套服务能力也应提升，以更好地满足客户的需求。加强信息化和绿色港口建设。积极构建北部湾国际门户港的指标体系，建设港航大数据资源池，并打造北部湾国际门户港的"一站式"服务平台，以提供更高效、智能化的服务。这些战略升级将使北部湾国际门户港能够更好地适应全球贸易的需求，进一步加强其作为国际贸易和物流中心的地位，并为区域经济的可持续发展作出积极贡献。

参考文献

鲁渤、邢戬、王乾等：《港口竞争力与腹地经济协同机制面板数据分析》，《系统工程理论与实践》2019 年第 4 期。

曹大勇、潘晓丹、冷秀斌：《水运与铁路运输方式的比较》，《交通标准化》2009 年第 14 期。

侯政、黄永辉、陈志铭：《广西北部湾国际门户港运输体系一体化建设思路》，《中国港口》2021 年第 11 期。

赵皎云：《广西北部湾国际生鲜冷链园的建设与运营》，《物流技术与应用》2023 年第 4 期。

宋妮欣、苏波、何夏萱：《广西陆路口岸建筑的在地性设计研究》，《城市建筑》2023 年第 10 期。

田佳、沈益华、王宗文等：《新时期建设北部湾国际门户港的若干思考》，《水运工程》2022 年第 4 期。

孟飞荣、高秀丽：《港口与直接腹地经济耦合协调度及其影响因素研究——以环北部湾港口群为例》，《地理与地理信息科学》2017 年第 6 期。

胡怡、姚海元、陈正勇等：《落实绿色发展理念的港口空间规划实践——以北部湾港总体规划为例》，《水运工程》2023 年第 2 期。

崔忠亮：《北部湾港：我国西部最大港口一体化发展成效与问题》，《对外经贸实务》2016 年第 9 期。

李会琴、罗玉杰、侯林春：《北部湾城市群旅游经济联系空间结构演变及优化研究》，《热带地理》2023 年第 8 期。

姚海元、王达川、李宜军等：《"十四五"期广西北部湾港口发展思路与重点导向》，《水运工程》2022 年第 4 期。

王景敏：《"一带一路"倡议下北部湾港口群竞合发展问题研究》，《经济研究参考》2017 年第 47 期。

周延：《加速打造国际门户港》，《当代广西》2020 年第 20 期。

戴璐：《"双碳"目标导向下绿色港口建设发展探究——以广西北部湾港为例》，《中国市场》2023 年第 23 期。

王菊、张洪：《广西北部湾"港口·城市·腹地"的历史沉淀考察》，《经济研究导刊》2021 年 21 期。

谭庆红：《西部陆海新通道建设的机遇、问题及路径》，《社会科学家》2022 年第 8 期。

王占海、何梁、王保华等：《环北部湾地区水资源优化配置研究》，《水电能源科学》2022 年第 10 期。

Ang Y., "Domestic Flying Geese: Industrial Transfer and Delayed Policy Diffusion in China", *China Quarterly* 234 (2018).

Wang Y. N., Wang X. R., Chen W., et al., "Exploring the Path of Inter-Provincial Industrial Transfer and Carbon Transfer in China via Combination of Multi-Regional Input-Output and Geographically Weighted Regression Model", *Ecological Indicators* 125 （2019）.

Zhao X. G. and Lu F. , "Spatial Distribution Characteristics and Convergence of China's Regional Energy Intensity: An Industrial Transfer Perspective", *Journal of Cleaner Production* 233 （2019）.

专题报告

Special Reports

B.2
北部湾国际门户港世界
一流港口对标报告

殷翔宇　方砚　廖作文　张晓延*

摘　要： 2019 年 11 月，交通运输部等 9 部门联合印发了《关于建设世界一流港口的指导意见》，该指导意见描绘了未来 30 年我国推进世界一流港口建设的宏伟蓝图，也为北部湾国际门户港的高质量发展指明了方向、明确了目标。本报告结合世界一流港口安全便捷、智慧绿色、经济高效、支撑有力、世界先进五大特征建立起北部湾国际门户港世界一流港口评价指标体系，经与国内主要沿海港口对标，发现北部湾国际门户港存在货物及集装箱吞吐量仍有较大提升空间、集装箱码头作业效率有待进一步提升、百米岸

---

* 殷翔宇，经济学博士，副研究员，交通运输部水运科学研究院发展中心总工程师，主要研究方向为水运经济、政策和发展战略规划；方砚，交通运输部水运科学研究院助理研究员，主要研究方向为港航政策、企业战略；廖作文，博士，北部湾大学经济管理学院高级工程师，硕士生导师，北部湾海洋发展研究中心科研秘书，主要研究方向为港口物流与调度、智能计算；张晓延，北部湾大学在读硕士研究生。

线吞吐量有待进一步提高、海铁联运量有待进一步提升、城市营商环境有待进一步改善、港口连通度有待进一步提升、绿色港口建设仍有较大提升空间、科技赋能港口生产运营仍有提升空间、国际影响力打造有待提升 9 个方面主要问题，根据对标分析结果提出了完善港口基础设施、强化港口运输服务、提升服务便捷水平、推进绿色港口建设、加快智慧港口升级、提升安全应急能力、推动港口开放合作以及不断拓展航运服务 8 个方面具体建议。

关键词： 世界一流港口 港口评价体系 港口高质量发展

一 对世界一流港口的认识

（一）习近平总书记对港口发展的重要指示

港口是综合交通运输枢纽，也是经济社会发展的战略资源和重要支撑。以习近平同志为核心的党中央高度重视港口发展。党的十八大以来，习近平总书记多次亲临港口视察，做出了"做到四个'一流'，为'一带一路'建设服务好""沿海地区要想富也要先建港"等系列重要指示，对新时代港口发展寄予了殷切期望，为新时期港口发展指明了方向，提供了根本遵循。

2016 年 1 月，习近平总书记到重庆果园港考察调研时首次提出"四个一流"港口建设要求。2017 年 4 月，习近平总书记在北海铁山港公用码头考察时再次强调建设"四个一流"港口，要把港口建设好、管理好、运营好，以一流的设施、一流的技术、一流的管理、一流的服务，为地区发展、共建"一带一路"多作贡献。

随着"四个一流"港口建设的不断推进，习近平总书记对我国港口发展又提出了进一步明确的要求，即打造"世界一流"港口。2018 年 11 月，习近平总书记视频连线上海洋山港四期自动化码头时指出，要有勇创世界一流的志气和勇气，要做就做最好的，努力创造更多世界第一。2019年1月，习近平总书记视察天津港作出重要指示：要志在万里，努力打造世界一流的智慧港口、绿色港口，更好服务京津冀协同发展和共建"一带一路"。2020年3月，习近平总书记赴浙江视察宁波舟山港穿山港区时指出：要坚持一流标准，把港口建设好、管理好，努力打造世界一流强港，为国家发展作出更大贡献。"世界一流"港口建设已经成为当前和未来一段时期我国港口的发展目标（见表1）。

表1　习近平总书记历年视察港口及重要指示情况

时间	港口	重要指示
2013年7月	湖北武汉新港	要大力发展现代物流业，长江流域要加强合作，充分发挥内河航运作用，发展江海联运，把全流域打造成黄金水道
2016年1月	重庆果园港	把港口建设好、管理好、运营好，以一流的设施、一流的技术、一流的管理、一流的服务，为长江经济带发展服务好，为"一带一路"建设服务好，为深入推进西部大开发服务好
2017年4月	广西铁山港	写好海上丝绸之路新篇章，港口建设和港口经济很重要，一定要把北部湾港口建设好、管理好、运营好，以一流的设施、一流的技术、一流的管理、一流的服务，为广西发展、为"一带一路"建设、为扩大开放合作多作贡献
2018年11月	上海洋山港	经济强国必定是海洋强国、航运强国；洋山港建成和运营，为上海加快国际航运中心和自由贸易试验区建设、扩大对外开放创造了更好条件；要有勇创世界一流的志气和勇气，要做就做最好的，努力创造更多世界第一
2019年1月	天津港	经济要发展，国家要强大，交通特别是海运首先要强起来；要志在万里，努力打造世界一流的智慧港口、绿色港口，更好服务京津冀协同发展和共建"一带一路"
2020年3月	浙江宁波舟山港	宁波舟山港在共建"一带一路"、长江经济带发展、长三角一体化发展等国家战略中具有重要地位，是"硬核"力量；要坚持一流标准，把港口建设好、管理好，努力打造世界一流强港，为国家发展作出更大贡献

时间	港口	重要指示
2022 年 4 月	海南洋浦港	振兴港口、发展运输业，要把握好定位，增强适配性，坚持绿色发展、生态优先，推动港口发展同洋浦经济开发区、自由贸易港建设相得益彰、互促共进，更好服务建设西部陆海新通道、共建"一带一路"
2023 年 4 月	广东徐闻港	琼州海峡是国家经略南海的战略通道，也是海南自由贸易港建设和发展的咽喉要道，要把"黄金水道"和客货运输最佳通道这篇大文章做好，把徐闻港打造成连接粤港澳大湾区和海南自由贸易港的现代化水陆交通运输综合枢纽
2023 年 5 月	河北黄骅港	河北区位优势独特，海运条件便利，要持续推进港口转型升级和资源整合，优化港口功能布局，主动对接京津冀协同发展、高标准高质量建设雄安新区、共建"一带一路"等国家重大战略需求，在推动区域经济协调发展、建设现代化产业体系中发挥更大作用；黄骅港作为我国西煤东运、北煤南运的重要枢纽港口，要加强港口能力建设，创新管理体制机制，打造多功能、综合性、现代化大港

资料来源：《中国水运报》，课题组整理。

（二）世界一流港口的内涵与特征

当前，我国港口在总体规模、作业效率、科技创新等方面处于世界前列，但与经济社会发展要求和人民群众期待相比，还存在区域港口发展不平衡、绿色发展水平不高、安全基础不牢等问题。与世界先进港口相比，我国港口在综合运输体系的枢纽功能方面有待强化，在专业物流、现代服务功能等方面存在差距；口岸物流通关便利化程度、口岸营商环境有待进一步改善；在多式联运，特别是集装箱铁水联运方面还有一定差距。因此，为深入贯彻落实习近平新时代中国特色社会主义思想和习近平总书记关于港口发展的重要指示精神，贯彻落实《交通强国建设纲要》，加快世界一流港口建设，交通运输部等 9 部门联合印发了《关于建设世界一流港口的指导意见》（以下简称《意见》）。

《意见》指出，"坚持因港制宜、分类指导，着力促进降本增效，着力促进绿色、智慧、安全发展，着力推进陆海联动、江河海互动、港产城融合，着力把港口建设好、管理好、发展好，打造一流设施、一流技术、一流管理、一流服务，强化港口的综合枢纽作用，整体提升港口高质量发展水平，以枢纽港为重点，建设安全便捷、智慧绿色、经济高效、支撑有力、世界先进的世界一流港口"。其中，根据《意见》精神，"四个一流"（一流设施、一流技术、一流管理、一流服务）是建设世界一流港口的基础，安全便捷、智慧绿色、经济高效、支撑有力、世界先进是世界一流港口的五大特征。

1. 安全便捷

通过设施、技术、管理的一流匹配，提升设施设备安全可靠性及风险管控与隐患排查治理水平，为客户提供便捷、高效、可靠的港口物流服务，提升港口多式联运、全程物流服务能力。

2. 智慧绿色

通过码头、堆场、水平运输设备的智能化改造，建设高效经济的自动化码头和堆场。大力推广使用节能减排设备设施，加大新能源和清洁能源使用力度，通过管理和技术有效降低生产过程中的资源能源消耗、污染物排放。

3. 经济高效

港口岸线资源集约高效利用，港口装卸、靠离泊等无缝衔接，港口企业治理现代高效。通过港口功能拓展、临港产业集群建设等，实现港产城深度融合发展，港口对城市产业和经济发展贡献显著。

4. 支撑有力

依托高效集疏运体系将港口功能向陆海双向辐射，搭建高质量互联互通的港口设施网络，服务区域经济发展，助推国家战略落实。发挥港口在综合交通运输体系中的枢纽作用，保障国际物流供应链安全、稳定、畅通。

5. 世界先进

通过云计算、大数据、物联网等新一代信息技术研发应用，优化港口业务流程，创新港口物流运作模式，推动安全、绿色、智能化技术的国际标准规范制定。积极"走出去"，打造全球港口服务网络，服务贡献全球经贸发展。

二 北部湾国际门户港对标世界一流港口评价指标

（一）国外港口评价指标

目前，国外开展港口综合评价并且具有一定行业影响力的代表性机构主要包括欧洲海港组织、世界银行、新华·波罗的海交易所等机构，以及新加坡港、鹿特丹港、洛杉矶港等港口的管理部门等（见表2）。

表2　国外港口评价指标库

指标来源	序号	指标名称
欧洲海港组织（ESPO）港口绩效指数（14项）	1.1	货（客）吞吐量
	1.2	挂靠船舶尺寸
	1.3	直接就业
	1.4	直接增加值
	1.5	碳排放量
	1.6	废弃物管理
	1.7	总耗水量
	1.8	环境管理
	1.9	航线通达性
	1.10	多式联运通达性
	1.11	海关清关质量
	1.12	港口集群建设
	1.13	正式发布社会责任报告
	1.14	自治管理
世界银行和IHS Markit发布的全球集装箱港口绩效指数（CPPI, 2项）	2.1	集装箱船从港界到泊位的时间
	2.2	集装箱船在泊位上的闲置时间
新华·波罗的海国际航运中心发展指数（港口相关指标5项）	3.1	集装箱吞吐量
	3.2	干散货吞吐量
	3.3	桥吊数量
	3.4	集装箱泊位总长度
	3.5	港口吃水深度

指标来源	序号	指标名称
新加坡港务局(MPA) 港口绩效指标(5项)	4.1	到港船舶吨位
	4.2	到港船舶数量
	4.3	港口集装箱吞吐量
	4.4	港口货物吞吐量
	4.5	船用燃油供应量
鹿特丹港务局 年报主要指标(8项)	5.1	到港船舶数量
	5.2	港口集装箱吞吐量
	5.3	港口分货类吞吐量
	5.4	港口集疏运比例
	5.5	船用燃油供应量
	5.6	港口增加值
	5.7	吸引就业
	5.8	碳排放下降率
洛杉矶港务局/长滩港务局 港口监测指标(9项)	6.1	在泊位作业集装箱船数量
	6.2	在锚地等待集装箱船数量
	6.3	集装箱船平均在泊时间
	6.4	集装箱船平均等泊时间
	6.5	集卡在闸口排队等待时间
	6.6	集卡在堆场内的逗留时间
	6.7	集卡进堆场预约成功率
	6.8	集装箱在港口滞留时间及数量
	6.9	空箱数量

资料来源：公开信息整理。

（二）国内港口评价指标

《意见》明确指出，要进一步完善港口评价体系，推动港口从规模速度型向质量效益型转变，构建以高质量发展为核心追求的港口评价指标体系。

《意见》提出的港口发展指标体系以建设"四个一流"港口为目标导向，综合考虑了新发展理念，以及建设"安全、便捷、高效、绿色、经济的现代化综合交通体系"和"人民满意、保障有力、世界领先的交通强国"的要求，按照港口高质量发展要求，将安全便捷、智慧绿色、经济高效、支撑有力、世界领先作为港口发展的价值取向，共选取出16项指标（见表3）。

表3　《关于建设世界一流港口的指导意见》港口发展指标体系

类别	序号	指标名称	指标内涵	评价说明
安全便捷	1	风险分级管控与隐患排查治理双重预防体系建设水平	反映港口安全生产管理水平	对港口风险分级管控和隐患排查治理的相关管理制度、人员配置等情况进行综合评价
	2	百万吨吞吐量死亡率及经济损失	反映港口安全生产的最终结果	由港口安全事故死亡人数（经济损失）与港口货物吞吐量的比值确定
	3	运输便利化程度	反映港口运输服务水平、口岸监管环节简化程度和流程优化程度	对作业单证电子化率、服务项目在线化率，以及单证合规和边境合规时间等情况综合评价
智慧绿色	4	码头新技术应用及自主可控水平	反映码头自动化程度和5G、北斗、区块链等新技术在港口设计、建设、运营中的应用水平及相关核心技术自主可控程度	对码头设计、建设、运营领域新技术应用程度，自动化设备设施数量和比例，设施设备在线实时监控数量和比例，以及相关技术自主可控程度等情况综合评价
	5	港口物流智能化程度	反映港口仓储、集疏运系统自动化、数字化、智能化水平	对港口仓储控制、管理系统的智能化程度，以及智能闸口、无人驾驶集疏运车辆应用、智能化集疏运调度等情况综合评价
	6	港口铁路、水路、管道集疏运比重	反映港口集疏运体系通过结构化减排实现绿色发展的水平	由铁路、水路、管道集疏运量占港口集疏运总量的比重确定
	7	港口污染防治水平	反映港口大气、水等污染防治水平和能源消费结构优化成效	由港口单位货物吞吐量所产生的主要污染物排放量和新能源、清洁能源消耗量占港口综合能源消耗总量的比重确定

续表

类别	序号	指标名称	指标内涵	评价说明
经济高效	8	口岸综合成本	反映单证合规成本、边境合规成本、其他口岸收费等口岸综合成本	对口岸收费项目透明化程度、收费标准、单证合规和边境合规成本等情况综合评价
	9	港口作业效率	反映码头装卸效率和船舶在港平均停留时间	对码头单机效率、单船效率、旅客上下船效率，以及船舶进出港平均停时等情况综合评价
	10	泊位专业化率	反映煤、油、矿、集装箱四大货类专业化泊位比重	按照煤、油、矿、集装箱四大货类分别计算，由各货类专业化泊位数与用于各货类装卸的泊位总数的比值确定
支撑有力	11	港口能力与功能适应性	反映码头、航道、锚地等设施能力对腹地货物运输需求的保障程度，以及港口服务和作业功能完备性	对客货运码头能力、航道等级、锚泊时间，以及各类港口服务、危险货物作业功能完备性等情况综合评价
	12	对城市支撑和内陆腹地覆盖度	反映港口集疏运体系的完备性，对所在城市、内陆腹地辐射和服务国家重大战略的保障能力	对港口集疏运通道辐射半径、连接主要城市个数以及港口间协同发展和服务城市群发展能力等情况综合评价
	13	从业人员素质	反映一线从业人员、持证人员、专业技术人员素质和专业化水平	对各类从业人员资质、从业年限、服务能力等情况综合评价
世界领先	14	竞争力	反映港口技术创新能力与引领性、港口运营主体经营水平和市场地位	对港口技术创新及应用、标准和规范对行业的影响、港口运营企业盈利水平和国际化程度等情况综合评价
	15	经济贡献	反映港产城融合程度、要素集聚程度、现代港航服务业发展水平	对港口增加值，就业的规模、结构及比重，单位岸线经济产出以及现代航运服务业和临港产业增加值等情况综合评价
	16	国际影响力	反映港口规模、地位和国际影响力水平	对港口吞吐量、航线覆盖率、港航物流资源聚集度、港口国际合作等情况综合评价

资料来源：《关于建设世界一流港口的指导意见》。

但是，该指标体系实际上很难直接应用于世界一流港口评价工作。一方面，有些指标属于手段性、过程性指标，并不能进行国内外港口横向比较，例如风险分级管控与隐患排查治理双重预防体系建设水平等。另一方面，有些指标虽然很好，但是难以进行有效考核和数据获取，如港口能力与功能适应性、对城市支撑和内陆腹地覆盖度等。

2022年1月，交通运输部印发《交通强国建设评价指标体系》，按照1个国家综合指标、5个行业指标和31个省域指标进行设置。其中，国家综合指标综合考虑各地区、各行业特点，注重交通运输与经济社会、生态环境相协调，统筹发展和安全，围绕"安全、便捷、高效、绿色、经济"，从"基本特征、评价维度、评价指标"三级设置20项评价指标。20项评价指标每项又对应多个参考表征指标，经过梳理，港口相关表征指标主要有6项（见表4）。

表4 《交通强国建设评价指标体系》港口相关表征指标

评价指标	参考表征指标
对外连通度与国际化水平	班轮运输连通性指数
货物多式联运水平	港口集装箱铁水联运和水水中转比例
综合交通智慧化水平	重点物资运输电子运单覆盖率
交通与环境协调发展水平	大宗货物中长距离铁路水路运输比例
交通基础设施空间资源集约化水平	单位港口岸线通过能力提升率
交通运输对经济增长贡献率	港口对经济发展的诱增水平

资料来源：《交通强国建设评价指标体系》。

（三）北部湾国际门户港世界一流港口对标指标

由于《关于建设世界一流港口的指导意见》《交通强国建设评价指标体系》中指标体系部分数据的获取较困难，且难以进行横向对比，评价指标需要提炼，在参考借鉴国外港口评价指标的基础上，构建一套符合北部湾国际门户港世界一流港口建设要求的评价指标体系。

1. 指标选取原则

根据《关于建设世界一流港口的指导意见》以及北部湾港实际情况，从安全便捷、智慧绿色、经济高效、支撑有力、世界领先五个维度，按照战略导向、数据可得、横向可比的原则，确定北部湾国际门户港世界一流港口评价指标。

第一，战略导向。港口是综合交通运输枢纽，也是经济社会发展的战略资源和重要支撑。不同的目标导向会产生不同的评价指标体系和评价方法，也会直接影响港口未来的发展重点。因此，指标选取应符合北部湾国际门户港发展定位以及打造千万标准箱集装箱干线港发展目标。

第二，数据可得。评价指标选取时必须考虑到统计数据及相关统计资料的可获得性。评价指标相关数据应采用由政府部门、行业权威机构统计发布的公开信息，同时需要保证采集数据的客观性和稳定性。

第三，横向可比。确保所选指标的数据统计口径、统计方法的科学合理，以及指标数据采集口径的一致性，从而实现港口间的横向对比。

2. 指标选取结果

按照上述指标选取原则，结合数据采集以及北部湾国际门户港建设要求，本报告对《关于建设世界一流港口的指导意见》提出的16项评价指标进行适当增减、补充和完善。最终，选取了9项最具可操作性、最具典型特征的结果类评价指标，构成北部湾国际门户港世界一流港口评价指标（见表5）。

表5　北部湾国际门户港世界一流港口评价指标

序号	评价指标	指标内涵	价值导向
1	港口吞吐量	反映港口的规模和体量	支撑有力、世界领先
2	港口作业效率	反映码头装卸效率和船舶平均作业时间	经济高效、安全便捷
3	岸线利用效率	反映岸线资源集约利用水平	经济高效、安全便捷
4	多式联运水平	反映港口集疏运体系通过结构化减排实现绿色发展的水平	智慧绿色

序号	评价指标	指标内涵	价值导向
5	营商环境水平	反映跨境贸易成本及城市营商环境水平	经济高效、安全便捷
6	港口连通度	反映港口的枢纽港地位和在国际航运中的竞争力	支撑有力
7	绿色安全水平	反映港口在清洁能源使用、绿色集疏运、安全生产等方面的水平	安全便捷、智慧绿色
8	科技引领能力	反映港口在设计、建设、运营等领域采用新技术的行业领先程度	世界领先
9	国际影响力	反映港口条件、航运服务、综合环境水平	世界领先

资料来源：课题组整理。

三 北部湾国际门户港世界一流港口对标

（一）港口吞吐量评价

货物及集装箱吞吐量仍有较大提升空间。2022 年，全国主要港口货物吞吐量排名第 1 的宁波舟山港，达到 126134 万吨，北部湾港货物吞吐量居全国第 10 位，为 37134 万吨，较第 9 名的烟台港相差近 1 亿吨。2022 年，全国主要港口集装箱吞吐量排名第 1 的是上海港，达到 4730 万标准箱，北部湾港集装箱吞吐量居全国第 9 位，为 702 万标准箱，仅约为上海港集装箱吞吐量的 15%（见表 6）。

表 6　2022 年全国主要港口货物及集装箱吞吐量排名情况

排名	货物			集装箱		
	港口	吞吐量（万吨）	同比增速（%）	港口	吞吐量（万标准箱）	同比增速（%）
1	宁波舟山港	126134	3.0	上海港	4730	0.6
2	唐山港	76887	6.4	宁波舟山港	3335	7.3

续表

排名	货物			集装箱		
	港口	吞吐量（万吨）	同比增速（%）	港口	吞吐量（万标准箱）	同比增速（%）
3	上海港	72777	-5.4	深圳港	3004	4.4
4	青岛港	65754	4.3	青岛港	2567	8.3
5	广州港	65592	0.7	广州港	2486	1.6
6	苏州港（内河）	57276	1.2	天津港	2102	3.7
7	日照港	57057	5.4	厦门港	1243	3.2
8	天津港	54902	3.7	苏州港（内河）	908	11.9
9	烟台港	46257	9.3	北部湾港	702	16.8
10	北部湾港	37134	3.7	日照港	580	12.2

资料来源：交通运输部。

（二）港口作业效率评价

集装箱码头作业效率有待进一步提升。北港集团积极采取各种措施提高码头桥时效率，实现钦州港区自动化集装箱码头作业效率由 17.3 自然箱/时提升至 23.9 自然箱/时，但是与环北部湾区域内约 70 自然箱/时的平均水平仍存在较大差距。

船舶作业平均时间有待提升。港口作业效率可从船舶直靠率和船舶作业平均时间两个方面进行评价。其中，船舶直靠率方面，北部湾港一直保持在 50% 上下，高于同时期上海港、宁波舟山港等，同时也高于环北部湾区域内的洋浦港等；船舶作业平均时间方面，近 3 年来，北部湾港和上海港一直维持在 100 个小时出头，宁波舟山港则仅需 65 个小时左右，洋浦港长期维持在 91 个小时以内，北部湾港的船舶作业平均时间仍有较大提升空间（见表 7）。

表7　近3年我国部分港口船舶作业效率情况

单位：%，个小时

年份	上海港		宁波舟山港		洋浦港		北部湾港	
	直靠率	船舶作业平均时间	直靠率	船舶作业平均时间	直靠率	船舶作业平均时间	直靠率	船舶作业平均时间
2020	42.0	101.6	42.1	62.6	29.0	82.2	48.4	101.5
2021	50.0	100.9	49.6	66.1	39.3	82.9	57.6	124.5
2022	25.4	129.7	36.2	65.6	36.6	90.7	45.9	108.7

注1：直靠指船舶到港后无须压港等待，可在6个小时内直接靠泊作业；非直靠指船舶到港后需在锚地排队等待6个小时以上才可以靠泊。

注2：作业时长指从靠泊开始计算，一直到离泊的总计装/卸作业时长。

资料来源：上海钢联。

（三）岸线利用效率评价

百米岸线吞吐量有待进一步提高。2021年，全国集装箱吞吐量排名前两位的码头分别是盐田国际集装箱码头有限公司和宁波北仑第三集装箱码头有限公司，均突破1000万标准箱。北部湾港防城港码头有限公司集装箱吞吐量仅77.10万标准箱，集装箱码头百米岸线吞吐为6.44万标准箱/百米，与我国主要港口集装箱百米岸线吞吐量存在较大差距，岸线利用效率不够高（见表8）。

表8　2021年我国部分港口百米岸线吞吐量情况

港口	企业名称	2021年完成箱量（万标准箱）	码头长度（米）	集装箱泊位百米岸线吞吐量（万标准箱/百米）
上海港	上海盛东国际集装箱码头有限公司	900.35	3000	30.01
宁波舟山港	宁波北仑第三集装箱码头有限公司	1087.05	3740	29.06
广州港	广州港南沙港务有限公司	570.51	1400	40.75

港口	企业名称	2021年完成箱量（万标准箱）	码头长度（米）	集装箱泊位百米岸线吞吐量（万标准箱/百米）
盐田港	盐田国际集装箱码头有限公司	1416.10	9078	15.60
北部湾港	北部湾港防城港码头有限公司	77.10	1197	6.44

资料来源：《中国港口年鉴（2022版）》，课题组整理。

（四）多式联运水平评价

海铁联运量有待进一步提升。为加快西部地区运输通道建设，推动高质量共建"一带一路"，西部陆海新通道应运而生。从2017年至2022年底，北部湾港依托西部陆海新通道实现铁海联运班列发送集装箱货物增长223倍。其中，2022年，北部湾港完成海铁联运量346259标准箱，列我国沿海港口海铁联运量第8位；海铁联运量占集装箱吞吐量比重为4.9%，低于营口港、连云港港等集装箱吞吐量相近港口水平（见表9）。

表9 2022年我国主要港口海铁联运量情况

港口	海铁联运量（标准箱）	集装箱吞吐量（万标准箱）	占集装箱吞吐量比重（%）
全国总计	8747304	29587	3.0
沿海合计	8337705	26073	3.2
青岛港	1900850	2567	7.4
宁波舟山港	1452112	3335	4.4
天津港	1203422	2102	5.7
营口港	863199	500	17.3
上海港	576072	4730	1.2
连云港港	472619	557	8.5
大连港	444401	446	10.0
北部湾港	346259	702	4.9
广州港	251959	2460	1.0
唐山港	245790	334	7.4

资料来源：《全国交通运输统计资料汇编》。

（五）营商环境水平评价

城市营商环境有待进一步改善。为响应党中央、国务院决策部署，推动优化营商环境工作，由国务院发展研究中心技术经济研究部原副部长李志军发起成立课题研究组，从学术研究和政策研究角度，对中国城市营商环境开展研究工作，并编辑出版了《中国城市营商环境评价》。从 2022 年开始，相关研究成果改以《中国城市营商环境报告》名义出版，并隔年（逢双）编辑出版这一报告。中国城市营商环境评价指标体系包括公共服务、人力资源、市场环境、创新环境、金融服务、法治环境、政务环境共 7 个一级指标，下设18 个二级指标，23 个三级指标。报告显示，上海市除了人力资源指数排在第 3名，其他分项指标稳居全国前 2；宁波市则在计划单列市中处于中等水平，其公共服务指数水平相对突出。2022 年，广西下辖城市营商环境指数排名表现不佳，首府南宁市在全国排名较上一年度提升 3 个位次，排全国第 32 位；北部湾国际门户港所在的钦州市、北海市、防城港市在全国排名相对较后（见表10）。

表 10　我国部分城市营商环境指数排名

城市	标准化值		全国排名	
	2021 年	2022 年	2021 年	2022 年
上海市	73.28	71.76	2	2
宁波市	30.58	27.76	14	15
南宁市	19.74	20.26	35	32
钦州市	10.83	10.41	170	193
北海市	8.94	8.74	236	250
防城港市	8.54	8.41	253	263

资料来源：《2022 中国城市营商环境报告》。

（六）港口连通度评价

港口连通度有待进一步提升。为有效反映一个港口在全球班轮运输网络中的地位，联合国贸发会于 2006 年开始测算全球各港口的班轮运输连通度指数（PLSCI）。PLSCI 根据国际班轮的船期表编制，由 6 个客观指标组成：每周挂靠港口的班轮船舶数目、港口年度作业能力、往返港口的定期班轮数量、挂靠的班轮公司数目、挂靠的船舶平均规模以及通过直航班轮运输服务连通的国家数量。数据显示，2022 年北部湾港钦州港域班轮运输连通度指数为 18.47；环北部湾区域内的洋浦港班轮运输连通度指数在 2020 年出现快速增长后一直维持在 12 左右；位于长三角地区的上海港班轮运输连通度指数近 5 年持续增长，2022 年达到近 5 年的最高水平 146.63，是北部湾港同期的近 8 倍（见表 11）。

表 11　2018~2022 年我国部分港口班轮运输连通度指数情况

港口	2018 年	2019 年	2020 年	2021 年	2022 年
北部湾港(钦州)	17.64	17.46	19.13	18.73	18.47
洋浦港	4.21	7.44	12.73	13.29	12.43
上海港	133.10	135.94	137.74	145.79	146.63

资料来源：联合国贸发会网站。

其中，集装箱班轮航线数量仍有较大提升空间。截至 2022 年底，北部湾港共开通内外贸集装箱班轮航线 75 条，其中外贸 47 条，往来东盟国家的航线 36 条，通过北部湾港现有航线网络可通达全球集装箱港口，辐射范围涵盖 100 多个国家和地区的 200 多个港口，外贸直航航线主要覆盖东南亚、日韩、北美、南美、南非和太平洋岛国等多个地区，基本实现了东盟国家主要港口全覆盖。同期，环北部湾区域内的洋浦港则共开通了内外贸集装箱班轮航线 40 条，其中外贸 19 条，内贸 21 条，内外贸集装箱航线数量均低于北部湾港。但是，位于长三角地区的宁波舟山港则开通了内外贸集装箱班轮航线近 300 条，其中外贸 248 条，内贸 52 条，辐射全球 200 多个国家和地区的 600 多个港口，其中"一带一路"航线超 120 条，航线数量远超北部湾港航线数量。

（七）绿色安全水平评价

绿色港口建设仍有较大提升空间。为贯彻落实《交通强国建设纲要》《关于建设世界一流港口的指导意见》等关于绿色交通、港口绿色发展的有关部署和要求，中国港口协会在 2015 年试点基础上继续在全国港口行业开展绿色港口等级评价。2020～2022 年，共 51 个码头申请参加评价（见表12）。2023 年 5 月，广西贵港北港国际集装箱码头有限公司集装箱码头（4号、5 号、6 号泊位）被中国港口协会评定为全国三星级绿色港口，成为广西首家获得全国三星级绿色港口的码头。

表 12　2020～2022 年中国港口协会绿色港口等级评价受理项目情况

年份	序号	申报项目	申报单位	年份	序号	申报项目	申报单位
2020	1	大连港集装箱码头	大连集装箱码头有限公司	2020	9	连云港新东方国际货柜码头	连云港新东方国际货柜码头有限公司
	2	营口港新世纪集装箱码头	营口（新世纪）集装箱码头有限公司、营口港务股份有限公司集装箱码头		10	南京港龙潭集装箱码头	南京港龙潭集装箱有限公司
	3	营口港务股份有限公司集装箱码头	营口港务股份有限公司集装箱码头分公司		11	太仓港 13 号、14 号泊位	太仓港上港正和集装箱码头有限公司
	4	青岛前湾联合集装箱码头	青岛前湾联合集装箱码头有限责任公司		12	太仓港 9 号、10 号泊位	太仓港正和兴港集装箱码头有限公司
	5	天津港欧亚国际集装箱码头	天津港欧亚国际集装箱码头有限公司		13	宁波北仑第三集装箱码头	宁波北仑第三集装箱码头有限公司
	6	天津港联盟国际集装箱码头	天津港联盟国际集装箱码头有限公司		14	广州港南沙三期集装箱码头	广州港南沙三期集装箱码头有限公司
	7	天津港集装箱码头	天津港集装箱码头有限公司		15	厦门海润码头	厦门海润集装箱码头有限公司
	8	连云港新东方集装箱码头	连云港新东方集装箱码头有限公司		16	厦门海天码头	厦门集装箱码头集团有限公司
2021	1	黄骅港散货港区矿石码头	沧州黄骅港矿石港务有限公司	2021	3	天津港中煤华能煤码头	天津港中煤华能煤码头有限公司
	2	天津港南疆港区南 13 号、14 号、15 号泊位	国能天津港务有限责任公司		4	南 26 号泊位	天津港远航国际矿石码头有限公司

续表

年份	序号	申报项目	申报单位	年份	序号	申报项目	申报单位
2021	5	太仓武港码头	太仓武港码头有限公司	2021	16	振东集装箱码头	上港集团振东集装箱码头分公司
	6	张家港港务集团港盛散货码头	张家港港务集团港盛散货码头		17	天津港太平洋国际集装箱码头	天津港太平洋国际集装箱码头有限公司
	7	扬州泰富港	扬州泰富港务有限公司		18	北仑第一集装箱码头	宁波北仑第一集装箱码头有限公司
	8	鸿山热电煤码头	福建省鸿山热电有限责任公司		19	广州港南沙一期码头	广州港南沙港务有限公司
	9	秦皇岛港股份有限公司煤四期及扩容码头	秦皇岛港股份有限公司第七港务分公司		20	日照港集装箱码头	日照港集装箱发展有限公司
	10	秦皇岛港股份有限公司煤五期码头	秦皇岛港股份有限公司第九港务分公司		21	山东省港口集团潍坊港有限公司集装箱码头	潍坊港有限公司集装箱码头有限公司
	11	秦皇岛港股份有限公司煤三期码头	秦皇岛港股份有限公司第六港务分公司		22	重庆果园集装箱码头	重庆果园集装箱码头有限公司
	12	黄骅港煤炭码头	国能黄骅港务有限责任公司		23	青岛前湾二期、三期集装箱码头	青岛前湾集装箱码头有限责任公司
	13	江苏江阴港港口集团股份有限公司大澄分公司码头	江苏江阴港港口集团股份有限公司				
	14	镇江港国际集装箱码头14号、15号泊位	镇江港国际集装箱码头有限公司		24	上海市洋山深水港四期码头	上港集团尚东集装箱码头分公司
	15	上海国际航运中心洋山深水港区一期、二期码头	上海盛东国际集装箱码头有限公司		25	南京港龙潭集装箱码头	南京港龙潭集装箱有限公司
2022	1	国投中煤同煤京唐港口有限公司国投京唐港	国投中煤同煤京唐港口有限公司	2022	2	唐山港曹妃甸港区煤码头二期工程	唐山曹妃甸煤炭港务有限公司

续表

年份	序号	申报项目	申报单位	年份	序号	申报项目	申报单位
2022	3	前湾港区前港分公司码头 63~68 号、76 号、86 号、87 号泊位	青岛港国际股份有限公司前港分公司	2022	7	嵩屿码头	厦门嵩屿集装箱码头有限公司
	4	贵港北港国际集装箱码头 4 号、5 号、6 号泊位	广西贵港北港国际集装箱码头有限公司		8	深圳妈港仓码	深圳妈港仓码有限公司
	5	上海国际航运中心洋山深水港区三期码头	上港冠东国际集装箱码头有限公司		9	洋浦国际集装箱码头	洋浦国际集装箱码头有限公司
	6	赤湾集装箱码头	赤湾集装箱码头有限公司		10	天津港太平洋国际集装箱码头	天津港太平洋国际集装箱码头有限公司

资料来源：中国港口协会。

岸电覆盖率有待进一步提升。船舶靠泊期间使用岸电是减少大气污染物和温室气体排放的有效手段。海运船舶靠港使用岸电与使用低硫柴油排放相比，平均每使用 1kWh 岸电，可以分别减少 CO_2、SO_2、NO_x、$PM_{2.5}$ 的排放量 670g、10.5g、18.1g、1.46g。推动港口岸电供电设施和船舶受电设施建设、鼓励岸电使用，已成为行业共识。2021 年，我国港口的岸电设施进一步完善，专业化泊位的岸电覆盖率有所提升。其中，在沿海港口可获得数据的 13 个港口专业化泊位岸电覆盖率平均达到 73%，青岛港和泉州港的岸电覆盖率已经达到 100%，但北部湾港岸电覆盖率仅为 70%，尚未达到平均水平（见图 1）。

港口机械能源替代有待进一步加强。港口机械包括装卸船设备、港内运输车辆以外的水平运输设备、堆场及装卸车设备等用于港口生产的非道路移动机械，是港口生产运营中能源消耗的主力，是港口大气污染物和温室气体排放的主要来源。2021 年，沿海港口积极推进港口机械电动化替代，可获

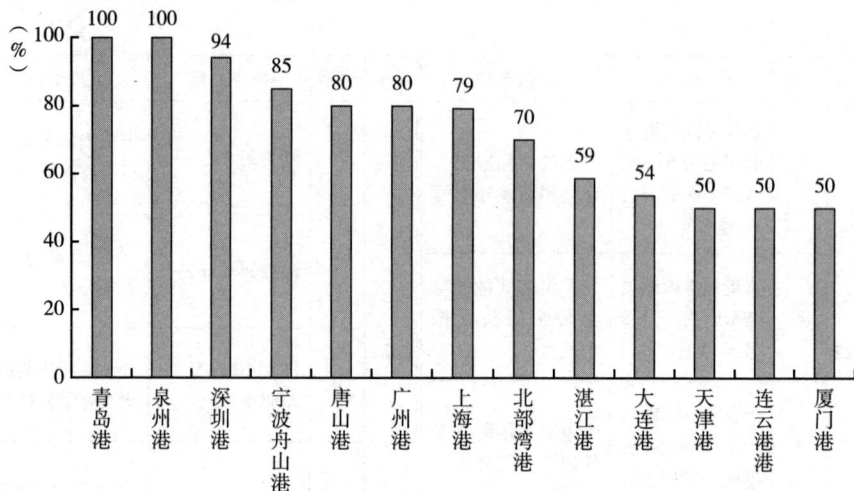

图 1　2021 年典型沿海港口专业化泊位岸电覆盖率

注：湛江港为除油气码头外所有泊位覆盖率，大连港为集装箱、客滚和 5 万吨级干散货码头专业化泊位岸电覆盖各自岸电覆盖率的平均值；宁波舟山港数据为集装箱和干散货码头专业化泊位岸电覆盖率。

资料来源：《蓝港先锋 2022：中国典型港口空气与气候协同力评价》，亚洲清洁空气中心。

得数据的 12 个沿海港口机械电动化①比例平均为 29%。其中，厦门港、湛江港、宁波舟山港的港口机械电动化比例超过 50%②，但北部湾港港口机械电动化比例仅为 2%（见图 2）。

港口能源消费结构有待进一步优化。在港口的生产经营活动中，港口机械、港内车辆、港作船舶、照明等均以电力和柴油为主要能源，是港口重要的能源消耗环节。港口能源消费结构的优化是衡量港口零碳进程的标志之一，是减污降碳措施效果的重要体现。2021 年，可获得数据的 10 个沿海港口中，电力消耗占能源消费总量的比例平均为 43%；汽油和柴油占比平均为 42%，仍然占一定比例。其中，北部湾港柴油和汽油占比为 47%，高于平均水平，亟须通过向低碳能源转变实现港口生产清洁化（见图 3）。

---

①　注：部分港口包含油电混动的港口机械。

②　注：存在数据统计口径不一致的情况，数据以生态环境部门披露数据为主。

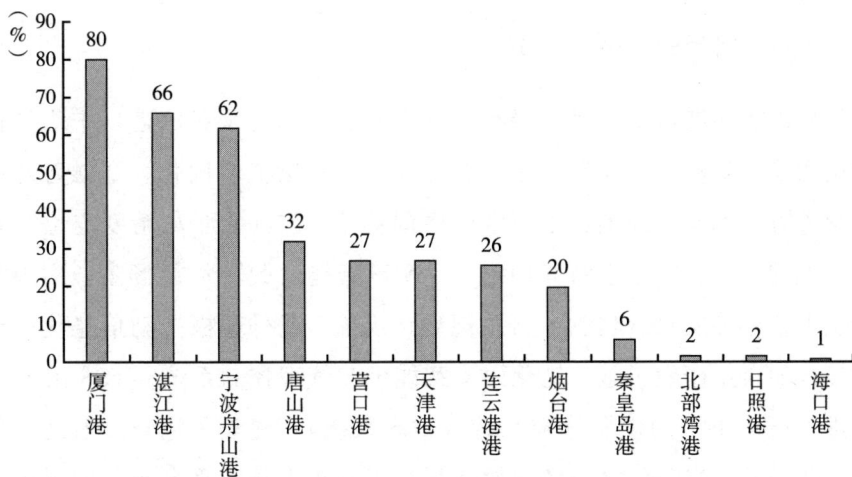

图 2　2021 年典型沿海港口的港口机械电动化情况

注：北部湾港数据为防城港港域和北海港域范围数据，口径可能包含港内牵引车。

资料来源：《蓝港先锋 2022：中国典型港口空气与气候协同力评价》，亚洲清洁空气中心。

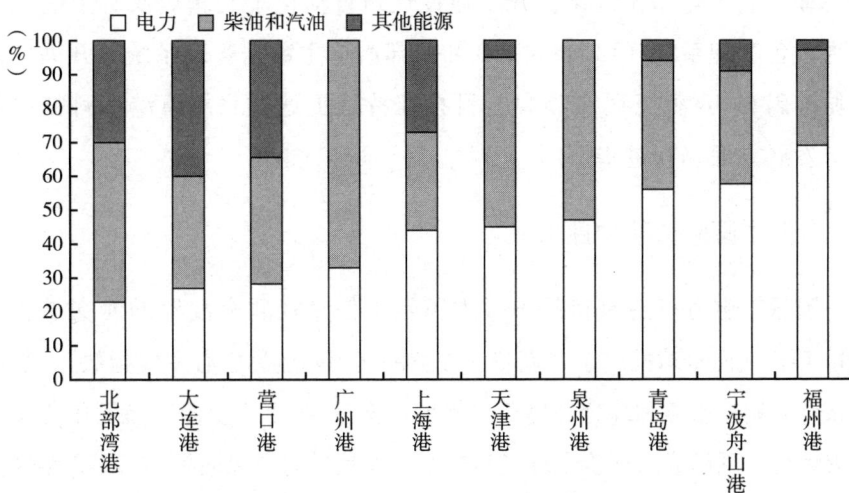

图 3　2021 年典型沿海港口能源消费结构情况

注 1：其他能源包括天然气、蒸汽、燃料油、热力等能源。

注 2：宁波舟山港为宁波港域数据。

注 3：青岛港和北部湾港数据来源于其上市公司 2021 年可持续发展报告或社会责任报告，统计口径包括上市公司范围。其他港口的能源统计口径为港口生产综合能耗，即装卸生产能耗和辅助生产能耗。

资料来源：《蓝港先锋 2022：中国典型港口空气与气候协同力评价》，亚洲清洁空气中心。

（八）科技引领能力评价

科技赋能港口生产运营仍有提升空间。上海港是我国港口中最具科技引领能力的港口，在码头生产智能化、海运物流协同化、金融普及便利化等方面均走在前列，上海港将中国移动"5G+北斗高精度定位"系统赋能港口，打造了上海洋山港区"5G+智能驾驶"应用场景，实现智能重卡多车编队自动驾驶、自主规划路线等，此外积极推动信息化平台建设，如自主研发了全自动化码头智能生产管理控制系统（TOS系统），引进了振华重工的设备管控系统（ECS系统），建设了港口、航运、货主、代理及口岸部门客户统一服务平台以及集卡预约平台等，实现码头自动化、智能化，更好地提升运营效率、降低成本、服务客户。近年来，北部湾港持续推进科技助力港口生产，上线运营"北港网"实现主要业务单证的电子化和无纸化，开工建设钦州自动化集装箱码头，上线北部湾港设备管理系统（PEMS）3.0和北部湾港主数据管理系统，开展广西防城港码头5G智慧码头项目，科技在持续更迭，北部湾港在科技引领港口发展方面仍有进步空间。

（九）国际影响力评价

国际影响力打造有待提升。中国经济信息社联合波罗的海交易所于2014年首次向全球推出了"新华·波罗的海国际航运中心发展指数"，从港口条件、航运服务和综合环境3个维度对全球43个主要国际航运中心城市开展评价，现已成为评价全球航运中心发展状况的"风向标"。2022年度报告显示，排名前10的国际航运中心城市依次为：新加坡、伦敦、上海、香港、迪拜、鹿特丹、汉堡、纽约—新泽西、雅典—比雷埃夫斯、宁波舟山（见表13）。国际航运中心建设是一个长期过程，入围前20的样本城市无一不在努力吸引更多人才、货物和企业，寻求强劲的发展动能。当前，北部湾国际门户港在航运资源集聚与配置能力建设方面仍然存在较大的进步空间。

表13　新华·波罗的海国际航运中心发展指数排名前20情况

单位：分

排名	城市	得分	排名	城市	得分
1	新加坡	94.88	11	东京	65.96
2	伦敦	83.04	12	休斯敦	65.90
3	上海	82.79	13	广州	64.41
4	香港	79.15	14	安特卫普—布鲁日	64.26
5	迪拜	75.74	15	青岛	64.08
6	鹿特丹	73.85	16	釜山	63.61
7	汉堡	73.07	17	深圳	59.14
8	纽约—新泽西	72.58	18	哥本哈根	58.33
9	雅典—比雷埃夫斯	68.67	19	洛杉矶	57.81
10	宁波舟山	66.12	20	墨尔本	57.60

资料来源：《新华·波罗的海国际航运中心发展指数报告（2022）》。

四　加快推进北部湾国际门户港打造世界一流港口的建议

根据北部湾国际门户港世界一流港口对标分析结果，为加快推进北部湾国际门户港世界一流港口建设，建议从完善港口基础设施、强化港口运输服务、提升服务便捷水平、推进绿色港口建设、加快智慧港口升级、提升安全应急能力、推动港口开放合作以及不断拓展航运服务8个方面进行重点突破。

（一）完善港口基础设施

1. 有序推进专业化、大型化码头设施建设

以建设广西北部湾国际门户枢纽港和打造千万标箱集装箱干线港为目标，着力补齐广西北部湾港口设施短板，稳步推进钦州港大榄坪南作业区9号10号泊位工程、北海港北暮作业区南7~10号泊位工程、防城港港企沙港区赤沙作业区1号2号泊位工程等大型化、专业化、智能化码头泊位建

设，有效提升港口设施保障能力和服务水平。

2.积极推进深水航道等公共基础设施建设

加快建设广西北部湾港口公共基础设施，重点推进钦州港 20 万吨级进港航道、北海港铁山港 20 万吨级航道、防城港港 30 万吨级进港航道等深水航道、锚地及防波堤建设，适应全球船舶大型化发展趋势。进一步完善北部湾港仓储、物流等配套设施，加强大型船舶和危化品船舶专用锚地、防风锚地、防波堤工程等建设。

3.完善港口多式联运设施建设

加快与港口发展相匹配的港口集疏运通道和物流设施建设，推动港区集疏运通道与区域铁路、公路骨干网络互联互通，重点推进沙河至铁山港东岸铁路支线、云约江作业区铁路支线等铁路专用线规划建设，加快完善铁路专用道直通港口，打通铁路进港"最后一公里"。

（二）强化港口运输服务

1.加快推进海铁联运发展

大力推进运输结构调整，加快发展以海铁联运等为主的多式联运体系。巩固西部陆海新通道海铁联运线路开行成效，继续落实西部陆海新通道班列资金补助政策，巩固发展好北部湾港经焦柳铁路、黔桂铁路、南昆铁路海铁联运铁路运输主干线运营成果，争取实现渝桂、黔桂、滇桂、川桂、湘桂及广西区内等铁海联运班列常态化运营，加快打造具有国际影响力的西部陆海新通道海铁联运品牌，实现"十四五"末期海铁联运集装箱量超过 50 万标准箱的目标。

2.不断织密北部湾港航线网络

大力吸引中远海运、地中海航运、马士基等国内外知名班轮公司将更多运力、更大船型投入北部湾港。巩固近洋优势航线，进一步提高至东盟国家航线密度和准班率。继续培育远洋航线，加密北部湾港至印度、南非、南美、北美等地区的远洋航线。加快拓展沿海内贸航线，加密北部湾港至天津港、青岛港等港口的北向航线。

3.加快内陆无水港建设

积极优化西部陆海新通道现有无水港功能，提升南宁、柳州、桂林、来宾、贵阳、遵义、兰州等地无水港运营服务水平。进一步完善西部陆海新通道无水港网络布局，推进贺州、百色等区内无水港布局，加密重庆、四川、云南、贵州等区外无水港布局。

（三）提升服务便捷水平

1.提升港口服务效率

提升码头生产要素保障，提高生产保障能力，降低到港车船等待时间。进一步提高货物装卸、保管服务质量，减少货损货差，保障客户货物及时发运。加强与海关、边检等口岸部门的协调，推动船舶夜间靠泊、夜间检验检疫、夜间开工作业，提高泊位利用率，降低船舶等待时间。

2.改善口岸营商环境

推动实现口岸智能管理和自助通关，面向海关、检验检疫、海事等监管部门以及口岸客户，提供网上申报、审批和管理等通关支持，实现口岸监管部门与码头堆场、保税仓库、保税物流园区等特殊监管场所的高效联动。进一步推行和落实"单一窗口、一站式服务"通关模式，尽快实现企业一次申报，一次通关。合力推动实现船舶进口岸审批时间压缩至 12 个小时以内，钦州船舶检查、靠泊、装卸、查验、通关放行效率整体压缩到 5 个小时以内。

（四）推进绿色港口建设

1.持续推进零碳港口建设

发挥"零碳港口研究发展中心"作用，将北部湾港高水平建设成为零碳港口科技创新实验基地和技术应用示范基地。持续推进各港区光伏系统、风力发电、岸电、充换电站等项目建设及新能源设备应用。力争在 2030 年前，在港区建设总装机容量 167 兆瓦的新能源发电项目，建设"源网荷储"

一体化清洁能源供应系统，实现港口用电百分之百绿电供应。

2. 推进港口绿色集约发展

深化区域港口一体化发展，推进公共航道、锚地及引航等资源共享利用。不断提升绿色疏运比例，将北部湾港铁矿石、煤炭等大宗货物铁路、水路、封闭式皮带廊道、新能源和清洁能源汽车运输的比例提升至50%以上。深入贯彻落实党中央、国务院关于碳达峰、碳中和及深入打好污染防治攻坚战的决策部署，积极落实《关于示范推进国际航线集装箱船舶和邮轮靠港使用岸电行动方案（2023—2025年）》等文件要求，推广靠港船舶百分之百使用岸电。

3. 积极推进星级绿色港口创建

积极贯彻落实《交通强国建设纲要》《关于建设世界一流港口的指导意见》等关于绿色交通、港口绿色发展的有关部署和要求，结合《绿色港口等级评价指南》，查找自身绿色港口建设方面的不足并不断加以改进，适时参与中国港口协会开展的绿色港口等级评价，实现北部湾区域内星级绿色港口申报和评价重大突破。

（五）加快智慧港口升级

1. 强化科技创新在港口的应用

加大科技创新转化力度，加强交通运输先进装备、设备研发，强化大数据、人工智能、北斗卫星导航系统等新技术、新结构、新工艺、新材料和新能源等与港口发展深度融合。加快自动化集装箱码头、自动化散货堆场建设，持续推动传统集装箱码头自动化升级，推进生产设备自动化改造，不断扩大无人驾驶智能水平运输设备运营规模。

2. 借力互联网技术提升港口服务水平

持续优化和完善"北港网"业务办理功能，提升业务办理效率，做好二期建设与推广工作，连接"单一窗口"、海关系统、国家铁路系统、高速公路系统、船公司系统等外部业务平台，全力打造"北港网"一站式服务平台。借助新上线的北部湾港设备管理系统（PEMS）3.0和北部湾港主数据管理系统，进一步推动设备管理智慧化、数据标准化工作水平迈上新台阶。

3. 稳步推进数字化转型

以建成全国首个海铁联运自动化集装箱码头为契机持续创新，按照数字产业化、产业数字化要求推进智慧港口建设，加强港作机械等装备关键技术创新。继续从基础设施、生产作业、客户服务、业务管理等方面，深入推进信息化系统建设。

（六）提升安全应急能力

落实新形势下行业安全应急管理工作要求，加快建设完善化工、电力、油气、核电等的重大安全生产设施，建设防城港核电辐射防控设施、北海和钦州石化基地风险防范与环保设施，不断提升安全风险管控和应急救援能力。建设防城港、钦州引航基地和工作船码头、北海铁山港公共执法码头、钦州应急物资储备基地，进一步提升引航、港口等服务能力，提升安全应急处置水平。

（七）推动港口开放合作

紧紧抓住国家实施"一带一路"倡议的重大机遇，发挥北部湾港的区位优势和马来西亚关丹港、文莱摩拉港的投资、建设和运营管理经验，加快推进文莱摩拉港运营管理、机械设备、信息系统等方面的升级改造工作，推动文莱摩拉港进一步实现"港口—产业—园区"协同发展，形成可复制的运营管理经验，并谋划东南亚地区的港口项目，提高东南亚地区港口投资数量和质量，构建以北部湾港为核心、面向东盟的区域港口服务网络，实现北部湾港与东盟港口的互联互通。

（八）不断拓展航运服务

1. 打造航运服务集聚区

打造北部湾国际航运服务集聚区，钦州重点建设北部湾国际门户港航运服务中心、港航物流信息平台、船员服务基地；防城港重点推进跨境融资等边境金融服务，打造北部湾（防城港）国际航运贸易综合金融服务大数据平台，建设防城港国际港航服务中心；北海重点吸引海事法律服务、旅游客运等功能要素集聚。

2.复制推广成熟航运政策

加强与珠三角港口的东向融合，推动与海南自由贸易港的相向合作，积极争取将海南自贸港部分港航创新政策延伸至北部湾国际门户港，推动集装箱沿海捎带、内外贸同船运输等政策落地。对经广西北部湾港水水中转离境的集装箱货物，积极试行启运港退税政策。积极申请实施以西部陆海新通道沿线主要物流枢纽重要火车站点为启运港（站）、以广西北部湾港为离境港的启运港退税政策试点。

3.完善海事和船员综合服务基地建设

积极向商务部等相关部门争取保税燃油、保税 LNG 加注政策在广西北部湾港落地，充分利用广西北部湾港可供船舶进行保税燃油和保税 LNG 加注的港口和锚地资源，做大做强保税燃油、保税 LNG 加注业务；大力发展船员综合服务产业，加强船员综合服务中心规划布局，出台相关优惠政策吸引船员以及船员培训、劳务、外派等机构入驻广西，加速船员要素在广西集聚，紧紧围绕船员全职业周期的所需所求，为船员提供以教育培训、考试发证、外派和换班等为核心，同时包含船员生活就业（全职业规划）、医疗康养、家庭教育（子女入学）、休闲娱乐、金融保险等配套的一站式、综合性服务，打造广西北部湾海事服务特色和龙头产业，促进广西经济社会高质量发展。

4.促进传统航运服务业转型升级

做大做强北部湾航运交易所，依托现有航运交易平台，开展"互联网+"船舶竞拍、船舶交易鉴证、航运金融、航运保险等现代航运交易服务业务，整合形成航运大数据平台，编制区域性航运运价、船价、景气度指数。以我国集装箱航运指数期货上市的有利契机，抓紧研发具有北部湾特色的航运指数和航运期货及衍生品。探索发展航运保险、航运经纪、海事教育培训等高端航运服务业，提升航运服务业发展整体能级，打造北部湾高端航运服务品牌。

参考文献

殷翔宇：《基于因子分析和雷达图改进的我国沿海港口综合绩效评价》，《中国港口》2022 年第 2 期。

李志军主编《2022 中国城市营商环境报告》，中国商业出版社，2022。

龙巍、杨煜航、龙启柏：《北部湾港向海向绿赢未来》，《中国水运报》2023 年 5 月 24 日。

杨有贵：《北部湾港加快建设智慧国际门户港》，《当代广西》2023 年第 10 期。

徐亦宁：《锚定"四个一流"续写北部湾国际门户港高质量发展新篇章》，《中国远洋海运》2023 年第 3 期。

廖敏、覃贤：《关于广西北部湾港发展的几点思考》，《珠江水运》2023 年第 6 期。

田佳、沈益华、王宗文等：《新时期建设北部湾国际门户港的若干思考》，《水运工程》2022 年第 4 期。

莫丽其、甘泉、刘宇：《北部湾港 2 套智慧新系统上线》，《港口科技》2022 年第 12 期。

陈林玉：《高质量推进广西北部湾港发展的思考》，《中国储运》2022 年第 10 期。

董子健、沈连芳：《北部湾港港口基础设施建设问题与对策》，《合作经济与科技》2022 年第 17 期。

冯海珊、蔡胤华、陈梓松：《RCEP 背景下广西北部湾港发展对策》，《中国港口》2022 年第 4 期。

姚海元、王达川、李宜军等：《"十四五"期广西北部湾港口发展思路与重点导向》，《水运工程》2022 年第 4 期。

余培：《西部陆海新通道背景下北部湾港多式联运发展对策研究》，《大众科技》2021 年第 12 期。

Jasmine Siu Lee Lam andTheo Notteboom, "The Greening of Ports: A Comparison of Port Management Tools Used by Leading Ports in Asia and Europe", *Transport Reviews* (2014).

Xiao Ruolan, Liu Shuhua, Wu Lingzhi, Luo Maoyu, Renfeng Ma and Jiaming Li, "Regional Classification and Competitiveness of Port Cluster: A Case Study of China's Coastal Ports", *International Journal of Logistics Research and Applications* (2023).

交通运输部水运局：《〈关于建设世界一流港口的指导意见〉政策解读》，2019 年 11

月 13 日。

亚洲清洁空气中心：《航运先锋 2022：中国典型港口空气与气候协同力评价》，2022 年 12 月 28 日。

中国经济信息社、波罗的海航运交易所：《新华·波罗的海国际航运中心发展指数报告（2022）》，2022 年 7 月 11 日。

中国港口协会：《中国港口年鉴（2022 版）》，中国港口杂志社，2022。

B.3
北部湾国际门户港口岸营商环境报告

蔡翔 潘柳榕 周楠 赵晓慧 田野*

摘 要: 深化"放管服"改革,进一步优化口岸营商环境,实施更高水平跨境贸易便利化,对北部湾国际门户港高质量发展至关重要。基于北部湾国际门户港口岸营商环境现状,本报告综合构建一套适用于评价北部湾国际门户港口岸营商环境指标体系,确定跨境贸易口岸成本、跨境贸易口岸时效、监管环境、商事服务、信息化以及配套设施六个维度和24个具体指标,基于层次分析法(AHP)对北部湾国际门户港口岸营商环境进行具体评价,揭示了北部湾港口岸营商环境存在的问题及原因,提出了进一步提升通关便利化水平、规范跨境贸易收费、深化"智慧口岸"建设、切实提高商事服务水平、推动营商环境—产业协同—区域港口一体化联动发展等对策建议。

关键词: 北部湾国际门户港 口岸营商环境 层次分析法

* 蔡翔,博士,桂林电子科技大学教授,博士生导师,江苏省人才强省研究基地副主任,桂林电子科技大学软科学研究院副院长,主要研究方向为创新与高质量发展;潘柳榕,北部湾大学经济管理学院副教授,陆海新通道北部湾研究院研究员,主要研究方向为服务供应链、港口物流、企业数字化转型;周楠,博士,北部湾大学助教,主要研究方向为营商环境与绿色发展;赵晓慧,桂林电子科技大学商学院在读硕士研究生,主要研究方向为营商环境与高质量发展;田野,博士,北部湾大学助教,主要研究方向为营商环境与绿色发展。

一　北部湾港口岸营商环境建设现状

（一）北部湾港口发展现状

北部湾国际门户港（以下简称"北部湾港"）由防城港港、钦州港、北海港三个沿海港口组成。2017 年 4 月，习近平总书记视察北部湾港，要求以"一流的设施、一流的技术、一流的管理、一流的服务"，把北部湾港建设好、管理好、运营好。

北部湾港地处华南、西南和东盟经济圈接合部，是中国西部地区最近的出海通道，是中国内陆距离马六甲海峡最近的港口，已经与 100 多个国家和地区创建稳定的港口贸易，具有专业化的码头群规模优势，涵盖了如装卸货物作业等多种类型的业务。截至 2022 年底，北部湾港拥有 75 条航线，包括 47 条外贸航线和 28 条内贸航线，这为广西经济增长提供了强大动力，成为连接西部地区与东盟跨境物流和贸易的关键平台。2022 年北部湾港货物吞吐量 3.7 亿吨，在全国港口中排名第 9；北部湾港集装箱吞吐量达到 702 万标准箱，同比增长 16.8%。

北部湾港按照主动对接国际高水平经贸规则原则和紧密围绕《广西北部湾国际门户港建设三年行动计划（2021~2023 年）》的要求，深化"放管服"改革，以更高的标准抓改革、优环境，努力打造市场化法治化国际化港口营商环境。

（二）北部湾港口外部发展环境

地理交通环境方面。北部湾位于中国南部，毗邻东南亚国家，地理位置优越，成为连接中国内陆和东南亚国家的重要交通节点。北部湾地区拥有天然的深水港口，能够容纳大型货船和航运设施，拥有发达的铁路、公路和内河系统，能够实现陆海联运等，周边地区经济发展迅速，具有广阔的市场和潜力。这将为国内外货物的集散和转运提供更高效、更灵活的选择，成为贸易通道的关键环节，为北部湾建设提供了得天独厚的地理条件。

政策环境方面。党中央、国务院及相关部门推出的系列政策措施（见表1），为北部湾港口加速发展提供了重要机遇。其中，2019 年，国家发展改革委正式提出打造广西北部湾国际门户港；2021 年，中共中央、国务院明确将北部湾港与上海港、广州港等港口一并列为国际枢纽海港；2021 年，国家发展改革委进一步强调打造国内国际双循环重要节点枢纽。自治区为此推出港区功能调整、港口岸线规划等多项政策支持。

区域发展战略环境方面。长江经济带、粤港澳大湾区、海南自由贸易港、成渝地区双城经济圈等国家级区域发展战略深入推进，特别是西部陆海新通道（国家大通道）的兴建，对深化北部湾国际经济贸易合作和促进交通、物流、商贸、产业深度融合提供了有力支撑。

国际政治经济环境方面。随着"一带一路"倡议、中国—东盟自由贸易区建设，以及《区域全面经济伙伴关系协定》（RCEP）生效等深度推进，我国与东盟的全面战略伙伴关系取得明显进展。其中，"一带一路"倡议和其他陆海联运战略的推进，将陆路和海上贸易联系起来，为北部湾港提供了更多跨境贸易和物流合作的机会，使之成为国际贸易的重要节点。然而，为了充分利用这些机遇，需要有效化解贸易保护主义、地缘政治紧张局势、全球经济增长的不确定性和波动性等可能对北部湾港贸易量和贸易伙伴选择产生的负面影响。

表 1　北部湾港相关扶持政策梳理

时间	政策文件	政策内容
2019 年	《西部陆海新通道总体规划》	打造广西北部湾国际门户港地位
2021 年	《国家综合立体交通网规划纲要》	与上海港、广州港等港口并列为国际枢纽海港
2021 年	《"十四五"推进西部陆海新通道高质量建设实施方案》	打造国内国际双循环重要节点枢纽

续表

时间	政策文件	政策内容
2021 年	《"十四五"现代综合交通运输体系发展规划》	推进 20 万吨级及以上航道建设
2022 年	《区域全面经济伙伴关系协定》（RCEP）	提升北部湾港在双循环新格局中的战略地位
2022 年	《关于高质量实施〈区域全面经济伙伴关系协定〉（RCEP）的指导意见》	更好把握 RCEP 带来的机遇,促进经济高质量发展
2022 年	《政府工作报告》	高质量共建"一带一路"。推进西部陆海新通道建设
2023 年	《关于推动外贸稳规模优结构的意见》	编发重点行业应用指南,深入开展《区域全面经济伙伴关系协定》（RCEP）等专题培训,组织论坛等多种形式的交流活动

资料来源：本报告整理。

竞争环境方面。广东珠三角国际港口规划到 2035 年广东全省建成安全高效、智慧绿色、支撑有力、创新开放、国际先进的世界级港口群。其他国际门户港口也在加快建设。这些国际门户港均具有先发优势,以及更好的基础设施和更成熟的物流网络,可能对北部湾港的吸引力构成挑战,因此,北部湾港需要付出更大的努力来争夺市场份额。

这些外部环境因素将综合影响北部湾港发展和竞争力。北部湾港在发展中需要密切关注这些因素,并采取适当的策略来应对不同的挑战和机会。

（三）北部湾港口岸营商环境建设举措

1. 优化北部湾国际门户港基础建设

北部湾港以打造国际一流港口为目标,以"一流设施、一流技术、一流管理、一流服务"为指导原则,通过专业港区的发展,整合资源,快速建设大容量的港口。在防城港港区,主要目标是提升大宗散货服务的集约化水平,并同步强化粮食和集装箱等运输功能,以建设西部陆海新通道的国际大宗商品集散枢纽港。在钦州港区,积极推进集装箱和石油化工品运输,完善铁海联运的集疏运体系，着眼于构建北部湾的国际集装箱干线港。在北海港区，专注于邮轮和液化天然气（LNG）运输，同时协调区域内产业发展和布局，以合理规划港口功能和航道等级为重点。

2. 构建海洋通道网络体系

扩展国际海运网络方面，提升与东盟国家的航线频次和准时性，积极开发通往非洲、南美、北美、欧洲、中东和印巴等地的远洋航线。加速发展沿海内贸航线方面，强化与北方港口的北向航线连接，加强与珠三角港口的东向衔接，促进与海南自由贸易港的南向合作，支持沿海捎带和内外贸集装箱同船运输，促进北部湾港与海南港口之间的航线互联互通。西线通道方面，完善自成都经泸州（宜宾）至北部湾出海口的西线通道，以及加速黄桶至百色铁路、云桂沿边铁路等项目的建设，积极推进G80广昆高速公路百色至南宁段的扩容工程、湘桂铁路南宁至凭祥段的扩能改造。中通道方面，推进贵阳至南宁高铁、合浦至湛江高铁、黔桂铁路二线等项目，并规划研究双层集装箱运输通道。东通路方面，推动G72泉南高速公路广西段扩容等项目以及国省干线公路建设。江铁海联运通道方面，推进铁路跨境通道，与中国（广西）—中南半岛铁路网对接，构建南宁至新加坡的国际陆路运输通道。

3. 专项行动推动服务效能提升

北部湾港提出了深入实施北部湾港集装箱进出口环节对标提升行动，力争2022年度集装箱进口环节总体耗时达到宁波港等国内一流港口水平，港口竞争力显著增强。深入实施推动进一步降低港口中介服务收费专项行动，力争2022年底前中介服务收费达到宁波舟山港等国内一流港口收费水平。多措并举推进口岸通关便利化，持续深化新通道"13+2"海关协作，推进"两步申报""两段准入"通关改革，"两步申报""两段准入"应用率达全国同类口岸先进水平。推动海关卡口和码头卡口合二为一，实现"一次放行"；改造北部湾港各港区进出闸口系统，提升系统稳定性，提高车辆通行效率。

4. "智慧湾"建设促进国际贸易便利化

为了简化单证、优化流程、减少手工录入，推动无纸化发展，北部湾港推动了国际贸易单一窗口的"智慧湾"系统建设。通过与重庆国际贸易数据紧密对接，北部湾港口岸将"单一窗口"升级为更加先进的"智慧湾"系统，为口岸贸易提供了全新的解决方案，推进了港口信息融合，实现智慧湾、北港网、铁路货运系统数据共享。通过启动自动化集装箱码头项目建设，引入智能高效的自动化装卸设备和水平运输设备，建立了全方位的智慧安防系统以及自动化集装箱码头智能运维平台系统，集装箱码头作业流程实现了高度信息化、标准化和全自动化。

（四）北部湾港口岸营商环境建设成效

1. 通关时间显著压缩

2020 年，北部湾港口岸进口通关时间从 2017 年的 56.6 个小时压缩至仅需 5.6 个小时；出口通关时间从 14.1 个小时压缩至仅需 0.8 个小时。这一成果使得北部湾港口岸在通关时间方面位居全国领先地位。

2021 年，北部湾港口岸进口通关时间为 5.34 个小时，名列全国第 1，出口通关时间为 0.48 个小时，名列全国第 8。

2022 年，北部湾港口岸进口和出口整体通关时间分别为 11.65 个小时和 0.38 个小时，较 2017 年分别减少了 79.41% 和 97.3%。这一显著提升表明通关效率得到了大幅度的提高，进一步推动了口岸贸易的便利化发展。

2. "智慧港"优势凸显

北部湾港采用自动化装卸设备、物联网传感器、大数据分析等自动化和数字化技术，提高了操作效率。"单一窗口"升级为更加先进的"智慧湾"系统，主要业务应用率接近100%，纸质单证数量减少了 33 项，单证线上生成成为现实。探索智慧作业，应用微信公众号主动推送待提货物卸船进度、预计等待时间等信息，便利企业合理调度安排进场提箱时间，发挥了"智慧港"系统的便利快捷优势。2022 年 8 月，北部湾港海铁集疏运平台上线，解决了客户、代理及车队业务多点办理、缺乏统一的应急协调处理机制的问题。推动铁水联运"一单制"，通过打造西部陆海新通道（广西）物流金融综合服务平台，提供"一单到底、一票结算、一次委托、一口报价、一次保险"综合物流金融服务，赋能物流、信息流、资金流"三流合一"。西部陆海新通道铁海联运信息管理平台构建的智能化信息服务系统，为海铁无缝对接提供助力，海铁联运"堵点""断点"问题得到有效解决。

3. 通关效率大幅提升

推行海关嵌入监管，将海关申报、关税、查验、舱单、运输工具等监管政策与港口装卸安排、车辆调度、机力调配、闸口管理等作业标准精准对接、深度融合，搭建与"船边直提"相适配的海关监管和港口作业模式；实施"船边直提"和"抵港直装"改革，改变了传统提箱惯例，允许企业在船舶抵港前预约，实现在线申请、在线缴费的信息化操作模式，直接降低了企业物流费用，提高了口岸贸易的便捷性。2022 年，北部湾港完成了"船边直提""抵港直装"，实现了"直装直提"业务线上办理。同时，通过健全联控机制、优化作业流程等举措，北部湾港集装箱进出口环节总作业时间分别为 6.8 个小时和 3.85 个小时，通关效率有效提升。

4. 营商环境优化助推货物吞吐量增长

2022 年，北部湾港货物吞吐量达到 3.7 亿吨，同比增长 3.7%，超过了全国沿海港口平均增长水平 1.5 个百分点。集装箱完成量更是达到了 702 万标准箱，同比增长 16.8%，高于全国沿海港口平均增长水平 4.6 个百分点。特别值得一提的是，钦州港的集装箱吞吐量更是达到了惊人的 540.7 万标准箱。西部陆海新通道不仅在国内交通中发挥着关键作用，还将货物运送至 RCEP 成员国，其货物量达到了 6.9 万标准箱，同比增长 9.7%。西部陆海新通道的班列运营稳定增长，城市群的主要公路网络逐渐完善，迎来成果的显著提升。

二 北部湾港口岸营商环境评价

（一）评价指标体系的构建

综合参考世界银行发布的"营商环境评估新指标体系"以及北京睿库贸易安全及便利化研究中心的"国内港口口岸营商环境"等评价指标，基于北部湾港口发展特色，本报告构建了一套适用于评价北部湾港口岸营商环境指标体系，确定了跨境贸易口岸成本、跨境贸易口岸时效、监管环境、商事服务、信息化以及配套设施六个维度和24个具体指标（如表2所示）。

表2 北部湾港口岸营商环境评价的层次结构模型

目标层	准则层	指标层
北部湾国际门户港营商环境	跨境贸易口岸成本（A）	实际进口常规成本（A1）
		实际出口常规成本（A2）
	跨境贸易口岸时效（B）	进口整体通关时效（B1）
		进口码头提箱时效（B2）
		出口码头集港时效（B3）
		查验与处理时效（B4）
	监管环境（C）	行政执法公正与透明（C1）
		工作效率与在岗时间（C2）
		企业需求响应与态度（C3）
		信息公开与透明（C4）
		口岸准入限制（C5）
		监管单证种类（C6）
	商事服务（D）	收费合理与价格透明（D1）
		作业效率与服务态度（D2）
		行业市场化状态（D3）
	信息化（E）	口岸操作无纸化（E1）
		申报无纸化（E2）
		国际贸易单一窗口地方板块（E3）
		海关与主要海关监管场所间的数据交换（E4）
		智能车队管理（E5）
		智能船舶导航管理（E6）
		智能堆场作业管理（E7）
	配套设施（F）	口岸周边交通（F1）
		经营与生活配套（F2）

资料来源：本研究整理。

具体指标释义如下所示。

跨境贸易口岸成本。跨境贸易口岸成本是考查企业因海关通关和其他必需的口岸商业性、操作性程序而产生的成本。近年来，有关部委和各地方政府围绕优流程、提效能、降成本等方面，开展了跨境贸易便利化专项行动。本报告跨境贸易口岸成本维度包括实际进口常规成本和实际出口常规成本2个方面。

跨境贸易口岸时效。跨境贸易口岸时效是考查企业因海关通关和其他必需的口岸商业性、操作性程序而花费的时间。本报告跨境贸易口岸时效维度包括进口整体通关时效、进口码头提箱时效、出口码头集港时效和查验与处理时效4个方面。

监管环境。监管环境是考查企业对于各监管主体，即海关、海事、边检、港航管理、地方商务部门等部门执法过程中效果的感知。本报告监管环境维度包括行政执法公正与透明、工作效率与在岗时间、企业需求响应与态度、信息公开与透明、口岸准入限制以及监管单证种类6个方面。

商事服务。商事服务是考查口岸经营单位在收费规范化、透明化水平、通关流程及物流作业时限、服务态度和市场主体公平竞争性等的情况。本报告商事服务维度包括收费合理与价格透明、作业效率与服务态度以及行业市场化状态3个方面。

信息化。信息化对打造优化口岸营商环境示范高地，促进口岸营商环境整体提升，强化科技赋能，进一步提升口岸综合服务能力具有重要作用。本报告信息化维度包括口岸操作无纸化、申报无纸化、国际贸易单一窗口地方板块、海关与主要海关监管场所间的数据交换、智能车队管理、智能船舶导航管理和智能堆场作业管理7个方面。

配套设施。设施完善是优化营商环境的基本条件，口岸周边交通和生活基础设施配套的发达程度是大多数进出口企业考虑的重要因素。本报告配套设施维度主要包括口岸周边交通和经营与生活配套2个方面。

（二）评价过程与方法

1. 评价过程

北部湾港口岸营商环境的评价过程具体如下。

①构建营商环境评价指标体系。

②邀请行业专家对营商环境评价指标体系进行打分。

③依据AHP层次分析法获得营商环境评价指标权重。

④设计营商环境调查问卷,对钦州港、防城港港和北海港线上线下相结合的混合调查,收集、整理数据。

⑤设计营商环境指标得分计算标准。

⑥将收集到的问卷数据根据指标得分标准进行计算,获得北部湾港口营商环境评价指标得分结果,根据结果提出问题并进行原因分析。

2.评价方法

AHP层次分析法适合将定性的分析进行量化处理,可以将复杂的问题简单化,从而使得整个过程更加合理。因此,本报告采用AHP层次分析法进行北部湾口岸营商环境的指标评价。

3.指标权重确定

通过AHP层次分析法计算北部湾港口岸营商环境评价指标体系的准则层权重和指标层权重,其具体计算过程及结果如下。

(1)准则层权重

根据AHP层次分析法确定北部湾港口岸营商环境评价指标体系的准则层权重值、最大特征值和CI值。计算结果如表3所示。

表3 准则层的AHP层次分析结果

北部湾国际门户港营商环境	特征向量	权重值	最大特征值	CI值
跨境贸易口岸成本(A)	2.416	0.403		
跨境贸易口岸时效(B)	1.124	0.187		
监管环境(C)	0.337	0.056	6.367	0.073
商事服务(D)	0.479	0.080		
信息化(E)	0.837	0.139		
配套设施(F)	0.808	0.135		

针对跨境贸易口岸成本（A）、跨境贸易口岸时效（B）、监管环境（C）、商事服务（D）、信息化（E）、配套设施（F）构建 6 阶判断矩阵，采用和积法进行 AHP 层次分析法研究，得到特征向量为（2.416，1.124，0.337，0.479，0.837，0.808）以及对应的准则层权重值为 0.403、0.187、0.056、0.080、0.139、0.135。再根据特征向量计算得到最大特征根为6.367、CI 值为 0.073。其中，CI 值用于下述表 4 的一致性检验使用。

表 4　随机一致性检验结果

n 阶	3	4	5	6	7	8	9
RI 值	0.52	0.89	1.12	1.26	1.36	1.41	1.46
n 阶	10	11	12	13	14	15	16
RI 值	1.49	1.52	1.54	1.56	1.58	1.59	1.59
n 阶	17	18	19	20	21	22	23
RI 值	1.60	1.61	1.62	1.63	1.64	1.64	1.65
n 阶	24	25	26	27	28	29	30
RI 值	1.65	1.66	1.66	1.66	1.67	1.67	1.67

本部分构建了北部湾港口岸营商环境准则层的 6 阶判断矩阵，通过查询随机一致性表得到 RI 值为 1.260，以此计算得到 CR 值为 0.058，小于 0.1。研究结果表明构建的 6 阶北部湾港口岸营商环境准则层的判断矩阵满足一致性检验，通过计算最终得到的权重具有一致性（见表 5）。

表 5　一致性检验结果汇总

最大特征根	CI 值	RI 值	CR 值	一致性检验结果
6.367	0.073	1.260	0.058	通过

（2）指标层的权重计算

①对跨境贸易口岸成本的 AHP 层次分析结果

从表 6 可知，针对实际进口常规成本（A1）、实际出口常规成本（A2）总共 2 项构建跨境贸易口岸成本的 2 阶判断矩阵进行 AHP 层次分析法研究，分析得到实际进口常规成本（A1）和实际出口常规成本（A2）的特征向量为（0.333，1.667），并且实际进口常规成本（A1）和实际出口常规成本（A2）对应的权重值分别是0.167、0.833。根据计算出的特征向量得到最大特征根为2.000，最后通过计算得到CI值为0.000。

表6 跨境贸易口岸成本的AHP层次分析结果

A	特征向量	权重值	最大特征值	CI值
A1	0.333	0.167	2.000	0.000
A2	1.667	0.833		

本研究针对实际进口常规成本（A1）和实际出口常规成本（A2）构建的2阶判断矩阵计算得到的CI值为0.000，通过查询随机一致性表发现RI值为0.000，数据为二阶矩阵（RI值为0，无法计算CR值），但二阶数据均满足一致性检验，这表明实际进口常规成本（A1）和实际出口常规成本（A2）的最终计算得到的权重具有一致性（见表7）。

表7 一致性检验结果汇总

最大特征根	CI值	RI值	CR值	一致性检验结果
2.000	0.000	0.000	null	通过

②对跨境贸易口岸时效的AHP层次分析结果

从表8可知，针对进口整体通关时效（B1）、进口码头提箱时效（B2）、出口码头集港时效（B3）、查验与处理时效（B4）总共4项构建北部湾港口跨境贸易口岸时效的4阶判断矩阵进行AHP层次分析法研究，分析得到进口整体通关时效（B1）、进口码头提箱时效（B2）、出口码头集港时效（B3）和查验与处理时效（B4）的特征向量为（0.571，0.571，0.571，2.286），它们对应的权重值分别是0.143、0.143、0.143、0.571。根据得到的特征向量计算出最大特征根的值为4.000，最后计算得到CI值为0.000。

表8 跨境贸易口岸时效的 AHP 层次分析结果

B	特征向量	权重值	最大特征值	CI 值
B1	0.571	0.143		
B2	0.571	0.143	4.000	0.000
B3	0.571	0.143		
B4	2.286	0.571		

本研究构建的进口整体通关时效（B1）、进口码头提箱时效（B2）、出口码头集港时效（B3）和查验与处理时效（B4）4 阶判断矩阵，查表得到 RI 值为 0.890，以此计算得到 CR 值为 0.000，小于 0.1，这表明构建的进口整体通关时效（B1）、进口码头提箱时效（B2）、出口码头集港时效（B3）和查验与处理时效（B4）的 4 阶判断矩阵满足一致性检验，计算所得权重具有一致性（见表9）。

表9 一致性检验结果汇总

最大特征根	CI 值	RI 值	CR 值	一致性检验结果
4.000	0.000	0.890	0.000	通过

③对监管环境的 AHP 层次分析结果

从表10 可知，针对行政执法公正与透明（C1）、工作效率与在岗时间（C2）、企业需求响应与态度（C3）、信息公开与透明（C4）、口岸准入限制（C5）、监管单证种类（C6）总共 6 项构建监管环境的 6 阶判断矩阵进行 AHP 层次分析法研究，分析得到行政执法公正与透明（C1）、工作效率与在岗时间（C2）、企业需求响应与态度（C3）、信息公开与透明（C4）、口岸准入限制（C5）、监管单证种类（C6）的特征向量为（0.575，0.439，0.894，0.641，1.725，1.725），它们对应的权重值分别是 0.096、0.073、0.149、0.106、0.288、0.288。根据特征向量计算最大特征根为 6.360，通过最大特征根值计算得到 CI 值为 0.072。

表 10　监管环境的 AHP 层次分析结果

C	特征向量	权重值	最大特征值	CI 值
C1	0. 575	0. 096		
C2	0. 439	0. 073		
C3	0. 894	0. 149	6. 360	0. 072
C4	0. 641	0. 106		
C5	1. 725	0. 288		
C6	1. 725	0. 288		

本研究构建出监管环境的 6 阶判断矩阵，查表得到 RI 值为 1. 260，计算得到 CR 值为 0. 057，小于 0. 1，意味着本研究构建的监管环境的 6 阶判断矩阵满足一致性检验，计算所得权重具有一致性（见表 11）。

表 11　一致性检验结果汇总

最大特征根	CI 值	RI 值	CR 值	一致性检验结果
6. 360	0. 072	1. 260	0. 057	通过

④对商事服务的 AHP 层次分析结果

从表 12 可知，针对收费合理与价格透明（D1）、作业效率与服务态度（D2）、行业市场化状态（D3）总共 3 项构建商事服务的 3 阶判断矩阵进行 AHP 层次分析法研究，分析得到收费合理与价格透明（D1）、作业效率与服务态度（D2）和行业市场化状态（D3）的特征向量为（1. 286，1. 286，0. 429），它们三个指标对应的权重值分别是 0. 429、0. 429、0. 142。根据特征向量计算出最大特征根为 3. 000，用最大特征根值计算得到 CI 值为 0. 000。

表 12　商事服务的 AHP 层次分析结果

D	特征向量	权重值	最大特征值	CI 值
D1	1. 286	0. 429		
D2	1. 286	0. 429	3. 000	0. 000
D3	0. 429	0. 142		

本研究构建出商事服务的 3 阶判断矩阵，查表得到 RI 值为 0.520，因此计算得到 CR 值为 0.000，小于 0.1，意味着本研究针对收费合理与价格透明（D1）、作业效率与服务态度（D2）和行业市场化状态（D3）构建的 3 阶判断矩阵满足一致性检验，计算所得权重具有一致性（见表 13）。

表 13　一致性检验结果汇总

最大特征根	CI 值	RI 值	CR 值	一致性检验结果
3.000	0.000	0.520	0.000	通过

⑤对信息化的 AHP 层次分析结果

从表 14 可知，针对口岸操作无纸化（E1）、申报无纸化（E2）、国际贸易单一窗口地方板块（E3）、海关与主要海关监管场所间的数据交换（E4）、智能车队管理（E5）、智能船舶导航管理（E6）、智能堆场作业管理（E7）总共 7 项构建信息化的 7 阶判断矩阵进行 AHP 层次分析法研究，分析得到信息化 7 阶判断矩阵的特征向量为（2.333，0.778，0.778，0.778，0.778，0.778，0.778），信息化 7 阶矩阵对应的权重值分别是 0.334、0.111、0.111、0.111、0.111、0.111、0.111。根据计算得到的特征向量值算出最大特征根为 7.000，通过最大特征根值计算得到 CI 值为 0.000。

表 14　信息化的 AHP 层次分析结果

E	特征向量	权重值	最大特征值	CI 值
E1	2.333	0.334		
E2	0.778	0.111		
E3	0.778	0.111		
E4	0.778	0.111	7.000	0.000
E5	0.778	0.111		
E6	0.778	0.111		
E7	0.778	0.111		

本研究构建的信息化 7 阶判断矩阵，查表得到 RI 值为 1.360，计算得到 CR 值为 0.000，小于 0.1，意味着本研究北部湾港口信息化准则层的 7 阶的研究判断矩阵满足一致性检验，计算所得权重具有一致性（见表15）。

表 15　一致性检验结果汇总

最大特征根	CI 值	RI 值	CR 值	一致性检验结果
7.000	0.000	1.360	0.000	通过

⑥对配套设施的 AHP 层次分析结果

从表16可知，针对口岸周边交通（F1）、经营与生活配套（F2）总共 2 项构建北部湾港口营商环境配套设施准则层的 2 阶判断矩阵进行 AHP 层次分析法研究，分析得到口岸周边交通（F1）和经营与生活配套（F2）的特征向量为（1.500，0.500），它们对应的权重值分别是 0.750、0.250。根据计算得到的特征向量算出最大特征根为 2.000，使用最大特征根值计算得到 CI 值为 0.000。

表 16　配套设施的 AHP 层次分析结果

F	特征向量	权重值	最大特征值	CI 值
F1	1.500	0.750	2.000	0.000
F2	0.500	0.250		

本研究通过口岸周边交通（F1）和经营与生活配套（F2）指标构建的配套设施 2 阶判断矩阵，查表得到 RI 值为 0.000，说明数据为二阶矩阵（RI 值为 0.000，无法计算 CR 值），且满足一致性检验，最终计算得到的口岸周边交通（F1）和经营与生活配套（F2）的权重具有一致性（见表17）。

表 17　一致性检验结果汇总

最大特征根	CI 值	RI 值	CR 值	一致性检验结果
2.000	0.000	0.000	null	通过

（3）层次排序结果

北部湾国际门户港营商环境评价指标体系中所有影响因素对总目标的层次排序结果如下表18所示。

表18 北部湾国际门户港营商环境评价指标综合权重

目标层	准则层		指标层		综合权重	指标层层次总排序
	准则	权重	指标	权重		
北部湾国际门户港营商环境	跨境贸易口岸成本（A）	0.403	实际进口常规成本（A1）	0.167	0.067	4
			实际出口常规成本（A2）	0.833	0.336	1
	跨境贸易口岸时效（B）	0.187	进口整体通关时效（B1）	0.143	0.027	9
			进口码头提箱时效（B2）	0.143	0.027	10
			出口码头集港时效（B3）	0.143	0.027	11
			查验与处理时效（B4）	0.571	0.107	2
	监管环境（C）	0.056	行政执法公正与透明（C1）	0.096	0.005	23
			工作效率与在岗时间（C2）	0.073	0.004	24
			企业需求响应与态度（C3）	0.149	0.008	21
			信息公开与透明（C4）	0.106	0.006	22
			口岸准入限制（C5）	0.288	0.016	12
			监管单证种类（C6）	0.288	0.016	13
	商事服务（D）	0.080	收费合理与价格透明（D1）	0.429	0.034	6
			作业效率与服务态度（D2）	0.429	0.034	7
			行业市场化状态（D3）	0.142	0.011	20
	信息化（E）	0.139	口岸操作无纸化（E1）	0.334	0.046	5
			申报无纸化（E2）	0.111	0.015	14
			国际贸易单一窗口地方版块（E3）	0.111	0.015	15
			海关与主要海关监管场所间的数据交换（E4）	0.111	0.015	16
			智能车队管理（E5）	0.111	0.015	17
			智能船舶导航管理（E6）	0.111	0.015	18
			智能堆场作业管理（E7）	0.111	0.015	19
	配套设施（F）	0.135	口岸周边交通（F1）	0.750	0.101	3
			经营与生活配套（F2）	0.250	0.034	8

对层次总排序进行一致性检验，层次总排序一致性比率计算公式为：

$$CR = \sum_{j=1}^{m} a_j \, CI_j / \sum_{j=1}^{m} a_j \, CR_j$$

其中，a_j 表示第 j 个准则的组合权重值，具体计算如下：

$$CI = 0.403 \times 0 + 0.187 \times 0 + 0.056 \times 0.072 + 0.080 \times 0 + $$
$$0.139 \times 0 + 0.135 \times 0 = 0.004$$
$$CR = 0.403 \times 0 + 0.187 \times 0.89 + 0.056 \times 1.26 + 0.080 \times $$
$$0.52 + 0.139 \times 1.36 + 0.135 \times 0 = 0.468$$

CR＝CI/CR＝0.009<0.1，一致性检验通过。

4. 数据来源

二级指标指基础数据通过问卷调查获得。问卷问题设置有三类问题：满意度调查、具体估算、情况调查。

为保证答卷质量，问卷对调查答卷人的专业背景提出了具体要求，答卷人应从事进出口贸易或相关工作，如代理报关、国际货运代理、船公司、船舶代理、集卡运输等。

各二级指标的基础数据来源说明如表19所示。

表19　各二级指标的基础数据来源

	一级指标	二级指标	数据来源
北部湾国际门户港营商环境	跨境贸易口岸成本	实际进口常规成本	问卷——满意度调查
		实际出口常规成本	
	跨境贸易口岸时效	进口整体通关时效	问卷——具体估算
		进口码头提箱时效	
		出口码头集港时效	
		查验与处理时效	
	监管环境	行政执法公正与透明	问卷——满意度调查
		工作效率与在岗时间	
		企业需求响应与态度	
		信息公开与透明	
		口岸准入限制	
		监管单证种类	

	一级指标	二级指标	数据来源
北部湾国际门户港营商环境	商事服务	收费合理与价格透明	问卷——满意度调查
		作业效率与服务态度	
		行业市场化状态	
	信息化	口岸操作无纸化	问卷——情况调查
		申报无纸化	
		国际贸易单一窗口地方板块	问卷——满意度调查
		海关与主要海关监管场所间的数据交换	问卷——情况调查
		智能车队管理	
		智能船舶导航管理	问卷——满意度调查
		智能堆场作业管理	
	配套设施	口岸周边交通	问卷——满意度调查
		经营与生活配套	

5. 计算指标得分

各个指标得分计算分为以下三个步骤。

①基础数据到标准化得分的转化。即将通过不同渠道获得的基础数据按照一定的规则转化为 0~3 的分数。

②将基础数据转化而来的标准化得分再转化为二级指标的得分。问卷调查获得的基础数据如果为不同公司的答卷人填写，则需要先计算出不同公司答卷人的分数，加权求得不同答卷人对北部湾港口营商环境指标的评分，然后根据这些分数乘以二级指标权重进行加权平均计算对应二级指标的得分；如果该问题是对北部湾港口不同的部门进行评分，则分别计算出不同部门的得分，然后将这些得分乘以二级指标权重进行加权平均计算对应二级指标的得分。

③将二级指标得分加权平均计算一级指标得分，再加权平均各一级指标得分从而计算"北部湾国际门户港营商环境指数"。

需要说明的是，这一过程中最为复杂的是基础数据到标准化得分的转化，具体分以下几种情况予以专门说明。

①问卷——满意度调查/情况调查基础数据到二级指标得分的转化

问卷——满意度基础数据从高到低分划分为 4 个等级（每个等级对应不同的分数），而问卷——情况调查会给出若干种情况（每种情况代表不同的分数）。以"报关、货代公司实际进口常规成本"为例。

问题：该口岸的报关、货代公司实际进出口常规成本收费是否合理？
□不合理□一般□合理□很合理

答卷人可分别选择很合理、合理、一般、不合理其中的某一选项，这些选项分别对应 3 分、2 分、1 分、0 分（其中，部分问题的答案包括"不了解"，该选项不计入得分和人数），将答卷人答案对应的分数做加权平均处理，成为该口岸该指标的得分数值。具体示例如表 20 所示。

表 20　满意度基础数据测算示例

选项/对应分数	选择人数	最终得分
不合理/0 分	2	
一般/1 分	21	$\dfrac{0\times2+1\times21+2\times23+3\times1}{2+21+23+1}=1.489(分)$
合理/2 分	23	
很合理/3 分	1	

注：问卷中一部分满意度调查对应一个单项选择，另一部分是对应矩阵单选题。矩阵单选题的计算方式与单项选择题计算方式类似，需要把矩阵中每一行按照一个单选题处理，计算行问题的得分。

上述举例说明的是满意度调查的分数计算方式，对于情况调查的分数计算与之类似。相同的是，满意度调查的问题均给出 4 个选项分别对应 0 分、1 分、2 分、3 分，情况调查中单选题的问题选项很多也是对应 4 个情况，这 4 个情况从好到坏分为 4 个等级，分别对应 3 分、2 分、1 分、0 分，其得分计算与满意度调查的问题计算方法相同。不同的是，情况调查中有部分为多选题，这个得分算法就需要这个选项对应的分数乘以答卷人人数比例。

以"进口申报时,以下常规单证中,哪些必须扫描上传递交?"问题为例,结果如表21所示。

表21　进口申报情况调查多选题得分测算方法

选项/对应得分	选择人数小计	人数比例
提单/0分	24	51.06%
提货单/2分	16	34.04%
商业发票/0.5分	22	46.81%
装箱单/1分	22	46.81%
合同/3分	18	38.3%
不了解(无效)	16	34.04%
(空)(无效)	4	8.51%

最终得分=0×0.511+2×0.34+0.5×0.468+1×0.468+3×0.383=2.531(分)

以"出口申报时,以下常规单证中,哪些必须扫描上传递交?"问题为例,结果如表22所示。

表22　出口申报情况调查多选题得分测算方法

选项/对应得分	选择人数小计	人数比例
装货单/1分	13	27.66%
商业发票/0.5分	24	51.06%
装箱单/1分	23	48.94%
合同/3分	18	38.3%
不了解(无效)	17	36.17%
(空)(无效)	4	8.51%

最终得分=1×0.277+0.5×0.511+1×0.489+3×0.383=2.171(分)

②问题——具体估算基础数据到二级指标得分的转化

对于此类基础数据的转化,本测评借鉴了世界银行《营商环境报告》的"前沿距离评分法"。以"货船靠泊"到"海关放行"耗时的具体问题为例。

问题：假设您负责进口一个 20 英尺标箱的普通货物（非易腐货物、非危化品等），在理想的情况下（单证准备完备、及时报关甚至提前申报、缴税没有任何延迟、没有被查验），从"货船靠泊"到"海关放行"（具备提离条件），大概需要多长时间？

□6 个小时以内□6~12 个小时□12~18 个小时□18~24 个小时
□24~36 个小时□36~48 个小时□48 个小时以上□不太了解

a. 问题给出 8 个选项：6 个小时以内、6~12 个小时、12~18 个小时、18~24 个小时、24~36 个小时、36~48 个小时、48 个小时以上、不太了解。

b. 将选项转化为具体的估值：问卷给出选项是为了让答卷人在合理范围内进行估算使其答案不至于过度偏离或偏低，而在统计时则首先需要将这些选项整合成具体估值。

转化估值的方法如表 23 所示。

表 23　估算基础数据测算方法

选项	对应估值	选择人数
6 个小时以内	6 个小时	17
6~12 个小时	9 个小时（取中位数）	6
12~18 个小时	15 个小时（取中位数）	2
18~24 个小时	21 个小时（取中位数）	5
24~36 个小时	30 个小时（取中位数）	0
36~48 个小时	42 个小时（取中位数）	0
48 个小时以上	48 个小时	2
不太了解	–	10

注：选择"不太了解"的人数不计入总数。

$$最终估算 = \frac{6 \times 17 + 9 \times 6 + 15 \times 2 + 21 \times 5 + 30 \times 0 + 42 \times 0 + 48 \times 2}{32} = 12.094（小时）$$

c. 按以上方法计算出每个题项的平均估值。

d. 平均估值转化为指标分数：对于每一项二级指标的基础数据，设定一个"最佳表现"和"最差表现"，利用"前沿距离评分法"将平均估值转化为 0~3 的分数。对于从"货船靠泊"到"海关放行"的耗时，本测评根据对企业的调查，"最佳表现"设定为可能的最短时间 6 个小时，"最差表现"设定为可能的最长时间 48 个小时，那么对于平均估值 10.459 个小时来讲，对应的分数为：

$$最终得分 = \frac{最差表现 - 最终估值}{最差表现 - 最佳表现} = \frac{48 - 10.459}{48 - 6} = 0.894(分)$$

三 北部湾港口岸营商环境存在的问题与原因分析

（一）北部湾港口营商环境的综合得分

北部湾港口营商环境包括跨境贸易口岸成本、跨境贸易口岸时效、监管环境、商事服务、信息化和配套设施。

其综合得分测算结果如表 24 所示。

表 24 北部湾港口岸营商环境综合得分

单位：分

序号	一级指标	权重	得分
1	跨境贸易口岸成本	0.403	1.799
2	跨境贸易口岸时效	0.187	0.764
3	监管环境	0.056	1.845
4	商事服务	0.080	1.747
5	信息化	0.139	1.943
6	配套设施	0.135	1.666
北部湾国际门户港营商环境综合得分			1.606

北部湾港口营商环境的综合得分为 1.606 分，总体达到良好（1.5 分以上）水平。其中，港口的信息化较为突出，达到 1.943 分；跨境贸易口岸时

效较差，得分为 0.764 分；其余各方面表现均良好。不过，各项细分指标均不同程度存在有待改善的地方。

（二）跨境贸易口岸成本的问题及原因

1. 跨境贸易口岸成本方面的测算结果

跨境贸易口岸成本包括实际进口常规成本、实际出口常规成本，主要从以理货成本、报关与货代成本、船代成本、船成本等方面进行分析。

测算结果如表 25 所示。

表 25　跨境贸易口岸成本得分

单位：分

序号	港口情况	二级指标		总得分
		实际进口常规成本	实际出口常规成本	
		二级指标权重		
		0.167	0.833	
1	理货成本	1.850	1.850	1.850
2	报关与货代成本	1.810	1.856	1.849
3	船代成本	1.691	1.795	1.778
4	船成本	1.717	1.720	1.719
	综合平均得分	1.767	1.805	1.799

从港口情况来看，四大成本的得分均为良好（1.5 分以上）。其中，理货成本以及报关与货代成本的得分接近且相对较高，分别为 1.850 分和 1.849 分；船代成本得分居中，为 1.778 分；船成本的得分最低，为 1.719 分，说明有较大提升空间。

跨境贸易口岸成本的综合平均得分为 1.799 分，总体良好。其中，实际进口常规成本的总体平均得分为 1.767 分；实际出口常规成本的综合平均得分为 1.805 分。

2. 跨境贸易口岸成本的主要问题

在跨境贸易口岸成本方面，北部湾国际门户港的突出问题主要是港口船成本较高。这意味着在该港口运营和停靠船只的成本相对较高。

以集装箱进出口环节为例，不仅直接运输费用如公路运输费用、海上运输费用和铁路运输费用等相较于深圳港、湛江港等其他港口要高外，北部湾港的单证合规费用和边界合规费用也远远高于广州港和上海港。

3. 跨境贸易口岸成本较高的主要原因

造成跨境贸易口岸成本较高的原因可能有三。第一，高额的停靠费用和使用费用，包括泊位租金、卸货费用、装货费用等，可能导致船只在该港口停靠和操作时的成本居高不下。船运公司需要投入更多的资金来维持港口的运营，这降低了他们的利润率。第二，泊位供应不足，船只需要等待较长时间才能停靠，从而增加了船只的等待成本、燃油成本和船员工资成本等。第三，港口管理部门对船只运营施加高昂的管理费用和行政费用，对船只总成本产生了较大影响，船公司需要与报关、货代等各个环节供应链参与者协同不足，可能导致船只等待时间增加和船成本上升。

（三）跨境贸易口岸时效

1. 跨境贸易口岸时效方面的测算结果

跨境贸易口岸时效包括进口整体通关时效、进口码头提箱时效、出口码头集港时效、查验与处理时效。

测算结果如表26所示。

表26　跨境贸易口岸时效得分

单位：分

序号	二级指标	权重	得分
1	进口整体通关时效	0.143	0.855
2	进口码头提箱时效	0.143	0.698
3	出口码头集港时效	0.143	0.704
4	查验与处理时效	0.571	0.773
总得分			0.764

综合来看，四大时效的得分较差（均在 1 分以下），综合平均得分仅为 0.764 分，说明港口跨境贸易口岸时效表现总体较差。其中，进口整体通关时效得分最高，为 0.855 分；查验与处理时效的得分居中，为 0.773 分；进口码头提箱时效和出口码头集港时效得分最差，分别为 0.698 分和 0.704 分。

2. 跨境贸易口岸时效的主要问题

在跨境贸易口岸时效方面，北部湾国际门户港主要存在港口整体时效低和进口码头提箱时效低等问题。其中，港口整体时效低是一个综合性问题，意味进出口及处理货物的各个环节中都存在时效问题，导致货物流通的总时间较长。以集装箱进出口环节为例，北部湾港集装箱进口边界合规时间（包括船舶靠港到准许卸货时间、单船船时效率、查验指令下达到完成查验时间、提柜或还柜时间）和进口单证合规时间均高于广州南沙港、上海港等东部沿海港口。

3. 跨境贸易口岸时效低的主要原因

造成以上问题的原因主要是第一，报关、审批和查验等进出口通关程序较为烦琐，增加通关时间；第二，港口自动化水平不高导致提箱时效较低；第三，港口装卸操作协调不足，导致船只等待时间和货物在码头滞留时间增加。

（四）监管环境

1. 监管环境方面的测算结果

监管环境主要包括行政执法公正与透明、工作效率与在岗时间、企业需求响应与态度、信息公开与透明、口岸准入限制和监管单证种类。主要从海事部门、边检部门、港航管理机构、地方商务主管部门进行具体分析。

测算结果如表 27 所示。

表 27　监管环境得分

单位：分

序号	港口情况	二级指标						总得分
		行政执法公正与透明	工作效率与在岗时间	企业需求响应与态度	信息公开与透明	口岸准入限制	监管单证种类	
		二级指标权重						
		0.096	0.073	0.149	0.106	0.288	0.288	
1	海事部门	1.909	2.000	1.909	1.909	1.814	1.837	1.868
2	边检部门	2.030	1.879	2.030	2.000	1.814	1.837	1.898
3	港航管理机构	2.061	2.061	2.030	2.000	1.814	1.837	1.914
4	地方商务主管部门	—	1.949	1.974	2.000	1.814	1.837	1.700
综合平均得分		2.000	1.972	1.986	1.977	1.814	1.837	1.845

从港口情况来看，四大部门的得分均为良好（1.5分以上），说明各部门的综合表现均比较良好。其中，港航管理机构得分最高，为1.914分；海事部门和边检部门得分居中，为1.868分和1.898分；地方商务主管部门得分最低，为1.700分。

从各二级指标来看，总体综合平均得分良好，为1.845分。其中，行政执法公正与透明综合平均得分为优秀（2分及以上），说明各部门在此方面均做得比较好；工作效率与在岗时间、企业需求响应与态度、信息公开与透明综合平均得分均接近优秀，分别为1.972分、1.986分、1.977分；口岸准入限制和监管单证种类综合平均得分相对较低，分别为1.814分和1.837分，说明各部门在此方面均有待加强。

2.监管环境方面的主要问题

在监管环境方面，北部湾国际门户港主要存在港口内部各部门的协调与合作不足、口岸准入的门槛较高和准入程序复杂等问题。

3.监管环境方面准入复杂的主要原因

造成以上问题的原因可能有三。第一，当前北部湾港对外开放窗口和通道的功能地位尚未完全确立，中国—东盟自由贸易试验区升级版的平台作用尚未得到充分发挥。第二，由于信息不对称和安全合规要求，港口相关部门之间协调机制尚未发挥作用。港务部门更注重港口的经济效益，海事部门可能更注重安全和法规合规性。第三，为了减少信息不对称和降低潜在风险，在准入前企业需要提供大量信息和文件，以满足安全和法规合规要求，导致准入程序复杂。

（五）商事服务

1.商事服务方面的测算结果

商事服务主要包括收费合理与价格透明、作业效率与服务态度和行业市场化状态，主要从以下几个方面进行分析，即码头运营单位、引航机构、理货、船/船代、货代、代理报关、集卡运输、散货运输、查验场站、检验认证、检验处理。

测算结果如表28所示。

表28　商事服务得分

单位：分

排名	港口情况	二级指标			总得分
		收费合理与价格透明	作业效率与服务态度	行业市场化状态	
		二级指标权重			
		0.429	0.429	0.142	
1	码头运营单位	1.951	1.902	—	1.653
2	引航机构	2.067	2.067	—	1.773
3	理货	1.861	1.917	1.606	1.849
4	船/船代	1.821	1.842	2.028	1.859
5	货代	1.944	1.892	—	1.646
6	代理报关	1.947	2.053	—	1.716
7	集卡运输	1.865	1.946	—	1.635
8	散货运输	1.946	1.892	—	1.646
9	查验场站	1.946	1.943	1.735	1.915

排名	港口情况	二级指标			总得分
		收费合理与 价格透明	作业效率与 服务态度	行业市场化 状态	
		二级指标权重			
		0.429	0.429	0.142	
10	检验认证	1.950	1.975	—	1.684
11	检验处理	1.897	1.923	1.531	1.856
综合平均得分		1.927	1.941	0.640	1.748

从港口情况来看，港口商事服务各方面得分均达到了良好（1.5分以上），说明港口商事服务各方面都做得比较好。其中，查验场站得分最高，为1.915分；理货、船/船代、检验处理得分居中，分别为1.849分、1.859分、1.856分；其余方面得分较低，可能是由于行业市场化状态数据缺失造成。

从各二级指标得分来看，总体综合平均得分良好。其中，收费合理与价格透明以及作业效率与服务态度两方面均做得比较好；行业市场化状态有待加强。

2. 商事服务方面的主要问题

在商事服务方面，北部湾国际门户港主要存在行业市场化不足问题。

3. 商事服务方面行业市场化不足的主要原因

造成以上问题的原因：第一，政府部门在定价规则、准入要求和监管限制等方面的港口管制干预，导致市场不够自由，港口运营企业受到政府政策的束缚，难以灵活调整价格和服务；第二，港口运营企业存在长期合同和业务固化的现象，这些合同或多或少包含有排他性条款，阻碍了其他竞争者的准入。

（六）信息化

1. 信息化方面的测算结果

信息化程度主要包括口岸操作无纸化、申报无纸化、国际贸易单一窗口地方板块、海关与主要海关监管场所间的数据交换、智能车队管理、智能船舶导航管理、智能堆场作业管理。

测算结果如表 29 所示。

表 29　信息化得分

单位：分

序号	二级指标	权重	得分
1	口岸操作无纸化	0.334	1.985
2	申报无纸化	0.111	2.288
3	国际贸易单一窗口地方板块	0.111	1.848
4	海关与主要海关监管场所间的数据交换	0.111	1.819
5	智能车队管理	0.111	1.833
6	智能船舶导航管理	0.111	1.821
7	智能堆场作业管理	0.111	1.925
	总得分		1.943

综合来看，港口信息化各方面得分均达到良好（1.5 分以上）及以上，港口信息化总得分为 1.943 分，说明港口信息化程度良好。申报无纸化以 2.288 分遥遥领先，达到优秀（2 分以上）；口岸操作无纸化和智能堆场作业管理方面均接近优秀，得分为 1.985 分、1.925 分；其余各方面均达到 1.8 分以上，表现良好。

2. 信息化方面的主要问题

在信息化方面，北部湾国际门户港存在海关与主要海关监管场所间的数据交换不畅通、智能船舶管理等问题，信息化建设尚处于起步阶段，智能化、信息化程度不高，国际贸易"单一窗口"作用亟待充分发挥，港口业务办理无纸化、"一站式"服务水平有待提升。

3. 信息化方面智能化不足的主要原因

造成以上问题的原因：第一，海关与主要海关监管场所间的数据共享交换存在困难，造成港口货物滞留和延误、不必要的行政流程增加，从而影响到港口运营的效率和货物畅通；第二，缺乏高效数据交换平台和数据标准不一致，导致信息传递和共享不畅，影响通关效率。

（七）配套设施

1.配套设施方面的测算结果

配套设施主要包括口岸周边交通、经营与生活配套。

测算结果如表 30 所示。

表 30　配套设施得分

单位：分

序号	二级指标	权重	得分
1	口岸周边交通	0.75	1.676
2	经营与生活配套	0.25	1.634
	总得分		1.666

综合来看，港口配套设施各方面得分均达到良好（1.5 分以上），港口配套设施总得分为 1.666 分。说明港口配套设施良好。其中，口岸周边交通得分略高于经营与生活配套得分，但两者的得分均不到 1.7 分。

2.配套设施方面的主要问题

在配套设施方面，北部湾门户港主要存在港口配套设施不全、港口设施功能以及配套服务仍不够完善等问题，这使其港航服务能力与其货运需求、港航设施建设时序、外贸需求、仓储能力不匹配，对港口运营和货物流通产生不利影响。配套设施包括道路、铁路、仓储、通信、卫生、环境管理等，它们对于港口顺畅运营和吸引客户至关重要。

3.配套设施不全的主要原因

造成以上问题的原因：第一，与港口运营企业的投资回报周期较长有关，港口配套设施建设通常需要较长时间，导致投资方持谨慎态度；第二，配套设施建设投入不足，具体表现在航道码头等港口枢纽基础设施建设投入仍显不足，枢纽集疏运体系配套有待完善，周边货运铁路等级和能力有待提高。

四 北部湾港口岸营商环境的优化举措与经验借鉴

（一）宁波港：压缩进出口整体通关时间

1. 宁波港的发展情况

宁波港位于我国沿海和长江T形结构交汇处，面朝太平洋主航道的宁波舟山港是全球供应链节点，由宁波港集团与舟山港集团于2015年9月整合而成，共有北仑、洋山、六横等19个港区。宁波舟山港集内河港、河口港、海港于一体，年可作业天数在350天左右，核心港区主航道水深22.5米以上，与世界上600多个港口通航。习近平总书记在浙江就经济社会发展工作进行调研时，考察的第一站便是宁波舟山港。他指出，港口是基础性、枢纽性设施，是经济发展的重要支撑；宁波舟山港在共建"一带一路"、长江经济带发展、长三角一体化发展等国家战略中具有重要地位，是"硬核"力量；要坚持一流标准，把港口建设好、管理好，努力打造世界一流强港，为国家发展作出更大贡献。

2022年，宁波海关聚焦市场主体，持续巩固压缩整体通关时间成效、提升贸易便利化水平，推动宁波外贸量增质升。国家口岸办通报显示，2022年12月，宁波口岸进出口整体通关时间分别较2017年压缩95.18%和98.98%，进出口压缩幅度位列全国榜首，出口排名首次跃居全国沿海主要口岸第1，进口继续保持第2。近年来，宁波市口岸办牵头海关、海事、边检等监管部门先后实施5轮促进跨境贸易便利化专项行动，多措并举优化口岸服务，营造稳定、公开、透明、可预期的口岸营商环境。

2. 宁波港压缩进出口整体通关时间的优化举措

第一，提供通关"绿色通道"。宁波港优化海事政务服务，允许国际航行船舶临时改港，完善跨境贸易信息公开机制，加强进出口环节监督，提升出口退（免）税便利度，努力提升企业获得感。宁波海关创新推出新能源汽车集装箱出口"一站式"监管模式，大幅提升出运装船效率。宁波海事局推出的"一船多证一次通办"机制被作为全国信用承诺优秀案例进行汇报展示。

第二，应用空箱通关无纸化以及优化进境周转空箱申报流程。为缓解外贸企业"用箱难、周转慢、手续繁"问题，宁波海关应用空箱通关无纸化以及优化进境周转空箱申报流程，让企业在线申报后可直接凭海关电子放行指令办理空箱提箱手续，实现了"船到即放，即放即提"。2022 年，宁波舟山港进口空箱通关时间较 2020 年压缩 70% 以上，空箱周转时间缩短 2 天以上。

第三，创新实施"临开不查"工作机制。宁波港的《避免船舶非必要延误》提案在亚太地区港口国监督备忘录组织通过，并成功推动相关规则修订，成为国际海事领域首个便利船舶运输的区域性国际规则。21 个成员国和地区将参照该方案，从技术层面有效避免检查活动对船舶造成的不必要延误，释放港口生产活力。2022 年，宁波海事局通过该机制对到港 2636 艘次临开船舶进行针对性评估，对 145 艘次船舶实施免检放行，减少船舶滞港时间 352 个小时。

3. 宁波港案例的经验借鉴

第一，坚持企业导向。在优化北部湾港口口岸营商环境提升跨境贸易便利化水平的过程中，应该始终坚持"企业导向"的原则和"伙伴关系"的理念，"相信绝大多数企业，服务绝大多数企业，便利绝大多数企业"应该成为优化北部湾港口口岸营商环境促进跨境贸易便利化工作的重点，尤其是要充分提升针对广大中小企业的跨境贸易便利化水平。

第二，倡导科技先行。完善和优化国际贸易单一窗口功能，应用大数据、云计算等先进技术提升跨境贸易便利化水平；加强跨部门、跨机构、跨区域的数据共享、信息共用，实现真正意义上的无纸化通关；充分利用先进技术装备，降低实际查验比率。

第三，加强合作交流。开展通关时间研究；支持相关部门加强与对口机构的交流与合作，推动国际贸易单一窗口的区域、国别合作对接。

（二）上海港：合理控制跨境贸易成本

1. 上海港的发展情况

上海位于我国南北海岸线中端、长江入海口，兼有江海航运之利，是典型的河口海岸城市。2005年，上海洋山深水港区一期工程建成投产，洋山保税港区同时启用。历经多年建设，上海港已成为全球第一集装箱大港，港口吞吐量自2010年起连续12年保持世界第一，港口连通度2022年继续居全球首位；航空客货服务能力亚洲领先。世界银行的数据显示，上海港航运口岸跨境贸易费用处于全国最低水平，为营造良好的营商环境打下了基础。

北京睿库贸易安全及便利化研究中心的数据显示，2022年，上海市水运口岸跨境贸易费用明显下降，进口11项常规费用中有8项收费平均费率不同程度降低，出口13项常规费用中有9项收费平均费率不同程度降低。根据世界银行《2021年营商环境报告》统计口径计算，对比亚洲其他主要口岸（东京、釜山、新加坡、香港、高雄），上海跨境贸易费用总体上明显更低。进口边境合规方面比亚洲其他主要口岸低10%左右，出口边境合规方面低20%左右。另外，在国内短途运输费用方面，上海与亚洲其他主要口岸相比同样处于最低水平。

2. 上海港合理控制跨境贸易成本的优化举措

第一，规范口岸收费行为。上海港严格执行运价备案制度，引导船公司合理调整收费结构。为进一步规范包括口岸收费在内的进出口各中间环节收费行为，上海港积极引导港口、机场、货站、堆场等各服务收费环节手续全面电子化，完善洗修箱线上管理系统，促进洗修箱"服务留痕、收费透明"。

第二，优化口岸收费公示制度。上海港持续推广国际贸易"单一窗口"口岸收费及服务信息发布系统，引导口岸收费主体通过"单一窗口"及时公示收费标准、服务项目等信息并动态更新。建设"单一窗口"移动版收费查询功能，便利用户随时随地查询比价。扩大船公司主要航线THC、文件费一站式公示范围。

第三，持续加强进出口环节收费价格监督检查。上海港督促口岸收费企业主动公开收费目录，主动接受社会监督，收费目录清单之外一律不得收费，同时强化口岸收费监督检查，畅通举报渠道，依法查处不执行政府定价和指导价、不按规定明码标价、未落实优惠减免政策等违法违规收费行为。

3. 上海港案例的经验借鉴

第一，代理作业环节降低费用。要进一步加快北部湾港设备交接单电子化、提货单电子化的实施，促进口岸作业无纸化水平进一步提升，加快海关检验检疫通关作业系统逐步融合，作业流程进一步简化优化，船代、货代、报关代理、陆上运输、堆场等环节的经营者主动合并、调减相关费用标准。

第二，口岸作业流程改造。北部湾港应建设物流平台让企业更便利、及时地查询货物到港进度，同时促进船公司和船代公司换单、放箱手续与海关放行指令的分离，通过系统性的优化解决传统流程中"串联"情形过多的问题，减少船公司以及船代公司的成本。

第三，落实交通运输部及国家发展改革委相关政策。地方应主动降低部分费用，同时船公司也应下调相关费用，各大主要船公司要下调码头操作费，对文件、单证类附加费应予以减免，进一步传导港口作业包干费降费效应。

（三）天津港：加快数字化转型

1. 天津港的发展情况

天津港，位于渤海湾西端，是京津冀及"三北"地区的海上门户、雄安新区主要的出海口，是"一带一路"的海陆交汇点，也是新亚欧大陆桥经济走廊的重要节点和服务全面对外开放的国际枢纽港，同世界上200多个国家和地区的800多个港口保持贸易往来，连续多年跻身世界港口前十强。作为北方港口的重要代表，近年来，天津港携手华为团队，规划了面向船舶、货物、集卡、安防、运营、设备六大领域14个落地项目，首次提出了"港口智能体"理念，即自治运行和无须人工干预的港口智能体。2022年，天津港通过应用人工智能、大数据、云计算、5G等先进技术，实现了港口经营的降本增效，并提出了"2028年集装箱吞吐量力争突破3000万标箱，国际枢纽港地位更加巩固，服务效率保持国际领先水平，智慧港口建设全球领先"的战略目标。

2. 天津港数字化转型的优化举措

第一，水平运输系统。天津港作为全球前十大港口，年集装箱吞吐量达到了1835万标准箱，全港员工达2万人，在码头现场有大量的作业人员，包括集卡司机、场桥司机、调度员、理货员等作业人员，以及现场安全巡视等安监人员。通过多年的自动化改造，天津港已经完成了场桥的远程操控改造、无人集卡的测试上线等工作。随着自动化程度提高，天津港需要一套水平运输系统来保证自动化设备更好地协调，以发挥自动化设备的最大优势。经过不懈尝试，天津港北疆港区C段的智能化集装箱码头顺利完成了无人集卡的联调联试，标志着天津港北疆港区C段智能化集装箱码头1号泊位联调联试取得成功。该方案经过5个月的设计和验证，集成应用了无人自动化轨道桥、无人驾驶电动集卡、远程控制无人自动驾驶岸桥等智慧港口"金牌产品"，在多项关键技术上取得了重大突破，天津港的数字化转型及智能升级之路迈出了标杆性的一步。

第二，港口智能调度。天津港每天有数十条船完成停靠、数百辆集卡在港区内不停地穿梭、数万集装箱完成装卸、数万辆外集卡进入港口提箱。这些操作都需要港口计划员来制订计划，依靠人脑去规划每天的作业。虽然天津港部分码头已经通过岸桥工作计划等工作方式提高了传统计划调度的作业效率，但是仍需要结合人工智能等最新技术，进一步提高调度和计划的智能化程度。天津港规划了岸桥工作计划、泊位分配、单船智能配载、智能堆场计划等场景。这些计划将结合港口的初始限制条件，采用人工智能技术和模型，通过现有配载员的经验数据和仿真系统，配合机器学习和自我训练，实现港口的高效调度。其中，智能堆场计划主要包括堆场空间资源分配及捣垛决策，堆场空间资源分配决策指的是安排船舶对应进出口箱应分别堆放在哪些堆存区段，以及如何分配集装箱到对应的箱位，最终达到装卸机械移动距离最小化的目的；捣垛决策是指在给定装卸船顺序的条件下，输出集装箱在堆场内的翻箱方案，达到倒垛率最小化的目的。港口智能泊位计划解决方案的架构为通过整合泊位资源、岸桥资源、船舶到港动态信息、港口机械、人力等相关保障数据信息，结合运筹优化算法，为运行管理人员的智能泊位计划等提供决策支持，最终提升了港口资源的综合效率。

3.天津港案例的经验借鉴

第一，信息枢纽建设方面，北部湾港应该加快自动化改造的进程，统筹港、航、贸等数据整合，推进交通运输各领域数据互联共享，进一步推行港口作业单证"无纸化"、全程服务"一站式"，提高物流便利化水平。

第二，新技术应用方面，北部湾港应大力推进基于5G、北斗等的新型基础设施建设，在集装箱码头开展自动驾驶示范区建设，加快大型装卸设备自动化和智能化改造。同时，持续深入智慧化建设，实现规模化应用智能水平运输工具，早日建成国际领先的港口智能管控中心。

五　北部湾港口岸营商环境的优化路径

1.进一步提升通关便利化水平

第一，提升北部湾港口岸作业效率。在北部湾港各码头全面推进"船边直提"（进口货物）和"抵港直装"（出口货物），力争将集装箱进出口环节总作业时间分别控制在6个小时和3个小时，有效提升通关效率，提供稳定的通关预期。

第二，深化业务协同。支持海关监管和非海关监管同步作业，推动货物同船运输模式发展，实施"7×24小时"预约通关保障，力争对口岸查验报关单的海关查验时间不超过4个小时，对查验正常报关单，海关办结放行时间不超过1个小时。

第三，全面实施业务线上办理。全面推行查验环节信息化流转，支持选用"无陪同"查验，推行查验流程可视化；推进"智能审图""先期机检"等非侵入式查验。

第四，将进口铁矿等货物的品质检验调整为依企业申请实施，采取"先放后检""快检快放"，压缩货物通关时间；全面推行"提前申报""两步申报"，进一步落实"先声明后验证"、第三方检验采信等创新举措。

第五，建立口岸码头、代理、海关之间的全链条无缝衔接机制，提前了解卸货港条件及货物计重方式，跟踪船舶装卸动态，避免船舶滞港。

2. 规范跨境贸易收费

第一，加大力度协同落实《清理规范海运口岸收费行动方案》。进一步引导船公司（班轮公司）规范、调整收费结构，取消不合理附加费，严格执行运价备案制度。落实好港口建设费到期后续政策。

第二，归并精简港口收费项目，规范港外堆场收费行为，将港口设施保安费纳入港口作业包干费，制定集装箱洗箱、修箱、验箱服务规则。

第三，宣传推广"单一窗口"口岸收费及服务信息发布系统，落实进出口环节收费目录清单公示制度，强化"单一窗口"的收费标准公示及动态更新功能，增强口岸收费透明度和可比性，做到目录清单之外不得收费。

第四，加强口岸收费监督检查，通过"双随机、一公开"等方式抽查检查口岸收费情况，依法查处进出口环节各种违法违规收费行为，并及时向社会公布，营造良好口岸收费秩序。

3. 深化"智慧口岸"建设

坚持科技先导、创新驱动、需求导向，深化北部湾港口岸数字化转型。

第一，提升口岸数字化监管效能。建立北部湾港口岸进出境货物数据库，实时比对在港货物数据，提升精准监管效能；扩大对"专精特新"企业等重点企业以及"新三样"商品定向适用便利化范围，加强北部湾港口岸物流信息共享，全面提供"一站式"信息服务。

第二，支持"单一窗口"功能全链条拓展。探索"单一窗口"信息化系统，建立货主、代理、船公司、码头、车队之间数据交换传输渠道，简化单证保管程序，避免人为操作失误，提高信息采集效率和准确性。配合推动"单一窗口"由通关执法向口岸物流、贸易服务等全链条功能拓展。

第三，打造全物联网集装箱码头。加强数字监管平台、智能化装备科技投入；联手华为等智慧港口行业企业，引入物联网技术和新一代智能水平运输机器人，对"人—车—箱—船—机—场"六大要素实现动态厘米级高精度定位，提高集装箱码头船舶平均作业效率，降低单箱的综合能耗。

第四，促进先进信息技术与港口作业深度融合。实施集装箱码头、堆场等装卸工艺流程智能化升级，打造一体化智能化的港口智能运营集成系统，建设智慧信息平台，加快推进国际贸易"单一窗口"升级版、"智慧湾"系统和"一站式"服务平台建设，加强与北部湾国际门户港公共信息平台对接，推动与通道沿线省（区、市）信息互通共享，推动港口、铁路、口岸、金融、贸易等信息系统衔接。

4. 切实提高商事服务水平

第一，优化高级认证企业激励机制，赋予高级认证企业更多政策红利。推动 RCEP 海关监管创新试验基地功能升级，指导企业准确选择协定税率。落实对"专精特新"企业差异化支持措施，"一企一策"实施精准服务。

第二，实施柔性执法，推进主动披露制度实施。依法化解执法争议纠纷。继续压缩许可办理时限，营造公平公正、稳定透明、可预期的法治环境。

第三，打造高效行政审批环境。加快行政审批制度改革，促进审批标准化、规范化；建立健全行政审批目录制度，实行"一口受理"服务模式，推行"一窗受理，一窗出件"的业务审批模式，优化简化项目审批流程；推动全面实行行政许可事项清单管理；持续压缩进境动植物检验审批办理时长。

第四，提升跨境贸易服务水平。加大跨境电商平台企业、外贸综合服务企业、中小微企业等经营主体的信用培育力度。探索建立 AEO 企业守法水平评价模型，完善"认证—评估—管理"流程。落实鼓励外商投资产业目录，支持先进技术设备和关键零部件进口，引导龙头项目集聚发展。

第五，深入实施北部湾港集装箱进出口对标提升工程，进一步提高港口物流效率和服务水平。加大港口提效降费优服力度，实施北部湾"阳光口岸"工程，推动进出口单证合规、边界合规的时间和成本达到国内一流港口水平。高度重视企业发展的需求，加大相关政策扶持的宣传引导力度，提高企业对优惠政策的理解，用好用足相关优惠政策，让企业切实感受到本地货源走北部湾港更加优惠。建设并发挥"口岸服务热线"等政务服务"好差评"平台监督作用，提升窗口服务质量，提升企业获得感。

第六，组织开展 RCEP 等专题培训。指导重点企业进行自贸协定税率比较和分析，灵活选择最优自贸协定方案；帮扶企业获得经核准出口商资质，支持企业自主出具原产地申明；加强企业应享惠未享惠调研，引导企业充分利用关税减让措施。

5. 推动营商环境—产业协同—区域港口一体化联动发展

第一，深化北部湾区域通关一体化合作。强化口岸—属地海关协同。推进联运中转业务，联动推动"海铁联运"多式联运业务模式发展。对进口转关货物适用"离港确认"模式，将口岸作业环节由"串联"变为"并联"。推广落实真空包装等高新技术货物一体化布控查验模式，解决真空、防光、防尘包装等高新技术产品及配套货物不能在口岸开拆查验的困难。

第二，拓展区域港口联动合作空间。深化与港航、物流、铁路、金融等领域龙头企业的战略合作，打造更多合作示范项目。联动海南自由贸易港发展，以股份、航线、通关等合作为切入点推进北部湾港和洋浦港一体化发展。依托西部陆海新通道和中欧班列，加强与"一带一路"节点城市的联动合作，推进多式联运深度融合发展。完善铁路、公路、航空等领域货运信息系统平台，打通信息壁垒，探索多式联运条件下电子运单共享，实现运力信息可查、货物全程实时追踪。

第三，畅通国际交通物流网络。推动与周边各国跨境国际物流运输车辆、集装箱统一标识互认和便利通行。打造部分特色产品边海精品线路。打造中国—中南半岛跨境运输物流链。结合中国—中南半岛跨境物流运输通道，建设中、越、老、泰、柬、马、新七国跨境运输联盟和跨境物流园区，推动企业升级改造沿线物流设施，加快推进中国—中南半岛（泛亚东线）

跨境铁路运输发展。

第四，构建"港口+产业"一体化发展格局。发挥"一湾相挽十一国、良性互动东中西"的优势，主动对接、联动粤港澳大湾区、海南自贸港和长江经济带发展，共建跨区域梯度产业链，积极承接电子信息、轻工家电、装备制造、海洋产业、高端家具、生物医药等领域产业转移，引进共建经济园区、出口加工基地。发展"飞地经济"，强化成渝、滇桂、陕甘等区域之间的产业贸易协作，以国际合作园区、"两国双园"、跨境经这合作区等形式扩大西部地区与东盟等地区的国际产能合作，打通北部湾港"港口+产业"开放发展"任督二脉"。

参考文献

赖文光：《"智慧+服务+创新"打造优质港口营商环境任重道远》，《中国港口》2023 年第 1 期。

北京睿库贸易安全及便利化研究中心、中国报关协会：《2021 年十大海运集装箱口岸营商环境测评研究报告》，2021 年 12 月。

北京睿库贸易安全及便利化研究中心、中国报关协会：《2020 年十大海运集装箱口岸营商环境测评研究报告》，2021 年 1 月。

杨晓光：《我国港口营商环境进展及展望》，《中国港口》2021 年第 5 期。

覃鸿图、吴洵峰：《助企降本增效 提升港口实力》，《广西日报》2023 年 6 月 19 日。

张哲辉：《优化营商环境背景下港口收费及 THC 等海运附加费问题》，《中国港口》2020 年第 3 期。

盟岩：《中国港口：优化营商环境一直不遗余力》，《中国港口》2019 年第 11 期。

杨晓光、孟文君、王伟等：《我国港口企业营商环境评价及建议》，《中国港口》2019 年第 8 期。

刘国庆：《我国港口口岸营商环境评价体系构建》，《集装箱化》2021 年第 3 期。

张一鸣：《海南自贸港一流营商环境建设全面提速》，《中国经济时报》2022 年 12 月 27 日。

海南省人大常委会法制工作委员会、海南省发展和改革委员会：《海南自由贸易港优化营商环境条例解读》，《海南日报》2021 年 10 月 18 日。

Hui S. C., "Demand Analysis with a View to Training Shipping & Port Logistics Professionals for Yeosu-Gwangyang Port in Global Business Environment", *The e-Business Studies* 6 (2019).

Wang J., Deng Q., Xu Y., "The Free Trade Port in Hainan Business Environment Evaluation Index System", *Proceedings of 2019 2nd International Workshop on Advances in Social Sciences* (2019).

B.4

"港口物流—临港产业—区域经济"
耦合协调发展评价研究

朱芳阳　欧阳雪莲　蒋唯一　游　勇*

摘　要： 港口物流、临港产业和区域经济三者协调发展是加快构建现代化经济体系的现实需要。本报告通过对北部湾港港口物流、临港产业和区域经济发展现状的梳理和理论分析、三者各自发展水平及协调发展进行评估，进而对三者的协调发展现状进行总结。研究表明，北部湾港"港口物流—临港产业—区域经济"的耦合协调度经历了失调—初级协调—中级协调—良好协调的转变，其耦合协调度仍有一定的优化空间；港口物流、临港产业和区域经济两两之间的耦合驱动不足，制约了三者协调发展水平提升；港口各年度完成的水运固定资产投资额、临港产业从业人员、规模以上工业企业利润和实际利用外资对"港口物流—临港产业—区域经济"未来的协调发展影响较大。由此，本报告从加强港口分工协作，完善港航基础设施建设；夯实临港产业配套基础，打造现代化临港产业集群；推动城市群建设，达成区域协同发展方面提出了对策与建议。

关键词： 港口物流　临港产业　耦合协调发展

---

* 朱芳阳，博士，北部湾大学教授，博士生导师，陆海新通道北部湾研究院首席专家，广西高校人文社会科学重点研究基地——北部湾海洋发展研究中心研究员，主要研究方向为海洋资源产业化开发、港口物流等；欧阳雪莲，北部湾大学在读硕士研究生，主要研究方向为港口物流；蒋唯一，北部湾大学在读硕士研究生，主要研究方向为港口物流；游勇，北部湾大学在读硕士研究生，主要研究方向为港口物流。

一 研究背景

北部湾港背靠大西南、毗邻粤港澳、面向东南亚，地理位置优越，在西部大开发战略格局和国家对外开放大局中具有独特地位，尤其对更好打造广西沿海经济增长带，推动区域协调发展具有十分重要的意义。北部湾港由钦州港、北海港、防城港港整合而成，沿海三市港口拥有优良港湾岸和独特的区位优势。近年来，在红利政策指引下，北部湾经济区紧紧抓住共建"一带一路"的良好发展机遇，港口基础设施建设已趋于完善，港航服务水平显著提升，港口设施条件不断优化，货物运输能力不断提升，航线网络不断加密完善。港口建设有效带动了地区经济发展、外贸增长和产业转型升级。其中，港口物流规模逐年扩大，依托现代化的港口和其配套设施处理大宗散货、矿山，集装箱等货物，现北部湾港港口群年吞吐量已经超过亿吨级别。同时，北部湾港注重发展多式联运，联通铁路、水路、公路等不同的运输方式，实现货物的快速高效运输。为了给货物集散、仓储、配送等环节提供便利，北部湾港积极推进物流园区建设，充分发挥港口所在地的区位优势，形成集疏运的完整链条。此外，广西北部湾经济区已建成 12 个重点产业园区，形成了以电子信息、石油化工、冶金等为主的现代临海工业体系。

港口作为海陆连接点和物流枢纽，日益成为城市经济发展的神经中枢。2019 年，在西部大开发即将步入第 3 个十年之际，国家发改委发布《西部陆海新通道总体规划》，要求建设重庆、成都至北部湾出海口的 3 条主通道，建设北部湾国际门户港，打造西部陆海新通道国际门户，赋予北部湾港新的历史使命。2021 年 2 月，《国家综合立体交通网规划纲要》将北部湾港定位为国际枢纽海港，建设北部湾国际门户港被列入国家"十四五"规划纲要。北部湾国际门户港的建设将有效连接"一带"与"一路"，密切联系广西北部湾经济区，依托地理区位优势充分利用优惠政策，规划布局重大产业项目，以临港产业支撑湾区经济发展。2022

年 4 月，国家发展改革委印发的《北部湾城市群建设"十四五"实施方案》，在优化城市群空间格局、推动交通设施互联互通、促进产业高水平分工协作等方面提出 35 项具体内容。该方案明确提出，到 2025 年，北部湾城市群进一步发展壮大，常住人口城镇化率提高 5 个百分点以上，一体化发展水平持续提升，生态环境优美、经济充满活力、生活品质优良的蓝色海湾城市群初步建成；到 2035 年，全面建成具有区域性国际影响力的品质一流的蓝色海湾城市群。2023 年 4 月，广西壮族自治区人民政府办公厅印发的《广西大力发展向海经济建设海洋强区三年行动计划（2023—2025 年）》，同样将港口与产业的协调发展置于首位，提出以港口和产业园区为载体，以精品化、链条化、集群化为目标，培育延伸向海产业链，加强沿海地区与内陆腹地产业联动，加快建设向海产业集聚区，构建现代向海产业体系。

在区域经济高质量发展的过程中，重点要关注港口、产业和腹地三者的协调发展。港口城市借助优惠政策和区位优势，集中力量建设港口，加速形成临港产业集群，促进港口腹地经济的高质量发展，从而形成港产城协调发展的良性循环。本报告的研究有利于进一步梳理北部湾港港口物流、临港产业和腹地经济发展的动态和趋势，掌握三者共同发展的匹配程度，动态调整现行政策，抓重点、补短板、强弱项，切实保障北部湾港港口物流、临港产业及腹地经济三者协同发展。

二　理论分析

耦合指两个或两个以上系统之间相互影响的程度，协调指各系统之间相互促进、协作配合、相辅相成的良性有序互动，协调发展是系统发展的目标。港口物流、临港产业与区域经济三大要素之间相互联系、协调互动、有机结合、共同发展，依托港口促进要素资源集聚，服务临港产业升级，推动港口岸线与后方土地统筹开发。实现港口型枢纽经济，将是未来港口以及所依托城市实现经济高质量发展的重点。

（一）港口物流与临港产业耦合机理

港口是地方经济发展的战略性资源，港口城市都致力于"以港兴城"，依托港口发展临港产业，发展外向型经济，实现区域经济繁荣发展。港口物流与临港产业耦合关联主要体现在两个方面。一方面，港口物流效率的提升能极大地推动临港产业规模经济效益。港口物流拥有良好的区位和运输优势，既可以为临港产业提供聚合型的服务，又可以为相关企业节省物流运输成本，可以说港口物流的发展加速了产业集聚的进程；港口物流规模的变化能直接反映港区对物流的需求，随着需求加大，港口物流业的发展也迅速壮大，规模经济效应凸显；物流基础设施建设的完善，能够增强港口物流服务的硬实力，进而助推港口物流产业升级。另一方面，临港产业集群的发展要求更高水平的港口物流综合实力。临港产业集群的发展需要有更好的物流配套服务，更高水平的服务要求会加速港口物流基础设施的完善和推动物流业朝着规模化、专业化的方向发展。总体而言，港口物流设施的建设为临港产业集群的形成和发展提供了重要保障，临港产业集群的形成和发展又为港口物流业提供了发展壮大的空间。由此可见，港口物流的发展与临港产业的产值增长存在耦合关系。

（二）临港产业与区域经济耦合机理

临港产业的发展作为区域经济高质量发展的重要影响因素之一，是不容忽视的重要部分。临港产业是指与港口有关系的产业，这种关系一方面表现为距离关系，另一方面表现为生产和服务关系，临港产业具有港口依托性、产业外向性、生态共生性等特征。我国国际市场范围随着经济全球化浪潮不断推进而逐步扩大，由此临港产业也迎来了新的增长点。临港产业与港口物流的协调发展可以带动临港产业集聚、发展与就业；了解它与其腹地经济发展的影响趋势和相关程度，有利于高效统筹港口腹地空间布局，合理规划临港产业发展方向，推动区域经济持续健康发展。临港产业的发展不仅具有明显的阶段性，还具有明显的分层特征，从里到外依次为共生产业、依存产业和关联产业。随着港城关系初始建立，首先发展起来的是共生产业，如港口装卸、运输业、仓储。随着港城联系进一步加强，产业链的进一步延伸，在优越交通条件的诱导下，以临港型工业为代表的依存产业逐渐发展起来，包括重化工业、制造业、加工业等。当港城关系发展到集聚和港城一体阶段，通过纵向和横向的产业联系，衍生出的为港口提供各种服务的关联产业（金融、保险、信息服务、旅游业、商业、娱乐等），逐渐成为新的经济增长引擎。临港产业广泛的产业关联产生的强大带动力，可以促进就业和提高产值附加能力，从而优化城市产业结构、吸引大量投资以及推动整个城市发展。临港产业的发展除了要紧密结合港口资源条件和地区政策外，也要密切关注与港口城市及周边腹地经济的状况。腹地经济好坏一定程度上影响投资吸引力，如果腹地资金充足，就能汇聚大量产业，从而该地区形成规模经济以达到规模报酬，最终各个产业都发挥出最大优势，促进整个临港产业发展更上一层楼。总之，临港产业的发展与区域经济的好坏是相互联系、相互促进、相互影响的互动模式，二者经耦合产生的经济效益远远大于它们各自单独运行所产生的经济效益之和。

（三）港口物流与区域经济耦合机理

港口物流是区域经济发展的重要组成部分。大部分学者认为港口物流与区域经济发展水平呈正相关，但因研究对象、指标体系和研究方法的侧重点不同，所得出的结论也有所差异。学者所研究的对象大多为沿海港口，近年来内陆港也备受关注。随着时间推移，港口物流与经济增长两者的协同度不断上升，其协同度受地理位置、地区特色、地区政策等方面的影响存在地区差异。港口物流发展可以促进区域经济的发展并可以取得巨大的经济效益。港口物流是其区域经济活动中生产、分配、流通、消费等环节在各部门和各地区之间实现有效联系的纽带。港口物流的发展在一定程度上反映和影响了区域经济的发展。对于港口物流平台的构建要从港口物流基础设施、物流设备配置等方面进行入手，同时，营造良好的港口物流发展环境可带动港口腹地经济的发展。宏观经济是影响港口物流发展的重要经济因素，区域经济发展所创造的经济财富是港口物流发展的助推器。

综上所述，港口物流、临港产业与区域经济所构成的是一个多层次、开放的复杂系统。三者的联动发展是在一定时间和空间范围内，依靠港口物流、临港产业与区域经济三个子系统之间，以及子系统内各指标构成要素之间的紧密联系，借助于相互之间支撑—反馈—互动的关系，形成相互促进的良性互动发展态势，通过共享人才、资金、技术以及信息等资源要素，提高资源配置效率，从而达到整体效益最大化，实现可持续发展的过程。

三 北部湾港港口物流、临港产业和区域经济发展现状

港口物流以临港产业为基础，临港产业又是发展向海经济的重中之重，依托大港口开拓临港产业从而实现区域大发展是现代经济不可违逆的一条重要规律。在构建"一湾双轴，一核两极"的城市群框架下，广西北部湾经济区城市群（南宁、钦州、北海、防城港、玉林、崇左）作为第一梯队被纳入了重点发展城市。北部湾港迎来了新的发展契机，经过对钦州港、北海港、防城港港的整合和重建，港口基础设施建设已趋于完善，港口物流规模逐年扩大，港航服务水平显著提升，港口综合收费达到一般水平，航运"一站式"服务体系基本形成。与此同时，广西北部湾经济区充分发挥地理优势和利用优惠政策，加快重大项目布局规划，建成12个重点产业园区，形成了以电子信息、石油化工、冶金等为主的现代临海工业体系，但当前广西北部湾经济区临港产业发展环境仍存在诸多难题。在经济建设与港口建设的同时，也要优化临港产业环境，实现"港口物流—临港产业—区域经济"之间的协调发展，发挥三者的协同效应。

（一）港口物流发展状况

北部湾港位于我国西南沿海，是中国内陆腹地进入中南半岛东盟国家最便捷的出海门户，地理位置和地缘条件得天独厚。近年来，随着"一带一路"倡议的提出和西部陆海新通道建设的推进，广西区内港口基础设施建

设取得了一系列重大成就，且趋于完善。随着对外贸易的持续增长，进一步提升港口物流水平显得尤为必要。北部湾港包括北海港、钦州港、防城港港三大临海港口，是广西北部湾经济区发展现代物流的重要平台。《广西北部湾港总体规划》明确了三个港口的功能定位：防城港港以大宗物资和集装箱运输为主；钦州港以集装箱干线港为发展目标；北海港则致力于发展为多功能综合性港口，业务范围主要是商贸和清洁型物资运输。经过近些年的不懈努力，北部湾港发展速度非常快，港口生产态势表现良好，港口吞吐量、沿海生产性泊位数及码头长度基本保持稳步增长的态势。从表1可以清楚看出北部湾港近12年来物流规模的扩大，且其货物及集装箱吞吐量的增速更是明显加快，2021年广西北部湾港的集装箱吞吐量已达601.2万标准箱，对比2010年的集装箱吞吐量（56.0万标准箱），增长了973.21%。2021年，北部湾港货物吞吐量排名由2020年的第15位跃升至全国沿海主要港口第9位，集装箱吞吐量排名由2020年的第11位跃升至全国沿海主要港口第8位。从图1中的增长趋势看来，北部湾港还在快速建设与崛起的过程当中。截至2021年末，北部湾港已建成274个生产用泊位，101个万吨级以上泊位。2010~2022年北部湾港生产性泊位数由217个增加到283个。港口的持续发展离不开相关政策和规划，这些年来，广西将大量固定资产应用于沿海建设中，其中2021年完成的水运固定资产投资额高达918267亿元，同比增长90.7%。北部湾港务控股集团发布的信息显示，截至2022年12月，北部湾港共开辟内外贸航线75条，其中外贸47条，内贸28条，通达全球100多个国家和地区的200多个港口；西部陆海新通道海铁联运班列开行量突破8800列，达到8820列，同比增长44%。2022年北部湾港首次开行北美西航线，实现欧美远洋航线零的突破，并实现了全国最大内贸集装箱船"中谷南宁"轮的首航。钦州自动化集装箱码头的建成，使得港口作业效率由17.3自然箱/时提升至23.9自然箱/时，同时集装箱船舶平均等泊时间也由18个小时大幅下降至5~8个小时内，效率大大提升。北部湾港为发展现代港口物流，从提高生产经营水平、提高生产服务水平、强化基础设施建设等方面入手不断提升港口物流服务水平。在未来港口规划中，北部湾港将持续提升码头航道设施能力，优化港区资源与功能布局，进一步完善集疏运体系，大力发展海铁联运和国际班列，促进智慧绿色安全港口的建设，推动海陆空联动发展，发挥北部湾港积极响应国家"一带一路"倡议的先锋带头作用。

表1　2010～2021年北部湾港港口物流发展现状

年份	货物吞吐量（万吨）	集装箱吞吐量（万标准箱）	生产性码头泊位数（个）	生产性码头长度（米）	完成的水运固定资产投资额（亿元）
2010	11923	56.0	217	24694	586907
2011	15331	74.0	227	27136	841277
2012	17438	82.0	240	30624	939877
2013	18673	100.0	241	30827	490269
2014	20189	112.0	249	33503	512440
2015	20482	142.0	256	35343	416987
2016	21728	180.0	260	36603	300000
2017	21862	227.9	263	37596	207000
2018	23986	290.1	265	37973	121601
2019	25568	382.0	268	39502	256811
2020	29567	505.0	271	40336	481498
2021	35800	601.2	274	40336	918267

资料来源：历年《中国港口年鉴》。

（二）临港产业发展状况

广西沿海三市（北海市、钦州市、防城港市）大力发展临港产业，全面贯彻落实工业强桂战略和工业振兴，工业产业链供应链现代化水平大大提升，向海经济取得了一定成效，2021年以来其生产产量和效率也随之恢复向好态势。

除2020年外，2010～2021年广西北部湾经济区规模以上工业生产总值总体保持高速增长态势（如图2所示），2021年经济区内规模以上工业生产总值增长率为11.7%。北部湾港临港产业主要包括海洋渔业、海洋运输、

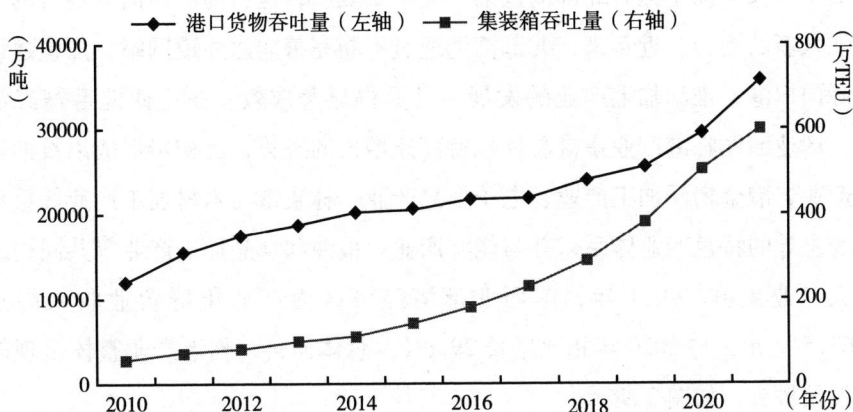

图 1　2010~2021 年北部湾港港口物流规模变化情况

资料来源：交通运输部。

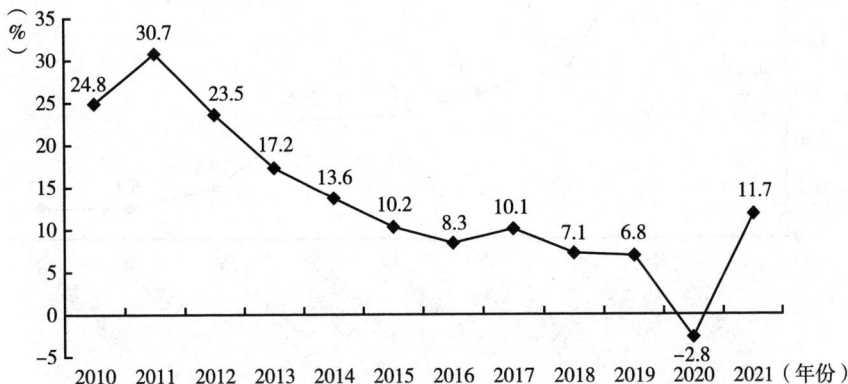

图 2　2010~2021 年广西北部湾经济区规模以上工业增加值年度增速走势

资料来源：广西壮族自治区北部湾经济规划建设管理办公室 2021 年统计年报。

滨海旅游等传统产业，以及新材料、新装备、新能源等新兴产业。传统产业方面，北海市铁山港区以港口为龙头，重点发展海洋渔业和滨海旅游业。同时，该港区积极推进海洋牧场建设，加强海洋生态保护，提高渔业资源利用效率。新兴产业方面，广西北部湾经济区重点打造高端金属新材料、绿色化工新材料、电子信息等"三千亿级"临港临海产业集群。这些新兴产业的发展，不仅有助于提升北部湾港的产业集聚效应，也将为广西向海经济的发展注入新的活力。近年来，北部湾港通过不断完善向海通道网络，加快建设国际门户港，推动临港产业的发展，已取得显著成效。在广西北部湾经济区，产业园区临港产业集群总体保持高速增长的态势，已初步形成以石油化工产业、冶金精深加工产业、电子信息产业、林浆纸与木材加工产业等重化工为主导的特色产业体系，并与能源产业、粮油和食品加工产业等共同构成八大产业集群。2021 年，广西北部湾经济区内产业集群营业收入高达9863.5 亿元，与 2020 年相比增长 29.0%。总体而言，临港产业整体呈现较好发展势头，如图 3 所示。

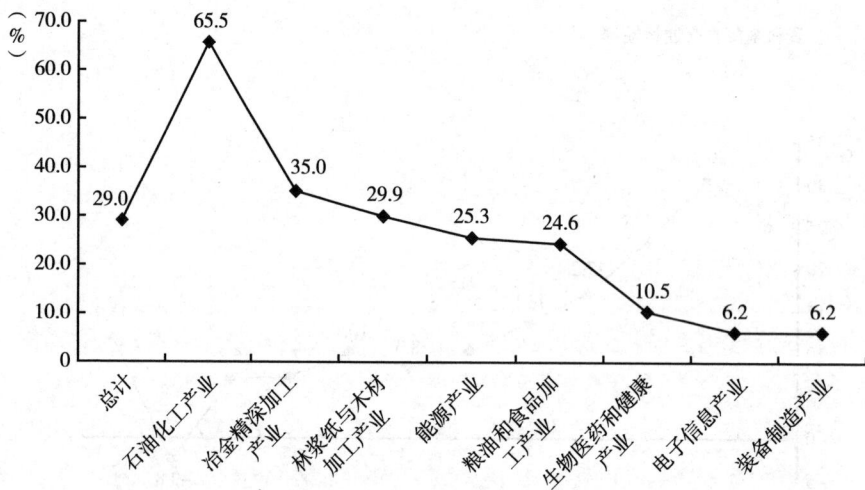

图 3　2021 年广西北部湾经济区八大产业集群营业收入增速

资料来源：广西壮族自治区北部湾经济规划建设管理办公室 2021 年统计年报。

随着北部湾国际门户港的不断建设，广西北部湾经济区内还布局了诸多产业园区，现设有广西—东盟经济技术开发区、南宁六景工业园区、南宁高新技术产业开发区、南宁经济技术开发区、北海经济技术开发区、北海铁山港工业区、防城港经济技术开发区、玉林龙潭产业园、广西凭祥综合保税区和自贸区钦州港片区 10 个重点产业园区。北部湾港产业园区重点发展钢结构及机械装备、钢铁、商贸物流、生物制药、保税物流、加工贸易、仓储物流、信息技术、港口配套服务等产业。2021 年广西北部湾经济区内重点产业园区呈现出良好的增长态势，如图 4 所示。其中玉林龙潭产业园（70.00%）、防城港经济技术开发区（55.80%）、自贸区钦州港片区（51.20%）、北海铁山港工业区（39.20%）、广西凭祥综合保税区（32.72%）和广西—东盟经济技术开发区（23.20%）等园区实现快速增长，南宁经济技术开发区（11.80%）、北海经开区（5.10%）等园区保持平稳增长，南宁六景工业园区（−2.15%）为负增长。

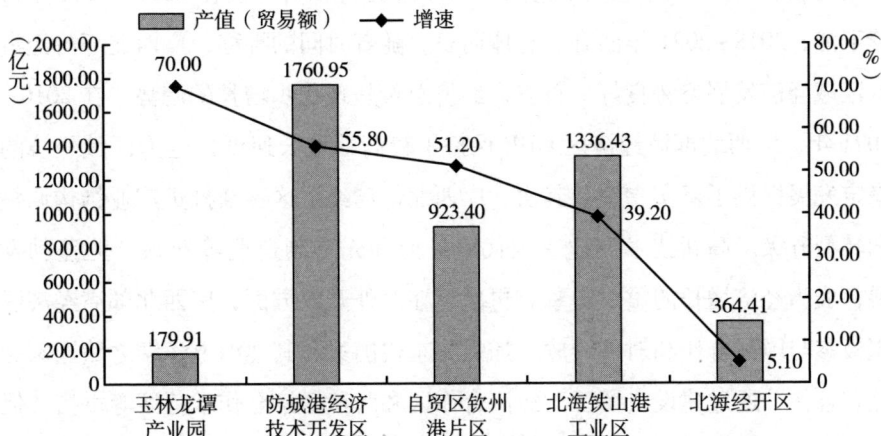

图 4　2021 年广西北部湾经济区主要园区产值（贸易额）情况

资料来源：广西壮族自治区北部湾经济规划建设管理办公室 2021 年统计年报。

（三）区域经济发展现状

对于一个省份或者地区来说，地区生产总值（GDP）最能直观体现其经济景气或萧条。广西沿海港口北部湾港的经济腹地包括南宁、钦州、北海、防城港、玉林、崇左，其中首府南宁主要凭借高新技术产业、加工制造业、商贸和金融等的发展来带动广西北部湾经济区甚至是整个广西的发展；钦州、北海和防城港作为主要沿海城市，充分发挥着其天然的地理优势带动沿海经济发展；玉林和崇左凭借新的合作社和试验区也极大地推动了整个广西北部湾经济区的发展。2010 年广西北部湾经济区的 GDP 为 4275.37 亿元，2021 年已经达到 12148.78 亿元，发展势头迅猛，由图 5 可以看出：经济区内生产总值（GDP）在 2010~2021 年一直处于稳步增长状态；第二产业产值在 2015 年出现轻微下滑后，2016 年又有所回升，之后的几年也一直处于稳步增长状态；第三产业产值在 12 年间一直处于增长状态，2021 年达到 6562.05 亿元。此外，区域内进出口贸易总额在 2010~2021 年一直处于增长态势，而区域内实际利用外资呈现不稳定状态，在 2010~2013 年处于稳步增长状态，在 2014 年急剧下滑后，2015 年迅速回升，但在 2016~2018 年持续下滑，2018~2021 年回升。总体而言，随着时间的推移，广西北部湾经济区区域经济发展态势良好。首先，经济总量呈现稳步增长的趋势。在 2010~2021 年，广西北部湾经济区 GDP 保持了较高的增长速度，这为区域经济的稳定发展提供了坚实支撑。其次，广西北部湾经济区逐渐推进产业结构调整和转型升级。高新技术产业、现代服务业和先进制造业等新兴产业蓬勃发展，成为经济增长的重要引擎。再次，在对外开放方面，广西北部湾经济区积极参与国际合作和对外开放，加强与东盟国家和其他海上丝绸之路国家的经贸合作。通过建设自贸区、经济合作区和跨境经济合作示范区等举措，促进了区域间的贸易往来和投资合作，推动了经济的跨国流动和融合。与此同时，在发展基础设施方面，广西北部湾经济区不断加大对基础设施建设的投资力度，包括港口、铁路、公路、机场等基础设施的扩建和升级，提高了区域内外的物流运输效率，促进了产业发展和贸易流通。最后，在环境保护与可持续发展方面，广西北部湾经济区注重生态环境保护与可持续发展，加强环境治理，推动绿色经济发展，致力于打造宜居、宜业的发展环境。综上所述，广西北部湾经济区呈现经济稳定增长、产业结构优化、对外开放扩大、基础设施完善以及环境可持续发展等趋势，但由于广西沿海地区经济发展程度和地区知名度均比不上临近的粤港澳大湾区以及其他国内更先进的经济区，外商投资不足的问题亟待解决。

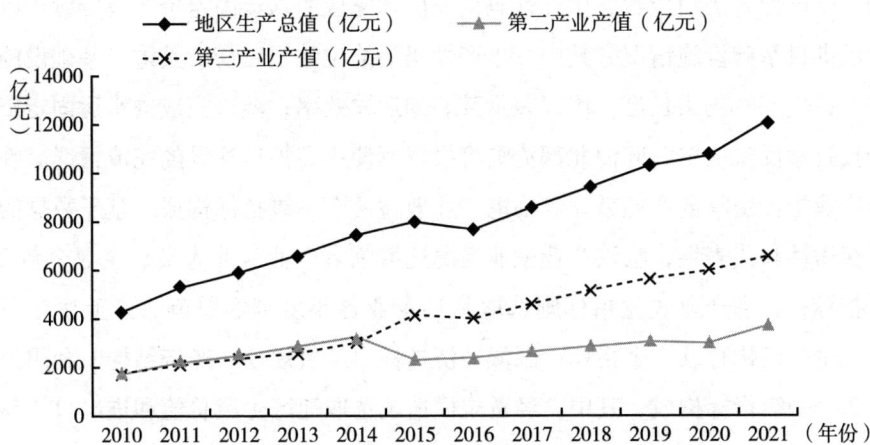

图5　2010~2021年广西北部湾经济区区域经济指标产值情况

资料来源：广西壮族自治区北部湾经济规划建设管理办公室2021年统计年报。

四　北部湾港港口物流、临港产业和区域经济实证分析

（一）指标体系的构建与分析方法

1. 构建指标体系

为有效测度广西北部湾经济区"港口物流—临港产业—区域经济"的协同度，评价"港口物流—临港产业—区域经济"的协调发展水平，本报告借鉴已有相关研究成果，结合北部湾港和广西北部湾经济区实际发展情况，分别构建港口物流、临港产业、区域经济协调度评价指标体系（见表2）。

港口物流指标既要考虑投入指标也要考虑产出指标，本报告设定港口物流规模与港口基础设施两个一级指标。港口物流子系统选取货物吞吐量和集装箱吞吐量用以表示港口物流的规模，其中货物吞吐量代表港口装卸货物的总量，包括散装货、液体散货、干散货等，其数值大小反映港口的发展水平和发展规模；集装箱吞吐量是指一段时间内港口进口和出口集装箱数量的总

和。生产性码头泊位数、生产性码头长度和完成的水运固定资产投资额用以表示港口基础设施情况，其中，生产性码头泊位数用以衡量其港口基础设施水平；生产性码头长度，用以表示其装卸运输效率；港口完成的水运固定资产投资额反映一定时间内北部湾港将投资额使用在港口建设的完成情况。临港产业指标由临港产业就业和临港产业效益两个一级指标构成。基于数据的可获得性和代表性，临港产业就业情况选取临港产业从业人员、企业个数 2 个指标；临港产业效益指标则选取临港企业各年度利润总额、工业生产总值、金融机构存款 3 个指标。区域经济指标由经贸规模、经济结构、利用投资 3 个一级指标构成，其中，经贸规模情况选取地区生产总值和进出口贸易额 2 个指标；经济结构选用第二产业占 GDP 比重、第三产业占 GDP 比重表示；利用投资情况选用实际利用外资、社会固定资产投资额表示。整个评价系统一共 16 项指标，如表 2 所示。

2. 数据来源

为了准确评价广西北部湾经济区"港口物流—临港产业—区域经济"的总体态势，比较相关港口城市的差距，笔者利用获得的统计数据计算港口物流、临港产业、区域经济系统在 2010~2020 年的复合系统协同度以及影响协调发展的障碍因素，相关数据主要来自历年《广西统计年鉴》《中国港口年鉴》。

表 2　港口物流、临港产业及区域经济协调度评价指标

指标分类	一级指标	二级指标	代号	指向
港口物流指标	港口物流规模	货物吞吐量	X_1	正
		集装箱吞吐量	X_2	正
	港口基础设施	生产性码头泊位数	X_3	正
		生产性码头长度	X_4	正
		完成的水运固定资产投资额	X_5	正
临港产业指标	临港产业就业	从业人员	Y_1	正
		企业个数	Y_2	正
	临港产业效益	利润总额	Y_3	正
		工业生产总值	Y_4	正
		金融机构存款	Y_5	正

指标分类	一级指标	二级指标	代号	指向
区域经济指标	经贸规模	地区生产总值	Z_1	正
		进出口贸易额	Z_2	正
	经济结构	第二产业占 GDP 比重	Z_3	正
		第三产业占 GDP 比重	Z_4	正
	利用投资	实际利用外资	Z_5	正
		社会固定资产投资额	Z_6	正

（二）分析方法

1. 耦合协调模型

（1）熵值法赋权

熵值法是根据各指标值的变异程度所反映的信息量来确定权重。具体来说，熵值越小，信息量就越大，该指标的权重就越大。熵权的计算方法分为四步。

第一步：指标标准化处理。其中，i 表示年份（$i=1$，2，3，…，n），j 表示指标（$j=1$，2…，m），m 为评价指标数，n 为评价年份数。

正向指标：

$$Y_{ij} = \frac{X_{ij} - \min X_j}{\max X_j - \min X_j} \tag{1}$$

负向指标：

$$Y_{ij} = \frac{\max X_j - X_{ij}}{\max X_j - \min X_j} \tag{2}$$

其中，Y_{ij} 为规范化值，X_{ij} 为第 j 个指标第 i 年的原始值；$i=1$，2，3，4，5，…。

第二步：指标归一化处理，计算第 j 个指标第 i 年的比重 P_{ij}，并计算第 j 个指标的信息熵 E_j。

$$E_j = -\frac{1}{\ln n} \sum_{i=1}^{n} P_{ij} \ln P_{ij} \tag{3}$$

$$P_{ij} = \frac{Y_{ij}}{\sum_{i=1}^{n} Y_{ij}} \tag{4}$$

若 $P_{ij} = 0$，则：

$$\lim_{P_{ij} \to 0} P_{ij} \ln P_{ij} = 0 \tag{5}$$

第三步：计算相关指标的权重 W_j。

$$W_j = \frac{G_j}{\sum_{j=1}^{n} G_j} \tag{6}$$

其中，差异系数 G_j：

$$G_j = 1 - E_j \tag{7}$$

第四步：加权算数平均模型。多指标综合评价中，通过数学模型将指标进行合成表示各系统的综合评价值。

$$U_i = \sum_{j=1}^{m} Y_{ij} W_j \tag{8}$$

其中，U_i 为第 i 年各系统的综合评价值，Y_{ij} 代表各年度各指标标准化处理后的值，W_j 代表各项指标权重。

（2）耦合协调计算

耦合度和耦合协调度分别度量系统间的相互作用和系统在发展过程中彼此和谐一致的程度，运用"耦合协调度"模型能够评价社会经济系统之间的协调发展程度。两者或者三者耦合协调一般化公式如下所示：

$$C_1 = \frac{2\sqrt{U_1 \times U_2}}{U_1 + U_2} \tag{9}$$

$$T_1 = a U_1 + b U_2 \tag{10}$$

$$D_1 = \sqrt{C_1 \times T_1} \tag{11}$$

$$C_2 = \frac{3\sqrt[3]{U_1 \times U_2 \times U_3}}{U_1 + U_2 + U_3} \tag{12}$$

$$T_2 = a U_1 + b U_2 + c U_3 \tag{13}$$

$$D_2 = \sqrt{C_2 \times T_2} \tag{14}$$

其中，C_1、C_2为耦合度；T_1、T_2为综合发展指数；D_1、D_2为耦合协调度；U_1、U_2代表港口物流子系统、区域经济子系统或者临港产业子系统，当计算两个系统的综合发展指数时 $a=b=1/2$，当计算三个系统的综合发展指数时 $a=b=c=1/3$。耦合度和耦合协调度的取值范围均为 0~1，两者的数值越大越好，其评价标准分别如表3和表4所示。

表3　耦合度分类区间

数值	耦合程度
0	无关联状态
(0,0.3]	低水平耦合状态
(0.3,0.5]	拮抗状态
(0.5,0.7]	磨合状态
(0.7,1]	高水平耦合状态
1	良性共振耦合状态

表4　耦合协调度等级划分

耦合协调度区间	耦合协调度	排序	耦合协调度区间	耦合协调度	排序
(0,0.1]	极度失调	1	(0.5,0.6]	勉强协调	6
(0.1,0.2]	严重失调	2	(0.6,0.7]	初级协调	7
(0.2,0.3]	中度失调	3	(0.7,0.8]	中级协调	8
(0.3,0.4]	轻度失调	4	(0.8,0.9]	良好协调	9
(0.4,0.5]	濒临失调	5	(0.9,1.0]	优质协调	10

（3）耦合协调评价指标及其权重

运用公式（1）和公式（2）对所收集的各指标原始数据进行标准化处

理，再通过公式（3）至公式（7）计算得出港口物流、临港产业及区域经济的相关指标权重。从表5可以看出，北部湾港港口物流指标维度中集装箱吞吐量对于港口物流规模的贡献率达到37.38%，远大于货物吞吐量的16.13%。在港口基础设施中，港口完成的水运固定资产投资额对港口基础设施的贡献率达到20.35%，而生产性码头泊位数和生产性码头长度的贡献程度分别为12.61%和13.53%。在临港产业的各项指标中，规模以上工业企业利润总额和金融机构存款对临港产业的贡献率均在20%以上，临港产业从业人员、企业个数与工业生产总值对整个临港产业体系的贡献率低于20%。广西北部湾经济区第二产业占GDP比重对整个区域经济指标的贡献率最大达到23.79%；单从经贸规模来看，进出口贸易额的贡献率要稍大于地区生产总值，达到15.59%；在利用投资维度中，社会固定资产投资额比实际利用外资的贡献率更高。

表5　各指标权重一览表

港口物流	权重	临港产业	权重	区域经济	权重
X_1	0.1613	Y_1	0.1936	Z_1	0.1196
X_2	0.3738	Y_2	0.1368	Z_2	0.1559
X_3	0.1261	Y_3	0.2732	Z_3	0.2379
X_4	0.1353	Y_4	0.1729	Z_4	0.2263
X_5	0.2035	Y_5	0.2236	Z_5	0.1216
				Z_6	0.1388

2. 灰色关联模型

灰色关联分析是基于微观视角，依据灰色关联度分析系统各因素之间影响程度的一种研究方法。本报告采用灰色关联模型探究"港口物流—临港产业—区域经济"这个系统间各因素的关联互动作用。按照灰色关联理论，先选取子系统中的指标组成一个因子矩阵式；后利用灰色关联分析计算另一个子系统中的某一指标与该因子矩阵之间的相关系数。

$$(X_1^{'}, X_2^{'}, \cdots, Y_n^{'}) = \begin{bmatrix} X_{i(1)} & \cdots & Y_{(1)} \\ \vdots & \ddots & \vdots \\ X_{i(k)} & \cdots & Y_{(2)} \end{bmatrix} \qquad (15)$$

其中，k 指的是时间，X_i 为港口物流、临港产业或者区域经济各指标，$Y_{(k)}$ 为子系统中的某一指标。

第一步，对以上序列矩阵进行无量纲化处理，本报告采用初值法：

$$X_{i(k)}^{'} = \frac{X_{i(k)}}{X_{i(1)}} \qquad (16)$$

第二步：计算灰色关联系数，形成关联系数矩阵。

$$\xi_{i(k)} = \frac{\text{minmin} \mid Y_{(k)} - X_{i(k)} \mid + \rho_{\text{maxmax}} \mid Y_{(k)} - X_{i(k)} \mid}{\mid Y_{(k)} - X_{i(k)} \mid + \rho_{\text{minmin}} \mid Y_{(k)} - X_{i(k)} \mid} \qquad (17)$$

其中，ρ 为分辨系数（$\rho > 0$，一般取 0.5），ρ 越小分辨率力越大。

第三步：利用公式（18）计算灰色关联度 r。其关联度分类如表6所示。

$$r_i = \frac{1}{n} \sum_{k=1}^{n} \xi_{i(k)} \qquad (18)$$

表6 关联度分类区间

区间范围	$[0, 0.35)$	$[0.35, 0.65)$	$[0.65, 0.85)$	$[0.85, 1.0]$
关联程度	弱关联	中等关联	较强关联	极强关联

3. 障碍度模型

如果整个体系由于某项指标自身存在短板对整个体系带来负面影响，则说明这项指标具有一定的障碍度，其障碍度越大，对整个体系的负面影响就越大。障碍度 O_i 的计算如下公式（20）所示。引入因子贡献度（W_j）、指标偏离度（I_i）、障碍度（O_i）三个变量，其中因子贡献度（W_j）是某一指标对总协调目标的权重；偏离度（I_i）表示单一指标对总系统协调目标的差距，用公式（19）表示；障碍度（O_i）表示各指标对广西北部湾经济区港口物流、临港产业与区域经济协调总目标的阻碍程度。

$$I_i = 1 - Y_{ij} \tag{19}$$

$$O_i = \frac{I_i \times W_j}{\sum_{j=1}^{n} (I_i \times W_j)} \tag{20}$$

（三）港口物流、临港产业与区域经济耦合协调度分析

基于表5中的权重数据，根据公式（8）和公式（10）计算得到广西北部湾经济区港口物流、临港产业与区域经济各子系统的综合评价值和三个子系统的综合发展指数T。依据北部湾港每年的港口物流、临港产业以及广西北部湾经济区区域经济各维度的综合得分，衡量各年各个系统和整个体系的发展水平。由表7可以看到北部湾港港口物流的发展水平可以分为两个阶段。第一阶段为2010～2016年，北部湾港港口物流得分从0.1157分上升到0.3938分，处于较低的发展水平，港口物流发展缓慢。第二阶段为2017~2021年，2021年得分迅速上升至0.9946分。这主要得益于北部湾港受益于有利的区位优势（大西南地区出海最便捷的通道）和优惠的国家政策优势（如2019年所制定的《西部陆海新通道总体规划》）。此外，自2017年开始，北部湾港开始对老旧码头进行整治，更具有竞争的生产性泊位取代了港口的非生产性泊位。虽然临港产业和区域经济综合得分在某些年份存在波动的情况，但是整体而言还是呈递增趋势。临港产业综合得分从2010年的0.0450分增长到2021年的0.7537分；区域经济综合得分则从2010年的0.2739分增长到了2021年的0.7717分。从数据上看三个维度层基本维持了稳步增长的良好趋势，三个维度层整体综合得分（T值）从2010年的0.1449分增长到2021年的0.8400分，说明广西北部湾经济区区位优势已经有所凸显，国家政策也初见成效。

表7 广西北部湾经济区港口物流、临港产业和区域经济综合得分

单位：分

年份	港口物流	临港产业	区域经济	T 值
2010	0.1157	0.0450	0.2739	0.1449
2011	0.2576	0.2751	0.3342	0.2889
2012	0.3607	0.4166	0.4087	0.3953
2013	0.2736	0.4539	0.4533	0.3936
2014	0.3384	0.5386	0.4150	0.4307
2015	0.3687	0.4895	0.4553	0.4378
2016	0.3938	0.5491	0.4058	0.4496
2017	0.4196	0.6194	0.5107	0.5166
2018	0.4631	0.4167	0.5238	0.4679
2019	0.5903	0.3891	0.6047	0.5280
2020	0.7713	0.5002	0.6498	0.6404
2021	0.9946	0.7537	0.7717	0.8400

　　基于表7中的综合得分，再运用公式（9）至公式（14）分别计算广西北部湾经济区各子系统两两之间的耦合度以及三者共同的耦合度和耦合协调度 D，其计算结果如表8所示。从广西北部湾经济区"港口物流—区域经济—临港产业"耦合度计算结果来看，经济区内港口物流、区域经济和临港产业三者之间的耦合度除2010年外都在0.8以上，2011年就进入了高水平耦合状态，说明它们之间相互作用较大。广西北部湾经济区从最初的规划期（2006年）到2008年实施《广西北部湾经济区发展规划》以及接下来两年规划复批都牢牢将自身优势与国家战略相结合，在港口物流、临港产业和区域经济的发展中已经慢慢建立起相互联系相辅相成的格局，并在规划中期后进入强作用相互融合的阶段。港口物流与临港产业、港口物流与区域经济、临港产业与区域经济的耦合度有轻微波动但也基本处于高水平耦合状态。2010~2021年，不同时期实现这种高水平耦合度的主导力量却不尽相同。2010年是港口物流与区域经济所引领的高水平耦合阶段。2011~2017年是临港产业和区域经济共同引领的耦合阶段。2018~2021年，整个系统处于港口物流、临港产业和区域经济齐头并进的耦合有序阶段。随着港口物流

和区域经济的快速发展，其协调类型经历了港口物流滞后型—临港产业滞后型的转变。

表8 广西北部湾经济区港口物流、临港产业和区域经济耦合度分析

年份	港口物流与临港产业	港口物流与区域经济	临港产业与区域经济	三系统	类型划分
2010	0.8980	0.9138	0.6963	0.7770	临港产业滞后
2011	0.9995	0.9916	0.9953	0.9938	港口物流滞后
2012	0.9974	0.9981	1.0000	0.9980	港口物流滞后
2013	0.9688	0.9690	1.0000	0.9737	港口物流滞后
2014	0.9736	0.9948	0.9916	0.9820	港口物流滞后
2015	0.9900	0.9945	0.9993	0.9930	港口物流滞后
2016	0.9863	0.9999	0.9887	0.9884	港口物流滞后
2017	0.9813	0.9952	0.9954	0.9875	港口物流滞后
2018	0.9986	0.9981	0.9935	0.9956	临港产业滞后
2019	0.9787	0.9999	0.9762	0.9808	临港产业滞后
2020	0.9770	0.9963	0.9915	0.9846	临港产业滞后
2021	0.9905	0.9920	0.9999	0.9919	临港产业滞后

为了避免出现三个系统取值均低导致的整个系统高耦合度的"伪耦合"现象，表9引入综合协调指数来进一步测算耦合协调度。从耦合协调度的测算结果来看，三者耦合协调度由2010年的0.3355上升至2021年的0.9128，经历了从轻度失调到初级协调、中级协调再到优质协调的良性变化，保持稳定增长的发展态势。广西北部湾经济区"港口物流—临港产业—区域经济"耦合协调水平可以分为三个阶段。第一阶段为2010~2011年，耦合协调度由0.3355上升至0.5359，耦合协调类型由轻度失调过渡到勉强协调，港口物流、临港产业和区域经济整体水平需要进一步提高。第二阶段为2012~2020年，三系统协调发展关系由初级协调上升为中级协调，耦合协调度由0.6281上升至0.7941。第三阶段为2021年，三系统进入了联系紧密、相互促进的优质协调阶段。从2010年至2021年广西北部湾经济区的耦合协调度呈现递增趋势，区域内港口物流、临港产业和区域经济

相互作用的协同发展效果初现,协调程度明显提升,但仍有一定的上升空间。港口物流与临港产业、港口物流和区域经济以及临港产业与区域经济之间长期处于初级和中级协同水平范围,直至 2021 年才实现较强的协同。港口物流、临港产业和区域经济三者间耦合协调水平是三个系统同步健康发展的结果,某一子系统单独快速发展或者某两个子系统的协调发展,可能不会带来整个体系协调水平的提高,它们发展差距过大甚至会相互制约并对方发展产生阻碍效应。

表 9　引入综合协调指数后的港口物流、临港产业与区域经济的耦合协调度分析

年份	港口物流与临港产业	港口物流与区域经济	临港产业与区域经济	三系统	三系统耦合协调程度
2010	0.2686	0.4219	0.3332	0.3355	轻度失调
2011	0.5159	0.5416	0.5506	0.5359	勉强协调
2012	0.6226	0.6196	0.6423	0.6281	初级协调
2013	0.5936	0.5934	0.6735	0.6191	初级协调
2014	0.6534	0.6122	0.6876	0.6503	初级协调
2015	0.6518	0.6401	0.6871	0.6594	初级协调
2016	0.6819	0.6323	0.6871	0.6666	初级协调
2017	0.7140	0.6804	0.7499	0.7142	中级协调
2018	0.6628	0.7018	0.6835	0.6825	初级协调
2019	0.6923	0.7730	0.6965	0.7196	中级协调
2020	0.7881	0.8414	0.7550	0.7941	中级协调
2021	0.9305	0.9360	0.8733	0.9128	优质协调

(四)灰色关联模型分析

根据前文构建的指标体系以及各年度统计数据,采用 Stata 15 软件计算港口物流、临港产业与区域经济之间的关联度如表 10 至表 12 所示。三个子系统两两之间要素关联度系数处于 [0.5608,0.9800],两两子系统之间基本上相互关联关系较为密切,同时各因素间有明显差异。

按照关联度的分类区间，港口物流与临港产业各个要素之间的关联度大部分处于极强关联状态，关联度均高于 0.7，反映出港口物流与临港产业存在较强的互动联系。从数值上看，港口物流与区域经济各要素之间的关联度比港口物流与临港产业要低一些，两者小部分处于中等关联，大部分处于极强关联的状态。相对而言，临港产业和区域经济的指标关联度大部分都在 [0.65, 0.85]，处于较强关联的状态，仅金融机构存款与地区生产总值两项指标关联值高于 0.85，表明金融业对地区生产总值增长有着重要的推动作用，广西北部湾经济区内金融机构通过调动各个经济部门参与到发展区域经济的目标当中，从而激发各个行业，如采矿业、制造业、交通运输、仓储业等的活力。

表 10　港口物流与临港产业关联度分析

关联指标	X_1	X_2	X_3	X_4	X_5	均值
Y_1	0.8770	0.7061	0.9736	0.9450	0.9158	0.8835
Y_2	0.9203	0.7159	0.9431	0.9754	0.8802	0.8870
Y_3	0.9117	0.7249	0.9476	0.9516	0.8929	0.8857
Y_4	0.9143	0.7241	0.9461	0.9549	0.8826	0.8844
Y_5	0.9454	0.7435	0.8285	0.8680	0.7731	0.8317
均值	0.9137	0.7229	0.9278	0.9390	0.8689	

表 11　港口物流与区域经济关联度分析

关联指标	X_1	X_2	X_3	X_4	X_5	均值
Z_1	0.9758	0.7366	0.8547	0.8968	0.7989	0.8526
Z_2	0.6922	0.7300	0.6074	0.6354	0.5909	0.6512
Z_3	0.8473	0.6904	0.9464	0.9080	0.9409	0.8666
Z_4	0.8813	0.6967	0.9800	0.9544	0.9020	0.8829
Z_5	0.8572	0.6890	0.9384	0.9138	0.9403	0.8677
Z_6	0.8950	0.7536	0.7809	0.8175	0.7447	0.7983
均值	0.8581	0.7161	0.8513	0.8543	0.8196	

表 12　临港产业与区域经济关联度分析

关联指标	Y_1	Y_2	Y_3	Y_4	Y_5	均值
Z_1	0.6037	0.7029	0.7101	0.7002	0.8536	0.7141
Z_2	0.6151	0.6497	0.6574	0.6545	0.7068	0.6567
Z_3	0.8412	0.6992	0.7235	0.6955	0.5734	0.7066
Z_4	0.8128	0.7904	0.7729	0.7995	0.5608	0.7473
Z_5	0.8081	0.7261	0.7464	0.7514	0.5984	0.7261
Z_6	0.5979	0.6662	0.6726	0.6675	0.8444	0.6897
均值	0.7132	0.7058	0.7138	0.7114	0.6896	

　　为了进一步分析任意两个子系统间耦合的驱动因素，本报告将其测算出来的系统间各指标平均关联度进行排序，能够更加直观地反映出各微观要素的灰色关联度如图6至图8所示。

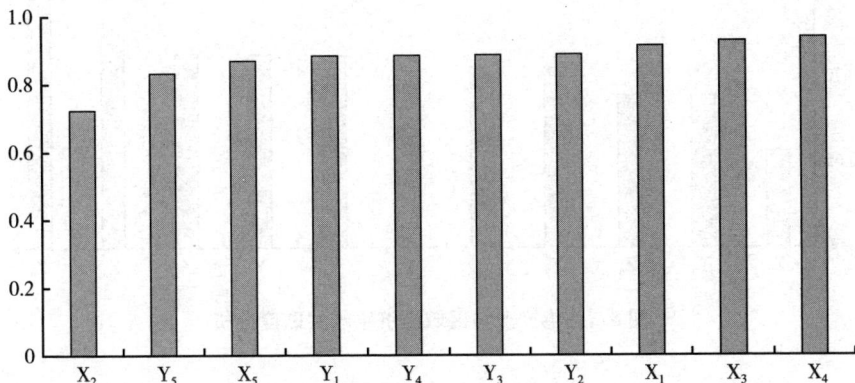

图 6　港口物流与临港产业平均关联度排序

　　从图6中可以看出，广西北部湾经济区港口物流与临港产业发展耦合关联度由到弱到强为 X_2、Y_5、X_5、Y_1、Y_4、Y_3、Y_2、X_1、X_3、X_4。两者间绝大多数指标的关联度均值高于0.8，只有 X_2（集装箱吞吐量）的关联度为0.7229，但也处于较强关联状态。这些指标成为推动港口物流与临港产业耦合发展的主要驱动因素，说明广西北部湾经济区内港口物流与临港产业发展存在长期的关联性。X_4（生产性码头长度）和 X_3（生产性码头泊位数）作

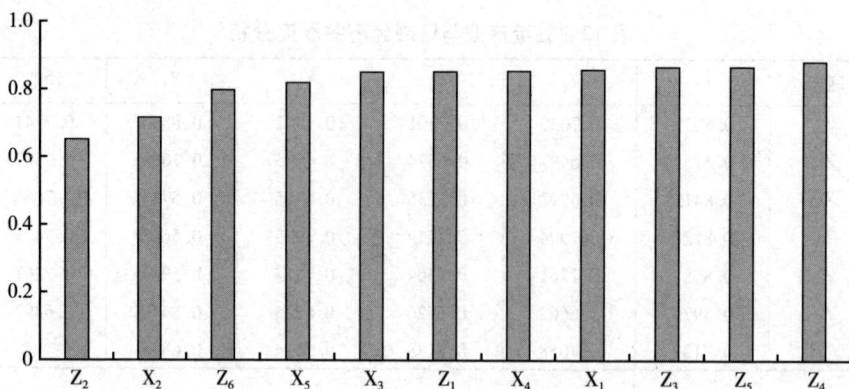

图7　港口物流与区域经济平均关联度排序

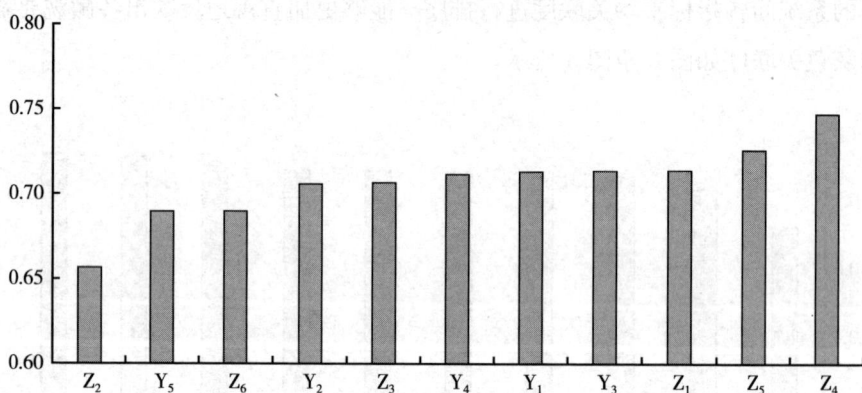

图8　临港产业与区域经济平均关联度分析

为港口物流与临港产业协同发展的重要驱动因素，其指标平均关联度在0.9以上，说明广西北部湾经济区港口基础设施功能的完善和港口物流逐渐形成的规模报酬有效促进了临港产业发展，国家战略和政府政策调控的有效性凸显。另外，临港产业与港口物流的关联程度处于较强水平，反映出北部湾港临港工业集群崛起和企业生产建设为港口带来了大量货源促进港口的大量产出，2021年北部湾港港口物流实现货物吞吐量3.6亿吨，同比增长21.6%。总体而言，临港产业与港口物流的协调发展水平仍有一定的上升空间。

从图7中可以看出，广西北部湾经济区港口物流与区域经济的耦合关联

度由弱到强分别为 Z_2、X_2、Z_6、X_5、X_3、Z_1、X_4、X_1、Z_3、Z_5、Z_4，港口物流与区域经济大多数指标均值集中在 [0.7，0.9]，其中 Z_4（第三产业占 GDP 比重）、Z_5（实际利用外资）和 Z_3（第二产业占 GDP 比重）与临港产业的关联度最高，另外，货物吞吐量、生产性码头泊位数与临港产业的关联度也处于较强水平，说明港口物流的发展与区域经济密切相关，这些也是推动港口物流与区域经济耦合发展的主要驱动因素。集装箱吞吐量和进出口贸易额与区域经济的关联度最低。查阅相关资料可知，广西进出口货物仅仅占全国货物运输总量的 15%，港口主要处理的货物有煤炭及其制品、金属矿石、石油和天然气及其制品、钢铁、机械设备等，但是存在广西货不走广西港的现象，因此广西北部湾经济区进出口总额与港口物流的发展的关联度相对较低。

从图 8 中可以看出，广西北部湾经济区临港产业和区域经济耦合关联度由弱到强分别为 Z_2、Y_5、Z_6、Y_2、Z_3、Y_4、Y_1、Y_3、Z_1、Z_5、Z_4，港口物流与区域经济大多数指标关联均值集中在 0.7 左右，其中 Z_4（第三产业占 GDP 比重）、Z_5（实际利用外资）和 Z_1（地区生产总值）与临港产业的关联度最高，反映出广西北部湾经济区经济总量和优良的投资环境有效促进了临港产业发展，得益于北部湾港良好的区位优势（沿海、沿边、沿江）和政策优势（重视并加强生产性服务业的发展），吸引大批企业前来投资使得更多资金流向临港产业，做大做强临港产业，进而又不断优化区域内产业结构，推动自治区向海经济发展，形成良性循环。2021 年，广西北部湾经济区八大产业集群营业收入高达 9863.5 亿元。经济总量、产业发展对港口物流发展有很大促进作用，需要继续保持相关产业与港口的协同合作。另外，Y_4（工业生产总值）、Y_1（从业人员）和 Y_3（利润总额）与区域经济的关联程度也处于较强水平，表明临港产业对区域间的经济发展举足轻重，一是为港口地区的经济贸易发展提供经济服务，二是大大推动港口城市的城市化进程，三是还带来了产业集聚效应。广西北部湾经济区内不同港口城市凭借各自优势发展当地经济，北海市以旅游产业为依托，以临港高新产业为辅助，重点发展国际商贸服务业、滨海旅游业、高新技术产业、海洋产业、文化教育产业等；钦州市根据历史发展特点重点布局以重化工业为主的临海工业，港口服务型的第三产业、现代特色农业和滨海文化旅游业等。进出口贸易额与临港产业的关联度最低，但也能反映出进出口贸易总额的增加直接影响临港产业就业规模、企业税收和外资流入规模，进而影响广西北部湾经济区进出口贸易的发展。

通过以上分析，从宏观上来看，临港产业和区域经济各指标间关联度相对较低的原因可能在于，当前，北部湾港临港产业结构差异较大，存在产业支撑力不足、产品的附加价值和科技含量偏低、港口经济主要依托重工业、高效的公共服务机构缺乏等诸多问题，而临港产业是一个城市经济的重要支撑，是城市产业结构调整的重要抓手以及资源要素的汇集中心，临港产业对于区域内经济发展的影响力还有待加强。从微观上来看，在广西北部湾经济区港口物流、临港产业和区域经济三大子系统的指标当中，集装箱吞吐量与临港产业和区域经济的关联性最低，进出口贸易额与港口物流和临港产业的关联性最低。外向型经济是一个国家或者地区积极参与国际分工和国际竞争，进而推动其经济发展和增长所建立的经济体系，集装箱吞吐量和进出口贸易额一定程度上能够反映外向型经济的发展水平，当前，广西北部湾经济区内外向型经济对于港口物流、临港产业和区域经济三大子系统的推动作用有限。

（五）港口物流—临港产业—区域经济障碍度分析

广西北部湾经济区"港口物流—临港产业—区域经济"耦合协调障碍度结果，如图9所示。从整体上来看，2010~2021年，"港口物流—临港产业—区域经济"的耦合协调障碍度数值有一定波动，但仍能明显看出总体的下降态势。2021年，临港产业障碍度最大，而区域经济障碍度的下降程度最大，从2011年的0.8725下降到2021年的0.0059。

为了能更好地分析制约广西北部湾经济区"港口物流—临港产业—区域经济"耦合协调的主要因素，现具体分析指标层。首先，运用公式（19）计算得出各指标偏离度，再将指标偏离度及表5中的权重代入公式（20）计算得到广西北部湾经济区"港口物流—临港产业—区域经济"协调发展

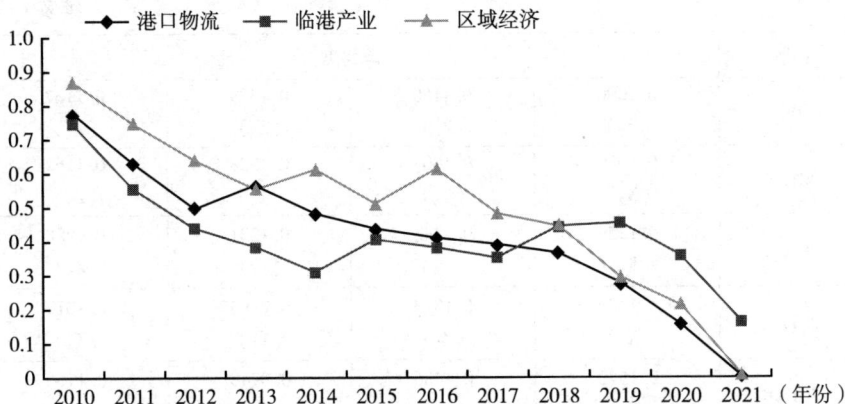

图9 2010~2021年"港口物流—临港产业—区域经济"耦合协调障碍度趋势

的障碍度。其次，对各年度障碍度数值排名前4的指标进行筛选，统计出影响广西北部湾经济区耦合协调度的主要障碍因子，其障碍指标及其障碍度如表13所示。影响广西北部湾经济区"港口物流—临港产业—区域经济"体系耦合协调度的主要障碍因子包括完成的水运固定资产投资额（7次）、实际利用外资（6次）、从业人员（5次）、工业生产总值（5次）、生产性码头泊位数（4次）、生产性码头长度（4次）、第三产业占GDP比重（4次）、利润总额（4次）、社会固定资产投资额（2次）、第二产业占GDP比重（2次）、金融机构存款（2次）、集装箱吞吐量（2次）、进出口贸易额（1次）。

表13 广西北部湾经济区障碍指标及其障碍度

年份	障碍度			
2010	0.2218 (X_3)	0.2249 (X_4)	0.1680 (Y_4)	0.1652 (Z_3)
2011	0.1829 (X_3)	0.1898 (X_4)	0.1515 (Y_5)	0.1453 (Z_4)
2012	0.1323 (X_3)	0.1396 (X_4)	0.1356 (Y_5)	0.1363 (Z_4)
2013	0.1284 (X_3)	0.1367 (X_4)	0.1289 (Z_4)	0.1298 (Z_6)

159

年份	障碍度			
2014	0.1096 (X_2)	0.1150 (Z_4)	0.1529 (Z_5)	0.1167 (Z_6)
2015	0.1029 (X_2)	0.1004 (X_5)	0.1328 (Y_4)	0.1167 (Z_3)
2016	0.1229 (X_5)	0.1243 (Y_4)	0.1231 (Z_2)	0.1288 (Z_5)
2017	0.1408 (X_5)	0.1373 (Z_5)	0.0993 (Y_1)	0.1012 (Y_4)
2018	0.1572 (X_5)	0.1486 (Y_1)	0.0940 (Y_3)	0.1766 (Z_5)
2019	0.1312 (X_5)	0.1707 (Y_1)	0.1115 (Y_3)	0.1078 (Z_5)
2020	0.0881 (X_5)	0.1197 (Y_1)	0.1065 (Y_3)	0.0822 (Y_4)
2021	0.0042 (X_5)	0.0997 (Y_1)	0.0620 (Y_3)	0.0059 (Z_5)

　　2010~2021年，影响广西北部湾经济区发展协调性的主要障碍因子中，生产性码头泊位数、生产性码头长度、第三产业占GDP比重的障碍度逐年降低，表明北部湾港基础设施建设不断完善，临港产业结构不断优化；工业生产总值的障碍度有一定波动，但整体呈下降趋势且在2021年其障碍度几乎可以忽略不计，表明近年来北部湾港临港工业产业蓬勃发展；完成的水运固定资产投资额、从业人员、利润总额和实际利用外资的障碍度经历了下降—上升—下降的转变，一定程度上阻碍了区域的协调发展。

　　港口建设是各国各地区经济发展必不可少的环节之一。港口物流项目建设平稳推进，不仅利于吸引外来投资进而扩大企业生产规模，同时还能解决当地一部分的就业问题，但广西北部湾经济区内仍存在一定的发展障碍。第一，国务院及广西壮族自治区人民政府制定了大力建设打造北部湾国际门户港的政策，然而，部分政策没有及时落实未能发挥促进港口发展的作用。第二，由于基础薄弱等，北部湾港港口物流发展仍存在一些不足，比如物流成本居高不下、集疏运体系不健全、通关效率低、港口业务协同能力低。2006~2021年广西北部湾经济区处于快速发展规划期。由于总体经济实力不强、产业发展单一、产业结构差异大、依托重工业发展，广西北部湾经济区区域经济的主要障碍因子为实际利用外资，尤其其产业以劳动密集型为主，附加值较低，不利于招商引资，成为吸纳人才和员工的绊脚石。

五　北部湾港港口物流、临港产业和区域经济协调发展建议

"港"是产业和城市经济发展的基石，"城"是港口及其产业发展的依托。深入推进"港口物流—临港产业—区域经济"一体化，有利于构建广西北部湾经济区高质量发展的格局。综合前文对广西北部湾经济区的研究分析，本报告为提升广西北部湾经济区"港口物流—临港产业—区域经济"的协调发展提出以下几点建议。

（一）加强港口分工协作，完善港航基础设施建设

通过障碍度分析可知，港口物流障碍度对广西北部湾经济区协调性影响逐年下降，但仍有一定的下降空间，表明北部湾国际门户港港航基础设施建设有了新突破，但与我国其他沿海港口相比仍有较大差距。

第一，加强港口资源整合，形成各港口合理分工、协同发展的局面。虽然北部湾港明确了各港功能定位，但是从其发展情况来看，并没有达到规划所提出的要求。政府部门应利用好"有形的手"进一步优化港区资源整合和布局。政府部门还需要加大港口重点工程的投资力度，推进北海铁山港深水航道、钦州港20万吨集装箱码头及进港航道、防城港港30万吨级散货码头及进港航道等项目建设。

第二，广西北部湾经济区应积极参与国际竞争，北部湾港所具有的配套服务应与外贸需求和仓储能力相匹配，从根本上提升国际航运服务水平。港口信息化和智慧水平可以大大提高港口作业的效率，现阶段应重点建设北部

湾港航运服务和信息化平台，提升港口物流的信息化、网络化、智能化水平，形成一批具有国际竞争力的物流企业，还要积极建设智慧港口物流信息平台，推动信息共享和互联互通，通过数据共享促进港口物流效率提升，为大力发展外向型经济提供相应的技术水平。

第三，钦州要立足自身发展基础和资源环境承载能力，充分发挥区位优势，抓住国家统筹优化重大生产力布局机遇，积极承接华北、华东、珠三角地区等产业转移，高标准高质量建设平陆运河，协同推进平陆运河经济带建设；北海海事法律服务、旅游等功能应进一步激发；加速完善防城港金融服务体系，为港区内各参与主体提供一定的资金支持；南宁应凭借其得天独厚的区位优势、政策环境、投资环境吸引高素质航运人才的集聚，将硬联通（港口基础设施）和软联通（规则标准）两者相结合，全方位多层次提升广西北部湾经济区综合竞争力。

（二）夯实临港产业配套基础，打造现代化临港产业集群

2017~2021 年广西北部湾经济区处于临港产业滞后型发展。为了进一步发挥广西北部湾经济区各市的独特优势，广西北部湾经济区应继续坚持港城共荣，突出以产兴城，实现错位发展。从产业发展的角度，在广西北部湾经济区内以"一市"（南宁）、"两物"（玉林、崇左）、"三港"（北海港、钦州港、防城港港）为主体，形成"一市"和"三港"带动"两物"发展的联动机制。

第一，调整区域产业结构，在功能区内吸引临港产业入驻并加大对临港产业的培育力度进一步引导临港产业聚集，尤其注重夯实临港制造业基础，推进产业由劳动密集型向资本密集型和技术密集型转型。除此之外，优化广西整体的产业环境和物流服务环境，大力发展集约型经济，积极发展现代物流等现代服务业，加大对制造业的拉动提升作用，推动物流与制造业协调发展，带动区域经济转型升级。

第二，临港产业园区将在交通设施建设、产业协同发展等层面迎来重大发展机遇。广西北部湾经济区各城市应把港口和产业园区作为载体，以精品

化、链条化、集群化为目标，壮大绿色临港产业集群，加强沿海地区与我国内陆腹地产业联动，加快建设向海产业集聚区，构建现代向海产业体系。北部湾港被定位为国际门户港，其临港产业发展需要提高产业站位，紧紧围绕西部陆海新通道战略支点和北部湾的战略定位，自觉对接共建"一带一路"、西部大开发等国家政策，突出广西北部湾经济区的产业分工协作。

（三）推动城市群建设，达成区域协同发展

广西北部湾经济区作为北部湾国际门户港的一个重要端点，区域经济对港口支撑作用有待加强。

第一，壮大城市规模，推动城乡融合发展。广西地区经济相对落后，对商品贸易的需求量较小，腹地经济外贸规模太小限制了北部湾港口发展。因此需要壮大城市规模，推动城乡融合发展。同时，第三产业占 GDP 比重的障碍度逐年降低，临港产业结构不断优化，但是广西北部湾经济区传统服务业和消费性服务业比重较大，对制造业起拉动作用的现代服务业和生产性服务业（船代、货代、金融保险等关联产业）规模较小，难以支撑产业的可持续发展，因此，需要实现产业升级，提高产业科学技术水平和自主创新能力，注重城市的生态建设，建设可持续发展的绿色港口城市。

第二，扩大对外开放，促进外贸合作。发展对外贸易，可以互通有无，调剂余缺，实现资源的优化配置。自治区内北部湾港口物流发展起步较晚、发展缓慢，基于港口腹地区域的对外发展就显得至关重要。从发展前景来看，中国与东盟贸易正如火如荼地进行，诸多产业货物需要依托物流实现进出口，因此，加大港口开放力度对于广西区内港口的物流发展前景具有十分重要的意义。

第三，推动港产城一体化发展，形成依港兴城、港城互动的局面。港口是城市经济发展的"促进器"，临港产业是其发展的重要"引擎"，各港口城市需依托港口和地域产业经济特色，发挥集聚功能，大力发展临港产业。如钦州定位为临港工业城市，钦州港定位为临港工业港，那么其临港工业建设必须与其铁海联运和集装箱战略枢纽的定位相符合，港口建设与临港产业

必须一体规划协同发展，通过做深产业链、做高附加值，形成"以港聚业兴城"、港城互动的良好局面。同时依托腹地经济发展特色产业，通过港口物流，努力促进腹地经济更好地"引进来、走出去"。

参考文献

詹斌、倪荣：《广西北部湾港口物流与区域经济协同发展研究》，《水运管理》2021年第6期。

刘颖：《长三角临港产业的效率分析及其长三角一体化经济进程研究》，《现代经济信息》2019年第9期。

周宝刚、岳必成、吕赟：《辽宁临港产业对区域经济的影响效应》，《沈阳大学学报》（社会科学版）2020年第3期。

张晶：《天津市临港产业与港口物流耦合机理研究》，《物流技术》2014年第9期。

文江雪、邓宗兵、王定祥：《临港产业集聚对区域经济高质量发展的影响——基于知识溢出的视角》，《城市问题》2021年第4期。

林琛琛、邓琪微：《港口能级—腹地经济协调发展评价——以重庆港为例》，《物流技术》2022年第5期。

张思颖：《港口物流与区域经济的灰色关联性研究——以武汉市港口为例》，《物流工程与管理》2017年第3期。

曹炳汝、樊鑫：《港口物流与腹地经济协同发展研究——以太仓港为例》，《地理与地理信息科学》2019年第5期。

王军、邓玉：《港口物流与直接腹地经济耦合协调性研究——以天津、营口等九海港型国家级物流枢纽为例》，《工业技术经济》2020年第11期。

孟飞荣、高秀丽：《港口与直接腹地经济耦合协调度及其影响因素研究——以环北部湾港口群为例》，《地理与地理信息科学》2017年第6期。

蒋可意：《江苏省港口物流与区域腹地经济发展耦合协调度分析》，《中国水运》2022年第6期。

Yan Linsu, Wei Zhi, Lian He, et al., "Study on Synergy Degree Model of Producer Services and Equipment Manufacturing Industy Based on Entropy Weighting Method", *Journal of Residuals Science & Technology*, 13 (6), 2016.

Hong Chaoding, Min Ronglian, Xue Yingchen, "Research on the Correlation of Port Logistics and Regional Economic Growth Base on Gray Relational Analysis Method", *Concurrency and Computation: Practice and Experience*, 31 (10), 2019.

B.5
西部陆海新通道视角下港口物流对广西外贸的影响与对策研究

朱念 谢佳俐 梁伟业 胡丽丽*

摘　要： 西部陆海新通道建设是推动西部省区扩大开放的牵引性工程。本报告基于西部陆海新通道建设意义、战略地位、空间布局、政策文件等介绍其演进历程，并围绕通道运行效率、通道开放合作情况、通道货物总量三个方面对建设成效进行介绍，分别从国内区域协调发展、广西产业园区联动、国际开放合作分析西部陆海新通道对广西发展的意义。基于西部陆海新通道港口物流发展的背景，对广西对外贸易发展状况，东部地区广东、江苏、浙江、山东、上海等经济强省（市）外贸情况，广西北部湾经济区对外贸易发展情况进行数据收集和分析，从政策因素、地理因素、基础设施、关联产业、产业集聚五个方面分析港口物流对广西外贸的影响。最后结合西部陆海新通道给广西带来的新机遇与新挑战，提出培养港口物流人才，积极与西部其他省份达成发展战略合作，优化通道运输组织和提高物流效率，推动大能力运输通道建设，提升互联互通水平、共享跨境通道建设新机遇等对策建议。

关键词： 西部陆海新通道　对外开放　港口物流

* 朱念，北部湾大学教授，硕士生导师，陆海新通道北部湾研究院副院长，广西高校人文社会科学重点研究基地——北部湾海洋发展研究中心副主任，钦州发展研究院常务副院长，主要研究方向为区域经济与国际经济；谢佳俐，北部湾大学研究实习员，陆海新通道北部湾研究院行政秘书，主要研究方向为国际贸易风险分析与规避；梁伟业，北部湾大学研究实习员，陆海新通道北部湾研究院研究员，主要研究方向为区域经济与管理；胡丽丽，北部湾大学在读硕士研究生。

一 西部陆海新通道发展背景

（一）演进历程

当前，世界正处于大发展大变革大调整时期，中国发展仍处于并将长期处于重要战略机遇期。随着新一轮西部大开发战略顶层规划的出台、区域协调发展战略的深入推进和高质量高标准高水平共建"一带一路"的现实要求，中新互联互通项目下的"南向通道"进一步扩大内涵和覆盖范围，上升为新时代服务中国进一步开放发展的国家战略——西部陆海新通道。西部陆海新通道北接丝绸之路经济带，南连21世纪海上丝绸之路，向东衔接长江经济带，在区域协调发展格局中具有重要战略地位。该通道的运营中心为重庆，关键节点为广西、贵州等西部省份，通过公路、铁路、海运等方式将西部地区的货物运往广西北部湾，再由北部湾地区港口出海运往世界各地。加快西部陆海新通道建设，对于充分发挥西部地区连接"一带"和"一路"的纽带作用，深化陆海双向开放，强化措施推进西部大开发形成新格局，提升与东南亚等地区的互联互通水平，进一步扩大对外开放，推动区域经济高质量发展，具有重大现实意义和深远历史意义。

为统筹区域基础条件和未来发展需要，西部陆海新通道主通道建设自重庆经贵阳、南宁至北部湾出海口（北部湾港、洋浦港），自重庆经怀化、柳州至北部湾出海口，以及自成都经泸州（宜宾）、百色至北部湾出海口三条通路；重要枢纽建设有重庆通道物流和运营组织中心、成都国家重要商贸物流中心、广西北部湾国际门户港、海南洋浦的区域国际集装箱枢纽港；核心覆盖区加强与贵阳、南宁、昆明、遵义、柳州等西南地区重要节点城市和物流枢纽与主通道的联系；辐射延展带联通兰州、西宁、乌鲁木齐、西安、银川等西北重要城市，同时，注重发挥西南地区传统出海口湛江港的作用，加强通道与长江经济带的衔接。

西部陆海新通道以"连接'一带'和'一路'的陆海联动通道""推进西部大开发形成新格局的战略通道""促进交通物流经济深度融合的综合

运输通道""支撑西部地区参与国际经济合作的陆海贸易通道"为战略定位，遵循"创新引领、协同高效；陆海统筹、双向互济；贯通南北、强化辐射；市场主导、政府推动"四条基本原则，以提高干线运输能力、加强港口分工协作、提升综合交通枢纽功能、加强与周边国家设施联通等方式来推动西部地区高质量发展，为建设现代化经济体系提供有力支撑。

1. 南向通道期—陆海新通道

2017 年由重庆、贵州、广西、甘肃 4 省（区、市）联合签署的"南向通道"框架协议正式公布并建立联席会议机制，西部陆海新通道的"身影"第一次正式出现在历史舞台，这为此后西部陆海新通道的建设打造出良好的开局。2018 年 6 月和 8 月青海、新疆相继加入合作共建"南向通道"工作机制，11 月中国和新加坡两国签署《关于中新（重庆）战略性互联互通示范项目"国际陆海贸易新通道"建设合作的谅解备忘录》标志着南向通道正式更名为陆海新通道，这也意味着西部陆海新通道走上国际化发展的道路，中国和新加坡两国互联互通项目的发展与开拓速度在陆海新通道的影响之下也有明显的提升。

2. 西部陆海新通道期

2019 年对于陆海新通道来说是非常重要的一年，其成员地区再次扩大，也成功上升到国家层面的重大建设规划当中，并正式更名为西部陆海新通道，自此西部陆海新通道为西部地区的高质量发展提供了更多可能。2019 年 1 月，重庆、贵州、云南、广西、甘肃、宁夏、青海、新疆 8 个西部省（区、市）在重庆签署《合作共建中新互联互通项目国际陆海贸易新通道框架协议》，该协议提出要强化多式联运，促进互联互通，完善对外开放大通道，共同推动国际陆海贸易新通道建设，推进开放平台共享，提升区域整体开放功能和水平。同年，陕西、四川两省相继签署陆海新通道框架协议，随着陕西与四川两省的加入，陆海新通道的"朋友圈"更加充实、更加广泛。在重庆、贵州、云南、广西、四川、陕西、宁夏、甘肃、青海、新疆 10 个西部省（区、市）的团结协作之下，国家发展和改革委员会于 2019 年 8 月印发《西部陆海新通道总体规划》，为西部 10 省（区、市）更好建设与发展西部陆海新通道确立总体纲要，并建立省部级联席会议制度，统筹推进西部陆海新通道建设，至此，西部陆海新通道总体规划上升为国家层面的重大决策。这是推进西部大开发形成新格局、深化陆海双向开放的重要举措，规划期为2019~2025年，展望到2035年。

2019年10月，重庆、贵州、云南、广西、四川、陕西、内蒙古、宁夏、甘肃、青海、西藏、新疆12个西部省（区、市）和海南省、广东省湛江市，在重庆共同签署《合作共建西部陆海新通道框架协议》，协议约定12个西部省（区、市）和海南省、广东省湛江市将按照"统一品牌、统一规则、统一运作"的三统一原则形成共商共建共享的合作局面，建设境内外服务网络，统筹运营通道综合服务，开展对外交流与合作，创新规则体系，服务促进国内国际区域经济发展。签约活动现场，重庆海关、贵阳海关、南宁海关等15个直属海关签署《区域海关共同支持"西部陆海新通道"建设合作备忘录》，中国建设银行总行与重庆、贵州、云南、广西、四川、陕西、内蒙古、宁夏、甘肃、青海、西藏、新疆12个西部地区省（区、市）以及海南省在内的共计13个省级分行，以及新加坡、越南、印度尼西亚、马来西亚的4个海外分支机构共同签署《中国建设银行金融服务西部陆海新通道建设框架协议》。该协议的备忘录中表明各方将在落实总体国家安全观、深化业务改革、提升通关效率、促进产业发展、完善合作保障机制等方面，进一步深化跨关区协同合作，推进"两段准入"监督改革，积极支持西部陆海新通道建设，协议内容约定参与协议各方将充分发挥自身人才、品牌、客户、渠道及产品等方面优势，共同建立金融服务西部陆海新通道建设合作机制，助推西部地区高水平开放、高质量发展。

表1　西部陆海新通道阶段细分

时间	阶段	主要政策文件	备注
2017~2018年	南向通道期	《关于合作共建中新互联互通示范项目南向通道的框架协议》	初期名为"南向通道"，成员较少，以完善交通物流基础设施、搭建通道管理运营平台、促进沿线地区经贸联动、形成跨国跨区域信息互通等为目标，共同推进通关一体化建设等方面加强合作，推动体制机制和政策创新等

时间	阶段	主要政策文件	备注
2018~2019年	陆海新通道期	《关于中新(重庆)战略性互联互通示范项目"国际陆海贸易新通道"建设合作的谅解备忘录》	更名为"陆海新通道"后成员数量增加,有利于深度融入和服务国家战略和区域发展战略,促进"一带"和"一路"、"一带一路"和长江经济带之间有机连接,助推中国西部开放开发,深化中国—东盟命运共同体建设
2019年至今	西部陆海新通道期	《西部陆海新通道总体规划》	更名为西部陆海新通道并成为国家重大建设项目,发布通道发展规划,进一步强化西部地区交通基础设施建设,扩大既有通道能力,协同衔接长江经济带发展,提升物流发展质量和效率,地区化、国际化双发展,成员地区达到顶峰,国际化发展程度进一步加深

资料来源:中华人民共和国中央人民政府网站。

表2 国家关于西部陆海新通道的部分相关政策

时间	政策文件	印发部门	相关内容
2014年	《珠江—西江经济带发展规划》	国家发展改革委	包括构建协调联动空间格局,协同推进重大基础设施建设,共建珠江—西江生态廊道,促进产业协同发展
2017年	《西部大开发"十三五规划"》	国家发展改革委	包括提升铁路路网密度和干线等级,加强河流航道和沿海港口建设,全面提升内陆开放水平,加快沿边地区开发开放,提升区域间互动合作水平
2019年	《西部陆海新通道总体规划》	国家发展改革委	包括加快运输通道建设,加强物流设施建设,提升通道运行与物流效率,促进通道与区域经济融合发展,加强通道对外开放及国际合作
2019年	《区域海关共同支持"西部陆海新通道"建设合作备忘录》	中国海关总署	包括推荐信息平台共建共享,支持通道物流发展,推进"两段准入"监督改革,联合打击走私
2021年	《"十四五"推进西部陆海新通道高质量建设实施方案》	国家发展改革委	包括加快推进主通道建设,强化重要枢纽功能,提高通道运输组织与物流效率,推动通道降低成本和优化服务,构建通道融合开放发展新局面

资料来源:国家发展和改革委员会网站。

表3 广西关于西部陆海新通道的部分相关政策

时间	政策文件	印发部门	相关内容
2014年	《广西北部湾经济区发展规划(2014年修订)》	广西壮族自治区人民政府办公厅	包括优化国土开发,形成开放合作的空间优势,加快城市群建设,构筑开放合作的城市网络,完善产业布局,形成开放合作的产业优势,提升国际大通道能力,构建开放合作的支撑体系,加强社会建设,营造开放合作的和谐环境,全面深化改革,创新开放合作的体制机制,深化国际国内合作,拓展开放合作的新空间
2016年	《广西构建面向东盟国际大通道实施方案》	广西壮族自治区人民政府	包括加快构建中国—越南—老挝—柬埔寨—泰国—马来西亚—新加坡泛亚东线战略通道,深化我国与东盟战略伙伴关系,构建优势互补、分工合理的跨境产业链,促进广西与周边国家的产业合作和经济融合
2019年	《广西加快西部陆海新通道建设若干政策措施(修订版)》	广西壮族自治区发展和改革委员会、广西壮族自治区财政厅	包括支持铁海联运、跨境公路铁路运输,降低物流通关费用,支持冷链物流体系建设、重点物流园区及重大项目建设,加大对西部陆海新通道有关企业和项目的金融支持力度,引进和培育物流企业
2019年	《金融支持西部陆海新通道建设的若干政策措施》	广西壮族自治区发展和改革委员会、中国人民银行南宁中心支行、广西壮族自治区财政厅、广西壮族自治区地方金融监督管理局	包括金融服务好西部陆海新通道基础设施建设,推动金融支持西部陆海新通道的产品和服务创新,建立金融服务西部陆海新通道的政策保障机制
2019年	《西部陆海新通道广西物流业发展规划(2019—2025年)》	广西壮族自治区发展和改革委员会	包括推进物流与产业空间融合联动,提高重点产业物流组织化水平,加快物流业态模式的创新升级,引领西部陆海新通道价值链提升
2020年	《广西基础设施补短板"交通网"建设三年大会战实施方案(2020—2022年)》	广西壮族自治区交通运输厅	初步形成各种运输方式布局合理、结构优化、便捷通畅、互联互通的现代化综合交通体系,有效支撑全区经济社会高质量发展
2022年	《广西高质量建设西部陆海新通道若干政策措施》	广西壮族自治区发展和改革委员会等部门	包括支持北部湾港海铁联运发展,支持跨境运输和航空物流发展,支持降低物流成本和提升通关效率,支持引进和培育物流企业,支持通道园区及重大项目建设,加大通道建设运营的财金联动支持

资料来源:广西壮族自治区人民政府网站、广西壮族自治区交通运输厅网站、广西壮族自治区发展和改革委员会网站。

2021 年之后西部陆海新通道的建设进入新时期，国家发展和改革委员会印发《"十四五"推进西部陆海新通道高质量建设实施方案》，提出西部陆海新通道明确发展方向，成员地区也出台一系列新的政策促进西部陆海新通道高质量发展，平陆运河开始建设，可为西部陆海新通道的成员地区极大程度地缩短西南地区的出海距离，并在缩短运输时间、降低物流成本、提升运输能力等方面提升企业竞争力。

2022 年 7 月，西部陆海新通道省际联席会议第二次会议召开，会上各成员地区通报了建设西部陆海新通道的阶段性成果，并共同审议《西部陆海新通道沿线省区市与东盟国家合作行动方案（2022—2025）》《西部陆海新通道共建跨区域综合运营平台方案》《西部陆海新通道沿线省区市贯彻落实国务院扎实稳住经济的一揽子政策措施 2022 年重点项目清单》。2022 年 8 月，西部陆海新通道重要工程平陆运河正式开工建设，平陆运河的开工建设成为西部陆海新通道高速建设的助推器。

（二）建设成效

西部陆海新通道不仅是我国西南地区发展高质量经济的一个探索，还是中国对外交流的一个重要窗口。自 2017 年南向通道期中国就在努力与世界更多国家与地区进行经济、科技、文化等方面的交流合作，经过多年的发展与两次更名，西部陆海新通道的建设成效呈现以下特点。

1. 通道运行效率不断提高

2018 年 12 月，陆海新通道的铁海联运、跨境公路和跨境铁路三种物流组织形式均已进入常态化运营，其中铁海联运班列全年超过 1000 列。由开行之初的每周开行一班升级为每天双向对开，其中国际铁路联运（重庆—越南河内）班列共开行 55 列，重庆—东盟跨境公路班车共开行 661 列。在 2019 年 3 月，陆海新通道国际铁海联运班列累计开行上升至 901 列，其中国际铁路联运（重庆—越南河内）班列累计开行上升至 67 列，重庆—东盟跨境公路班车累计开行上升至 846 列。

2021 年 12 月，2021 年第 6000 列西部陆海新通道班列正式发车，圆满完成年度开行任务，班列累计开行量突破 14000 列，是近年中国增速最快的国际班列之一（见表 4）。

2022 年，西部陆海新通道新开重庆、贵州、宁夏、甘肃等地与老挝、越南、缅甸等国家间的多条物流新线路，实现西部地区全覆盖，并拓展至湖南、湖北、河南、河北、江西等中部地区，西部陆海新通道铁海联运班列全年累计开行量突破 8800 列再创历史新高。铁海联运发行量于 2021 年 4 月 28 日完成"第一个一万列"用时 1461 天，2022 年 8 月 29 日完成"第二个一万列"用时仅 487 天，"万列"完成速度不断加快。

2023 年 3 月 23 日，西部陆海新通道第 25000 列铁海联运班列满载巴西纸浆、巴基斯坦锌精矿等进口货物的集装箱，从广西钦州铁路集装箱中心站驶向四川城厢站。至此，西部陆海新通道铁海联运班列开行量突破 25000 列。

表 4　西部陆海新通道铁海联运全年累计开行量情况

单位：列，%

年份	铁海联运全年开行量	增速
2017	178	—
2018	1154	548.31
2019	2243	94.37
2020	4596	104.90
2021	6117	33.09
2022	8820	44.19

资料来源：新华社网站。

2. 通道开放合作积极推进

2018 年，陆海新通道目的地主要为越南、新加坡、日本、澳大利亚等全球 71 个国家和地区的 155 个港口。自陆海新通道正式更名为西部陆海新通道之后，到 2019 年 9 月底，西部陆海新通道的三种物流组织形式均实现常态化运行，覆盖目的地增至全球 90 个国家和地区的 190 个港口。

2021 年，西部陆海新通道给西部地区经济带来强劲发展动力，在重庆、广西、贵州、甘肃、青海、新疆、云南、宁夏、陕西、四川、内蒙古、西藏 12 个西部省（区、市）和海南省、广东省湛江市形成的"13+1"新格局下，西部陆海新通道跑出"加速度"，服务的货物品类多达 640 种，目的地覆盖增加至中国 13 个省份、46 市、90 个站点，全球 107 个国家和地区的 300 多个港口，港口枢纽辐射作用不断增强，成为拉动西部地区经济发展、畅通国内国际双循环的强劲引擎。

2022 年是西部陆海新通道建设发展成效最显著的一年，新开通线路 78 条，是 2021 年的 5 倍多，联动发运 18 个省份、60 市、116 个站点，目的地覆盖的国家和地区与港口由 2018 年末的 71 个国家和地区、155 个港口增长为 2022 年末的 119 个国家和地区、393 个港口，这一数据会随着西部陆海新通道建设推进而稳步上升（见表 5）。

表 5　西部陆海新通道目的地覆盖国家和地区及港口数量情况

单位：个

时间	国家和地区数	港口数
2018 年 12 月	71	155
2019 年 12 月	88	213
2020 年 12 月	96	250
2021 年 12 月	107	319
2022 年 12 月	119	393

资料来源：中国服务贸易指南网、新华社网站、西部陆海新通道门户网。

西部陆海新通道加强建设重庆西部现代物流产业园、成都铁路局城厢铁路物流基地、中国西部现代物流港（遂宁）、云南腾俊国际陆港（昆明）、甘肃（兰州）国际陆港、陕西国际航空物流港（西咸新区）、广西防城港市东湾物流园区、广西凭祥综合保税区物流园等国家级示范物流园区，集聚国内外优势企业与合作项目，从而引导生产要素流向通道沿线更有竞争力的地区，利用政策扶持和企业建设的红利辐射园区周边城镇、市区完善基础的设施、增加就业岗位和刺激消费增长，推进西部地区的对外合作。

3. 通道货物总量不断提高

西部陆海新通道铁海联运班列全年发送集装箱货物从 2017 年的 0.3 万标准箱增长至 2022 年的 75.6 万标准箱（见表 6）。自铁海联运班列开通至 2023 年 5 月，西部陆海新通道铁海联运班列累计发送已达 202 万标准箱。货运总量的不断增长是西部陆海新通道铁海联运高质量发展的有力证明。

表 6 西部陆海新通道铁海联运全年货物总量情况

单位：万标准箱，%

时间	全年货物总量	增速
2017 年	0.3	—
2018 年	5.34	1680.00
2019 年	9.4	76.03
2020 年	31.3	232.98
2021 年	63.2	101.92
2022 年	75.6	19.62

资料来源：国家发展和改革委员会 2023 年 6 月新闻发布会。

（三）对广西的影响

1. 有利于促进国内区域协调发展

西部陆海新通道建设有利于广西建设好自身的海陆双向对外开放新走廊，培育新的经济增长点。2015 年习近平总书记在参加十二届全国人大三次会议广西代表团审议时赋予广西打造西南中南地区开放发展新的战略支点、构建面向东盟的国际大通道、形成"一带一路"有机衔接重要门户的"三大定位"，要求广西在服务国家整体战略中谋求更大的发展。西部陆海新通道完全契合"三大定位"的要求，是广西推动新一轮开放发展的重大历史机遇。《西部陆海新通道总体规划》的实施，将加强广西与西南地区、粤港澳大湾区、长三角地区、京津冀地区的连接，推动广西形成"东西南北四向联动，海陆联运各方共赢""东西双向互济，南北互相贯通"的新发展格局，做到以强促优，以优带平。

2.有利于自身发挥产业联动效应

西部陆海新通道建设有利于广西在关键环节、关键技术、关键企业上谋划布局开展产业联动。从产业协作关系来看，广西具有沿边、临港的先天优势，西部陆海新通道的影响力不断扩大，有利于扩大渝桂、川桂、滇桂、黔桂等地之间的合作。以南宁、北海、防城港、钦州、玉林、百色、崇左等为代表的产业园区将得到重新整合优化，广西与周边区域的交流与合作增加，特别是川桂国际产能合作产业园、深百产业园等省际合作园区。同时，有利于构建面向东盟的跨境产业链供应链，打造中马"两国双园"升级版、中泰（崇左）产业园、中国（广西）自由贸易试验区及协同发展区，实现双向互动、融合渗透、互利共赢的发展模式，让广西成为承接国内外产业转移重点发展产业靓丽名片。

3.有利于加强国际对外开放合作

西部陆海新通道建设有利于广西突出沿边特色，突出陆海联动，突出开放平台的系统集成，突出中国—东盟开放合作先行先试，加强国际协作能力。西部陆海新通道建设服务于国家战略，有利于广西走出国门的同时吸收国外优势资源、技术与资金，通过"政府引导，企业运作"的开发模式，打造"东盟资源+广西加工制造+国内市场""东部地区总部+广西加工制造+东盟市场"产业链供应链开放合作新模式，深化经贸投资合作，促进经济可持续发展，形成更高水平的中国—东盟全面战略伙伴关系、打造更加紧密的中国—东盟命运共同体，把广西独特区位优势更好地转化为对外开放发展优势。

二　西部陆海新通道视角下广西外贸与港口物流发展现状

（一）广西港口物流发展现状

一路通，则百业兴。随着中国—东盟全面战略伙伴关系的建立与西部陆海新通道建设的发展，环北部湾地区作为中国与东盟跨海联结的纽带，以其独特的地理位置、丰富的自然资源、良好的合作基础和广阔的开发前景，越来越受到各方的关注。中国对东盟贸易的主导运输方式是海运，广西沿海港口是中国对越南等东盟国家海上贸易的重要口岸，可以预计在未来5~10年，必定是中国与东盟货物贸易快速增长的时期，也是广西港口大发展的黄金时期。广西正以港口振兴为北部湾（广西）经济区建设的重点，把建设沿海大型组合港放在突出位置，加快改革港口的开发、建设和体制管理，推动沿海港口资源整合，统筹规划和建设防城港港、钦州港、北海港三大港口，形成北部湾（广西）经济区港口群新的竞争优势。

1. 基础设施建设不断完善

截至 2023 年 7 月，北部湾港已建成铁路支专线 24 条，其中铁路支线 3 条、铁路专线 21 条。沙河至铁山港东岸铁路支线、云约江作业区铁路支线等多条铁路专用线正在有序规划中，建成后广西铁路运能将得到进一步释放，企业降本增效成效显著，海铁联运格局不断扩大。此外，广西还加快推进重点港口货运场站项目建设，进一步完善港口货运站点布局，提高港口后方集疏运点线配套能力。2022 年 6 月 23 日，北部湾港首个"智能装卸+无人闸口"集装箱堆场 513 号泊位自动化集装箱堆场正式运营，该泊位毗邻防城港保税物流中心（B 型）和防城港火车货运站，可有效发挥"前海后区、铁海联运"独特区位优势，推动防城港港至海南八所港内贸集装箱驳船航线稳定运营。

2. 运输潜力与联通水平提升

得益于西部陆海新通道发展的良好态势，近年来广西充分利用政策及区位优势，不断优化联运组织方式，加速推动钦州港东集装箱办理站与北部湾港钦州自动化集装箱码头一体化管理。广西不断拓展联运辐射范围，陆续开通至重庆、四川等地的 17 条铁海联运班列线路，开通内外贸集装箱航线达 75 条，与全球 100 多个国家和地区的 200 多个港口实现通航。积极给予南宁、百色、柳州等地区至北部湾港口集港石料运价、运力政策支持，做大做强集港石料铁水联运干线通道，推进"散改集"运输，进一步加快北部湾集疏运体系建设步伐，提升联运畅通水平。2023 年 1~6 月，广西区内发往北部湾港集装箱集港石料运量为598.2万吨，与上年同期相比增加390.9万吨，增幅达188.6%。

3. 转运效率再次提速

2022年6月25日，北部湾港完成了"船边直提""抵港直装"，实现了"直装直提"业务线上办理。同时，通过健全联控机制、优化作业流程等举措，北部湾港集装箱进出口环节总作业时间分别为6.8个小时和3.85个小时，通关效率有效提升。随着广西北部湾港集疏运体系的加速建设，铁海联运"堵点""断点"问题得到有效解决。预计到2025年，广西将在安全、便捷、高效、绿色、经济的港口集疏运体系建设上取得重要进展，北部湾港重点港区进港铁路覆盖率达75%，初步解决北部湾港口水（海）铁联运"最后一公里"问题，实现铁路和水（海）运优势互补。

（二）广西外贸发展现状

1. 2021~2022年广西外贸进出口主要特征

2022年，广西壮族自治区外贸总额在全国排名第16，西部第8，进出口总额达6603.5亿元，增长11.3%。自治区与东盟贸易关系密切，越南是广西最大的贸易合作伙伴，贸易占比约为总量的1/3；进出口物资丰富，其中机电产品、劳密产品、农产品为全区主要出口产业，是出口增长的主力，汽车相关产业出口潜力大。外贸新业态发展快，充分利用跨境电商业务，扩大市场采购出口规模，2022年，广西跨境电商平台进出口为179.6亿元，增长89.8%，贸易增速居全国前列。其中，广西北部湾经济区为全区增长的重要引擎，2022年，北部湾经济区6市合计进出口为5544亿元，增长14.5%，占同期广西外贸进出口总值的84%，拉动同期广西外贸增长11.9个百分点。

进出口总额增速放缓，进口规模萎缩。2022年进出口总额同比增长11.3%，2022年出口总额保持较高速增长，同比增长26.1%，但进口总额同比下降3.2%。需要特别注意的是，边境小额贸易进出口额逐年下滑，

2022年边境小额贸易进出口额为789.76亿元，同比下降26.3%，保税物流整体增速较慢。

出口增长较大，但高新技术产品出口增速放缓。2022年，广西出口机电产品2129.7亿元，同比增长22.1%，其中电子元件、电工器材出口同比分别增长48.4%、56.2%；出口农产品148.8亿元，同比增长27%，其中干鲜瓜果及坚果出口28.2亿元，同比增长112.2%，苹果出口增长显著，出口1.6亿元。同期，高新技术产品出口950亿元，同比增长7.2%。

机电高新技术产品进口下滑明显。2022年农产品、机电产品、高新技术产品的进口总体呈现下滑趋势，分别进口453.66亿元、710.5亿元、561.16亿元，分别降低了4.8%、30.5%、34.5%。其中存储部件进口降低了72.80，计算机与通信技术产品进口降低了59.4%。

2. 广西外贸变化新特征与新机会

进出口规模增势显著。2023年1~7月进出口总额为3935.1亿元，同比增长34.4%，其中对RCEP其他成员国进出口总额为2154.4亿元，同比增长67.2%，对东盟进出口总额为1880.76亿元，同比增长71.6%（见表7）。

广西特色优势产品出口动力明显。2023年1~7月自治区内出口水果13.8亿元，同比增长44.6%，主要为柑橘。同期，机电产品、劳密产品、农产品分别出口1157.4亿元、341.6亿元、77.3亿元，同比分别增长36.7%、88.1%、11.0%。

一般贸易占比大幅度提升。2023年1~7月，一般贸易进出口1588.3亿元，同比增长28.6%；保税物流进出口1063.9亿元，同比增长74.7%；边境小额贸易进出口462.4亿元，同比增长66.6%；加工贸易进出口530亿元，同比下降25.2%。

与东盟贸易持续保持增势。2023年1~7月，对东盟的进出口总额为1880.76亿元，同比增长71.6%；对刚果的进出口总额为58.1亿元，同比增长164.1%；对美国贸易微下滑，进出口总额为170.15亿元，同比下降2.6%。

表 7　2023 年 1~7 月广西外贸进出口情况

	进出口总额 （同比增长）		主要进出口 国别		进出口额	同比 增长
广西	3935.1 亿元 （34.4%）		亚洲		2694.4 亿元	43.3%
				东盟	1880.76 亿元	71.6%
	出口	进口	非洲		188.7 亿元	39.0%
				刚果	58.1 亿元	164.1%
	1958 亿元 （37.2%）	1977.1 亿元 （31.8%）	欧洲		231.1 亿元	53.4%
主要 贸易 方式	一般贸易 （占比 40.4%）	1588.3 亿元 （28.6%）		德国	21.5 亿元	61.8%
	加工贸易 （占比 13.5%）	530.0 亿元 （-25.2%）	拉丁美洲		402.1 亿元	-2.7%
	边境小额贸易 （占比 11.8%）	462.4 亿元 （66.6%）		智利	115.68 亿元	23.6%
	保税物流 （占比 27.0%）	1063.9 亿元 （74.7%）	北美洲		275.6 亿元	10.0%
主要 企业 性质	民营企业 （占比 60.7%）	2388.8 亿元 （48.6%）		美国	170.15 亿元	-2.6%
	国有企业 （占比 18.8%）	740.3 亿元 （23.9%）	大洋洲		142.8 亿元	47.8%
	外商投资企业 （占比 14.1%）	556.0 亿元 （-13.1%）		澳大利亚	138.67 亿元	51.0%
				其他	0.31 亿元	17.7%

资料来源：中华人民共和国南宁海关网站。

　　作为西部陆海新通道的关键节点和陆海交汇门户，广西可依托南宁、北海、钦州、防城港等向海经济核心区和平陆运河经济带，推动港口、产业和城镇深度融合，促进南北钦防深度同城化发展，推进打造中马"两国双园"

升级版、中泰（崇左）产业园，促进海南自贸港与广西北部湾经济区联动发展，建设中国（广西）自由贸易试验区及协同发展区，加快构建跨境、跨省产业链供应链。

抢抓 RCEP 机遇，广西发挥区位优势，抢抓机遇，巩固对东盟开放合作，在融入和服务新发展格局中打造国际合作和竞争新优势。加快创新发展跨境电商等新业态新模式，推动跨境电商 B2C 监管的创新经验推广到 B2B 领域，实现跨境电商出口业务模式全覆盖；加速推进南宁、崇左跨境电商建设，柳州、贺州获批新的国家跨境电商综合试验区。

探索新业态，释放外贸发展动能，创新科技应用，推动产业转型升级。发展海外仓、边境保税仓。强化通道建设，推动双向开放，形成陆海内外联动、东西双向互济的发展格局，将地缘优势转化为外贸优势，促进广西外贸创新动能加速释放。

3. 重要省市与广西外贸变化对比

本部分选取 5 个外贸进出口总额较大的重要沿海省（市）与广西进行对比分析（见图 1）。2018～2022 年这 5 省（市）外贸进出口总额一直维持稳中有升的发展趋势，但是 2022 年广东和上海进出口总额出现负增长，分别下降了 2.54% 和 0.23%，两省（市）进出口总额之和占全国的近 30%。

从 5 省（市）的外贸出口数据上看，2018～2022 年它们的外贸出口额逐年递减，出口额下滑明显（见图 2）。

从 5 省（市）的外贸进口数据上看（见图 3），2018～2022 年其外贸进口额呈稳中有升的趋势，但需要注意的是，作为外贸第一大省的广东省外贸进口额在 2022 年下降较为明显，上海进口额也有所下降。

2018～2022 年，广西外贸进出口总额的总体特征呈上升趋势（见图 4），2020 年开始增长率波动较大。与 5 省（市）不同，广西出口不减反增，但也明显看到出口增长疲软。广西进口变化趋势与 5 省（市）趋同，2022 年下滑显著，从 2021 年 38.30% 的增长率，快速下降到 3.20%。

这 5 省（市）的经济总体量占全国 1/3 以上，财政收入占比近四成，在地方对中央财政净上缴中的贡献近八成。2022 年 5 省（市）总出口额

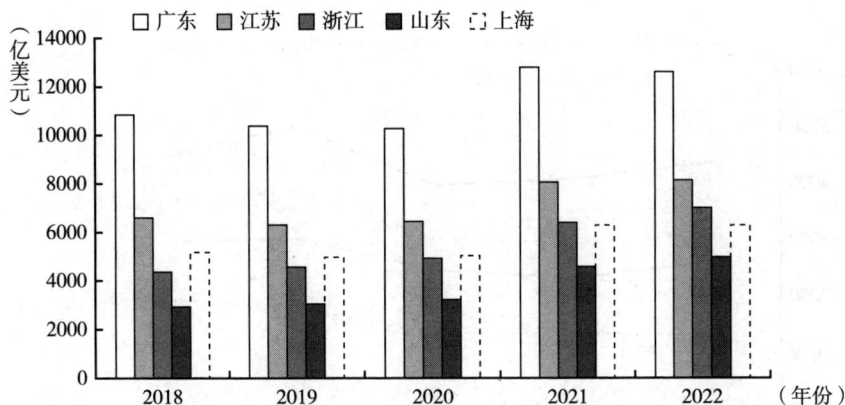

图 1　2018～2022 年 5 省（市）外贸进出口总额

资料来源：5 省（市）统计局与海关网站。

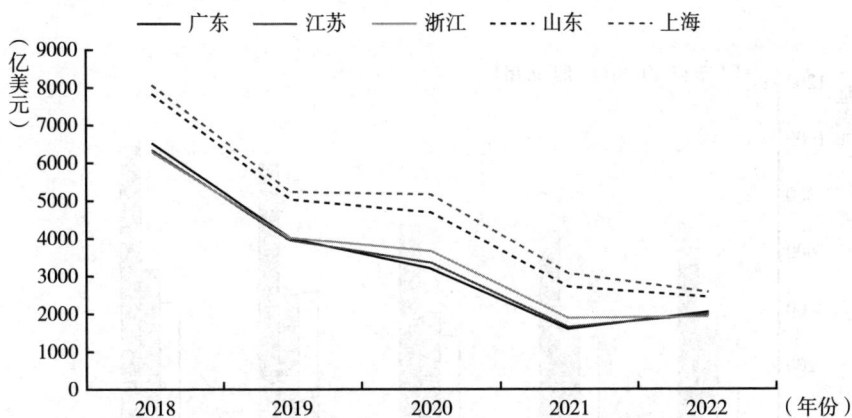

图 2　2018～2022 年 5 省（市）外贸出口额

资料来源：5 省（市）统计局与海关网站。

23994.12 亿美元，同比增长 5.86%。

　　广东省稳居中国外贸第一大省的地位。2022 年广东外贸总额 8.31 万亿元，比 2021 年增长 0.5%。其中，出口 5.33 万亿元，同比增长 5.5%；进口 2.98 万亿元，同比下降 7.4%。外贸总额占全国进出口总额的 19.8%，稳居中国外贸第一大省的地位。广东省轻工业产品和高新技术产品制造基础好，

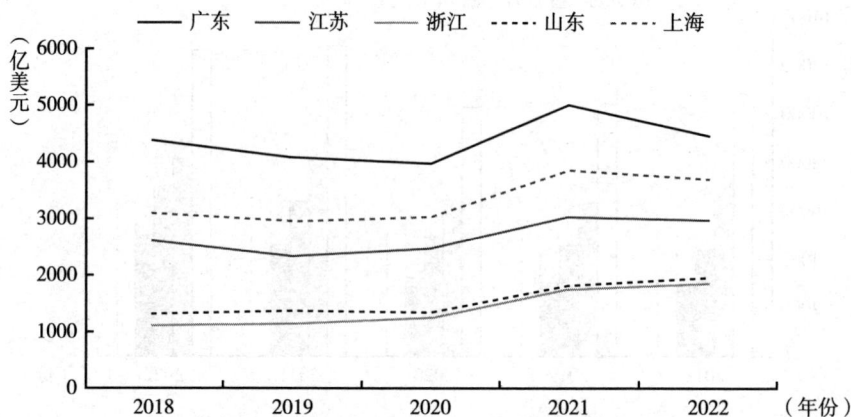

图3 2018~2022年5省（市）外贸进口额

资料来源：5省（市）统计局与海关网站。

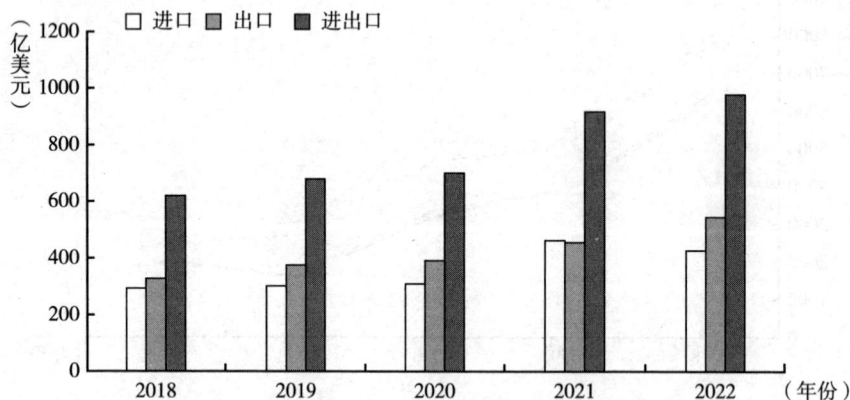

图4 2018~2022年广西外贸进出口总额变化情况

资料来源：广西统计局、南宁海关网站。

生产门类齐全，供应链配套完整，企业和政府间协同机制完善，进出口通关效率高。广东省是我国机电产品和轻工业产品的出口大省。2022年广东省重点出口产品中，机电产品、文化产品、家用电器、手机等轻工业产品占比较大，主要出口商品增势良好，新能源产品出口大幅增长。其中，出口电工器材 3705.3 亿元，同比增长 19%；手机 2636 亿元，同比增长 3%；集成电路 2067.5 亿元，同比增长 8.8%。新能源产品出口增速迅猛，如电动载人汽车、太阳能电池、锂离子蓄电池出口分别增长 4.7 倍、45.3%、42.6%。2021 年广东省外商投资企业进出口总额达 4889.04 亿美元。2022 年广东利用外资情况略有下降，全省吸收实际外资 1819.0 亿元，同比下降 1.1%；新设外商直接投资企业 13365 家，同比下降 17.3%。广东省基本形成以机电产品和轻工业产为主的出口体系，但出口商品结构仍需提高高新技术产品的出口比例，继续优化出口体系。2022 年受市场需求缩减、汇率上升等因素影响，广东实际利用外资情况出现下滑趋势。

2022 年江苏省外贸总额在全国排名第 2。2022 年江苏省外贸总额在全国排名前列，进出口总额达 54454.9 亿元，同比增长 4.8%。全省制造业基础较好，且水平较高、门类齐全、配套完整，生态链优势明显，在国际产业分工体系中难以替代，是我国 IT、光伏、船舶出口大省。江苏省新能源产业布局较早，是国内太阳能电池、锂电池制造大省。苏南地区一直是江苏开放型经济发展的重要堡垒，占全省外贸比重一度超过九成，拥有的综合保税区、保税港区等海关特殊监管区域数量较多。截至 2022 年，江苏省共有综保区等海关特殊监管区 29 个。全省国家一类开放口岸个数 17 个。利用外资是江苏开放型经济的重要特色，2022 年，江苏省实际使用外资达 304 亿美元，同比增长 5% 左右，规模继续保持中国首位。江苏省基本上形成了以机电产品和高新技术产品为主的出口体系，出口商品结构持续优化，但仍需在提高技术含量和高质量商品方面做出努力。

浙江省进出口贸易面临较大的压力和挑战。2022 年，浙江省进出口总额在全国排名第 3，进出口总额为 46836.57 亿元，同比增长 13.05%。全省制造业基础较好，拥有发达的产业集群，长期是我国机电产品与纺织品服装产品出口大省。浙江省产业集聚效应明显，拥有全球最大的小商品、针织品以及电子商务市场。2022 年宁波舟山港完成年货物吞吐量超 12.6 亿吨，连续 14 年位居全球第 1，集装箱吞吐量达到 3335 万标准箱，连续 5 年居世界第 3。浙江省通过优化功能定位、推进平台联动、促进内外贸融合发展方式加快整合优化，同时提升发展质量、优化营商环境促进全省综合保税区高水平开放高质量发展，2022年浙江省综合保税区和保税物流中心（B型）的数量已经达到16个。利用外资是浙江开放型经济的重要特色，2022年，浙江利用外资规模位居全国第5。出口产品中机电产品和纺织品占比较大，机电产品出口总额为15326.47亿元，以纺织品为代表的劳动密集型产品出口总额为10438.63亿元。从总体上看，浙江省商品出口产品结构主要依赖传统出口市场和渠道且技术含量和附加值不高，且出口商品结构单一、技术含量低，出口市场集中度高，多元化趋势受阻，同时受到全球经济增长放缓、贸易保护主义等因素的影响较大，进出口贸易面临较大的压力和挑战。

山东省出口产品有待进一步加强。2022年山东省外贸总额在全国排名第6，进出口总额达33324.9亿元，同比增长13.8%。山东深度融入共建"一带一路"，区位优势明显，设施互通，经贸更加便捷。截至2022年，全省综合保税区等海关特殊监管区有18个，共17个国家一类开放口岸，全省20万吨级及以上大型泊位有25个，规模居全国沿海省份首位。山东省是制造业强省、农业大省，深水良港众多、公路铁路网发达，产业门类齐全。机电产品、农产品出口长期居全国前列，原油等资源产品进口居全国前列，优势行业根基扎实，进出口结构均衡，与境外主要贸易体互补性强、稳定性好。经营主体多样，民营担纲是山东的外贸活力的重要体现，2013年来，民营企业出口总额超越外资企业，占比持续增高，2022年民营企业出口总额占全省出口额73.68%。但山东省受到海外市场走弱、对外贸易结构失衡、头部企业主导性强、小微企业稳定较差等影响，机电出口产品出现下滑趋势，有待进一步加强。

上海市产品进出口比重逐年提高。2022年上海市外贸总额全国排名第4，全市进出口总额达41902.7亿元，同比增长3.2%。上海是中国最大的对外贸易城市，是世界级的口岸城市，拥有国家一类开放口岸共9个，综合保税区等海关特殊监管区域共10个，集装箱吞吐量连续13年居世界第1，贸易中转功能稳步增长，有效连接国内外市场，对外贸易规模占全国的近 1/10，进出口商品总额占全球的 3.2% 以上。上海的对外贸易结构不断优化，高附加值、高技术含量、高新技术产品的进出口比重逐年提高，其中，机电产品进出口额在 2023 年 1~2 月上海外贸产品中排名第 1，出口额 4251.76 亿元，进口额 2128.69 亿元；与发达国家和地区的贸易占比较大，2022 年与美国进出口贸易额达 5224.14 亿元，占总额的 12.47%；与东盟国家的贸易快速增长，2022 年增幅达 5.18%。上海是中国的经济中心和国际金融中心，也是中国利用外资的重要城市，对外贸易受益于市场开放、政策支持、数字技术等多方面因素支持，具有高度的国际化水平。外商投资企业的进出口总额占上海进出口总额的六成以上，跨国公司地区总部和外资研发中心数量居全国首位。2022 年，上海实际使用外资金额为 239.56 亿美元，同比增长 0.4%。

4. 北部湾经济区外贸情况

2021 年，广西外贸规模创历史新高，进出口总额达 5930.6 亿元，同比增长 21.8%。北部湾经济区六个设区市进出口总额达 4839.6 亿元，同比增长 19.3%，比自治区（21.8%）低 2.5 个百分点。

北部湾经济区六市中的崇左市、南宁市、防城港市分列自治区外贸进出口值前 3。崇左市外贸进出口总额 2127.11 亿元，同比增长 15.3%，其中出口完成 1369.06 亿元，同比增长 10.5%；进口完成 758.05 亿元，同比增长 25.1%。南宁市外贸进出口总额 1231.92 亿元，同比增长 24.9%，其中，出口 581.92 亿元，同比增长 23.6%；进口 650 亿元，同比增长 26%，实现进出口"双增"。防城港市外贸进出口总额 885.56 亿元，同比增长 25.0%，其中，出口总额 77.96 亿元，同比下降 67.8%；进口总额 807.60 亿元，同比增长 73.1%。北海市外贸进出口总额 300.15 亿元，同比增长 11.6%，其中，出口 112.60 亿元，同比下降 12.5%；进口 187.55 亿元，同比增长 33.6%。钦州市外贸进出口总额 256.03 亿元，同比增长 17.6%，其中，出口 41.85 亿元，同比下降 48.8%；进口 214.18 亿元，同比增长 57.4%。玉林市外贸进出口总额 38.86 亿元，同比增长 23.1%，其中，出口 26.06 亿元，同比增长 27.2%；进口 12.80 亿元，同比增长 15.6%（见表 8）。

表8　2021年广西及北部湾经济区外贸进出口总额

单位：亿元，%

地区	进出口总额			
	总量	在自治区排位	同比增长	在自治区排位
自治区合计	5930.63		21.8	
三市合计	1441.74		20.6	
四市合计	2673.66		22.5	
六市合计	4839.63		19.3	
南宁市	1231.92	2	24.9	8
北海市	300.15	6	11.6	14
防城港市	885.56	3	25.0	7
钦州市	256.03	7	17.6	12
玉林市	38.86	12	23.1	9
崇左市	2127.11	1	15.3	13

资料来源：广西壮族自治区北部湾经济区规划建设管理办公室网站。

2022年广西外贸进出口总额达6603.53亿元，同比增长11.3%。北部湾经济区六个设区市外贸增长迅速，合计进出口5544.05亿元，同比增长14.6%，占2022年广西外贸进出口总值的84.0%，拉动2022年广西外贸增长11.9个百分点。数据表明当前北部湾经济区进一步发挥独特区位优势，积极融入区域一体化大市场，持续深化与RCEP其他成员国贸易投资合作，助力全区打造国内国际双循环重要节点枢纽。北部湾经济区外贸进出口总额增长迅速，同比增长14.6%，高于自治区3.3个百分点，是推动广西外贸增长的重要力量。

北部湾经济区的外贸活动不断扩大，与世界各国的经贸联系日益紧密。从南宁、北海和钦州三个城市的情况来看，三地进出口总额呈逐年增长的趋势。在2022年，南宁对RCEP其他成员国出口252.8亿元，北海市对RCEP其他成员国共进出口90.4亿元，钦州与133个国家和地区建立经贸往来，进出口总额也有大幅增长。

北部湾经济区的对外贸易结构定位比较明确，各个城市有各自的特色和优势，形成了一个互补性很强的对外贸易体系。南宁市的对外贸易主要以特色农产品为主,包括沃柑等柑橘类水果、生丝等,出口地区主要集中在东盟、欧盟、北美等地区。北海市的对外贸易主要以粮食、纸浆进口为主,而出口则以纸制品、玻璃制品、服装、烟花爆竹等为主。钦州市的出口产品以纸制品、机电产品、化工产品为主,而进口则主要是大宗商品,包括能源产品、大豆、金属矿石等。

2022年北部湾经济区六个设区市外贸增长迅速。南宁市外贸进出口总额达1510.07亿元,同比增长22.6%,其中,出口742.7亿元,同比增长27.6%;进口767.4亿元,同比增长18.6%。南宁对RCEP其他成员国出口252.8亿元,同比增长60.8%,增速强劲。北海市外贸进出口总值344.07亿元,同比增长14.6%,其中,出口118亿元,同比增长4.8%;进口226.1亿元,同比增长20.1%。钦州市进出口贸易总值,首次突破600亿元大关,实现642.19亿元,稳居广西第4,同比增长150.8%,增速居广西14个地市首位。防城港市外贸进出口总额784.6亿元,总量排全区第3位,同比下降11.4%,其中,出口总额60.9亿元,同比下降21.9%,进口总额723.7亿元,总量排自治区第2位,同比下降10.7%。玉林市外贸进出口43.4亿元,同比增长11.9%,其中,出口32.6亿元,同比增长25.2%;进口10.8亿元,同比下降16.1%。崇左市外贸进出口总额达2219.70亿元,同比增长4.4%,总量继续排自治区第1,边境贸易进出口总额继续稳居全国第1(见表9)。

表9　2022年广西及北部湾经济区外贸进出口总额

单位:亿元,%

地区	进出口总额			
	总量	在自治区排位	同比增长	在自治区排位
自治区合计	6603.53		11.3	
四市合计	3280.90		22.7	
六市合计	5544.05		14.6	
三市合计	1770.83		22.8	
南宁市	1510.07	2	22.6	4

续表

地区	进出口总额			
	总量	在自治区排位	同比增长	在自治区排位
北海市	344.07	6	14.6	6
防城港市	784.60	3	-11.4	13
钦州市	642.19	4	150.8	1
玉林市	43.40	12	11.9	7
崇左市	2219.70	1	4.4	10

资料来源：广西壮族自治区北部湾经济区规划建设管理办公室网站。

2023年1~2月，南宁市外贸进出口总额199.7亿元，同比增长18.7%，其中，出口94.45亿元，同比增长15.5%；进口105.25亿元，同比增长21.7%。崇左市外贸进出口总额328.80亿元，同比增长114.8%，其中，出口257.76亿元，同比增长111.8%；进口71.04亿元，同比增长126.6%。玉林市外贸进出口总额5.98亿元，同比增长25.8%，其中，出口4.79亿元，同比增长17.5%；进口1.19亿元，同比增长75.1%。北海市外贸进出口总额55.68亿元，同比增长24.4%，其中，出口22.81亿元，同比增长94.8%。钦州市外贸进出口总额130.71亿元，同比增长105.5%，其中，出口12.98亿元，同比下降2.7%。防城港市外贸进出口总额139.00亿元，同比增长10.1%，其中，出口12.02亿元，同比增长13.6%（见表10）。

总体来看，2023年1~2月北部湾经济区六个设区市外贸进出口总额均有不同程度增长。其中，崇左市和钦州市的进出口总额实现倍增，分别为328.80亿元、130.71亿元，同比分别增长114.8%、105.5%。说明这两个城市的外贸市场具有较大的潜力，但钦州市出口额同比下降2.7%，需要加强出口方面的工作。南宁市进出口实现双增长，表现良好。玉林市和北海市的外贸进出口总额同比增长较为稳定，北海市的出口总额同比增长94.8%，位列自治区第1。防城港市外贸进出口总额总量位列自治区第3，进出口总额同比增长趋于平稳。

表 10　2023 年 1~2 月广西及北部湾经济区外贸进出口数据

地区	1~2 月累计进出口总额				1~2 月累计出口总额			
	总量（亿元）	排位	同比增长（%）	排位	总量（亿元）	排位	同比增长（%）	排位
自治区合计	1020.20	—	46.5	—	523.89	—	52.4	—
南宁市	199.70	2	18.7	5	94.45	2	15.5	4
北海市	55.68	5	24.4	4	22.81	3	94.8	2
防城港市	139.00	3	10.1	6	12.02	5	13.6	5
钦州市	130.71	4	105.5	2	12.98	4	-2.7	6
玉林市	5.98	6	25.8	3	4.79	6	17.5	3
崇左市	328.80	1	114.8	1	257.76	1	111.8	1
四市合计	525.08		30.3		142.25		21.2	
六市合计	859.87		53.4		404.80		66.4	

资料来源：南宁及各市海关网站。

（三）港口物流发展对广西外贸的影响

1. 广西港口物流主要园区发展

《广西物流业发展"十四五"规划》指出，促进广西物流业加快发展，应结合其在全国物流业发展中的地位和作用，立足新发展阶段，完整准确全面贯彻新发展理念，服务和融入新发展格局，聚焦打造"通道+枢纽+网络"的现代化物流体系，坚持以深化供给侧结构性改革为主线，推动物流组织模式和管理运营体制机制创新，优化物流资源配置。

2020 年，南宁陆港型、钦州—北海—防城港港口型国家物流枢纽建设稳步推进，7 个城市被纳入国家物流枢纽承载城市规划。防城港东湾物流园区、凭祥综合保税区物流园入选国家示范物流园区，自治区示范物流园区共有 14 个。全区拥有综合保税区 4 个、保税物流中心 2 个、保税仓 28 个，保税物流发展迅速。物流园区类型不断丰富、规模不断扩大，集聚程度明显提升。2022 年，全区高水平开放再上新台阶，桂林、玉林、北海、钦州 4 个设区市获批国家级城市一刻钟便民生活圈试点；柳州、贺州获批国家跨境电商综合试验区；北海铁山港区获批国家进口贸易促进创新示范区；20 个县获批全国县域商业建设试点县，建成首个边境跨境保税仓。

2.广西港口物流建设发展

2023 年上半年，广西壮族自治区完成西部陆海新通道重大项目投资 353.79 亿元，完成年度投资计划的 50.5%。

港口枢纽方面，钦州自动化集装箱码头 9 号、10 号泊位已建成，北海铁山港西港区啄罗作业区 4 号泊位已开工建设，防城港 30 万吨级航道工程前期工作加快推进。

铁路方面，黄桶至百色铁路、合浦至湛江铁路项目可研报告顺利获批，南宁至贵阳高铁进入运行全线拉通试验阶段，防城港至东兴铁路、崇左至凭祥铁路项目加快建设，黔桂铁路增建二线、云桂沿边铁路等项目前期工作加快推进。

公路方面，巴马至凭祥公路全线建成通车，G72 泉南高速公路桂林至柳州段改扩建等项目加快建设，G80 广昆高速公路南宁至百色段改扩建二期工程前期工作加快推进。

民航方面，南宁吴圩国际机场空侧转运中心、T1 航站楼国际客运到达区及集中居住设施工程已于 6 月底通过竣工验收，南宁吴圩国际机场改扩建工程（二跑道）、T3 航站楼及配套设施建设工程加快建设。

物流设施方面，南宁国际铁路港电商物流区建成交付，中新南宁国际物流园普洛斯南宁智慧供应链一体化产业创新港项目建成运营，柳州铁路港等物流枢纽平台加快建设。

作为我国西南对外开放的重要窗口，北部湾港不断推进港口建设，拓展和加密航线，实现东盟主要港口全覆盖，截至 2022 年底，北部湾港港口航线总数 75 条，其中外贸 47 条、内贸 28 条。北部湾港辐射带动广西经济加速发展，成为西部地区与东盟各国开展跨境物流、贸易的重要平台。2022 年，广西壮族自治区完成西部陆海新通道建设"重大基础设施项目投资 600 亿元、集装箱吞吐量 700 万标箱、海铁联运班列 7000 列、南宁机场国际货邮吞吐量'保 4 争 6'"等各项目标任务，基础设施互联互通水平提升，北部湾港综合服务能力增强，降费提效优服综合政策取得实效，通道物流规模增长速度取得突破。北部湾国际门户港集装箱吞吐量累计完成 702.08 万标准箱，完成量居全国沿海港口第 8，同比增长 16.78%，增速已连续 3 年居全国前 10 港口首位；完成港口货物吞吐量 3.71 亿吨，同比增长 3.66%，全国沿海第 9 大港口地位进一步巩固。得益于 RCEP 机遇利好和西部陆海新通道的牵引作用，北部湾港吞吐量保持强劲增长势头。

数据显示，2023 年上半年北部湾港完成货物吞吐量 2.1 亿吨，同比增长 15.6%；完成集装箱吞吐量 360.74 万标箱，同比增长 13.98%（见表11）。港口货物、集装箱吞吐量均位列我国沿海主要港口前 10，增速在我国十大沿海港口中分别排第 4 位和第 2 位。在全球贸易投资放缓的大背景下，广西积极扩大高水平开放，外贸进出口开局平稳、逐月向好，2023 年上半年货物贸易进出口总值 3390.7 亿元，同比增长 43.2%，增速高于全国 41.1 个百分点，高于西部地区 39.7 个百分点，创历史同期新高。

表 11　北部湾港货物与集装箱吞吐量运输数据

项目	2022 年（1~6 月）	2023 年（1~6 月）
货物	1.38 亿吨	2.1 亿吨
集装箱	316.49 万标箱	360.74 万标箱

资料来源：南宁海关网站。

2023 年 1~6 月，西部陆海新通道沿线省区市经新通道进出口货值达 3500 亿元，同比增长约 40%。跨境铁海联运班列开行 4510 列，同比增长 9.00%；跨境公路运输 120.27 万辆次，同比增长 84.18%；国际铁路班列开行 4091 列，增长 18.51%（见表12）。同期，西部陆海新通道班列累计发送货物 42.4 万标准箱，同比增长 10.5%。截至 2023 年 6 月，西部陆海新通道已辐射中国 17 省 61 市 115 个站点，货物流向通达全球 119 个国家和地区的 393 个港口。6 年来，西部陆海新通道铁海联运班列集装箱运量实现强劲增长。2017~2022 年，西部陆海新通道铁海联运班列年发送集装箱货物从 3382 标准箱增长到 75.6 万标准箱。为进一步优化港口集疏运体系和服务能力，提高北部湾港综合竞争力，广西计划共投资超过 1213 亿元推动北部湾国际门户港建设。到2025年，北部湾港基础设施能力得到全面提升，北部湾港实际总通过能力超6亿吨，其中集装箱通过能力达1100万标准箱。"一流设施"基本建成，"一流技术"取得新突破，"一流管理"和"一流服务"迈上新台阶。

表12　北部湾港开行班列数运输数据

项目	2022年(1~6月)	2023年(1~6月)	同比增长
跨境铁海联运班列	4138列	4510列	9.00%
跨境公路	65.3万辆次	120.27万辆次	84.18%
国际铁路班列	3452列	4091列	18.51%

资料来源：南宁海关网站。

3. 广西港口国内外物流发展

第一，国际物流发展情况。2022年，国际航空货运网络不断拓展，广西新开通南宁至新德里、沙巴、河内、金奈等的7条国际货运航线，航线总数达17条。是年南宁机场国际货邮吞吐量完成7.3万吨，同比增长207%；跨境陆路运输规模持续扩大，中越跨境班列累计开行2182列，同比增长14.6%，超额完成年度目标任务；北部湾港集装箱航线稳步增长，正式开通钦州至北美西集装箱班轮，年内共开通11条集装箱航线，航线总数达75条，实现与100多个国家（地区）的200多个港口通航，完成集装箱吞吐量702.08万标准箱，同比增长16.78%。以南宁、钦州—北海—防城港国家物流枢纽承载城市为核心，以东兴、凭祥为主的陆上边境口岸群为补充，提升广西陆空枢纽和沿边口岸功能，规划建设以南宁面向东盟的国际物流枢纽和北部湾国际门户港为牵引的国际门户枢纽，大力提升国际物流服务能力和水平。

第二，国内物流发展情况。海铁联运班列开行量快速增长，广西积极开拓河南、河北、江西等省份市场，从2017年到2022年，西部陆海新通道铁海联运班列开行实现由线及面、形成网络。线路也从最初只有北部湾—重庆1条，发展到如今常态化开行北部湾港—重庆、四川、云南、贵州、河南、桂东和桂北 7 条，并在重庆与中欧班列实现无缝衔接。随着广西北部湾港集疏运体系的加速建设，铁海联运"堵点""断点"问题得到有效解决。到 2025 年，广西将在安全、便捷、高效、绿色、经济的港口集疏运体系建设上取得重要进展，北部湾港重点港区进港铁路覆盖率将达 75%，实现铁路和水（海）运优势互补。

4. 货物运输种类发展

北部湾港积极融入西部陆海新通道高质量发展大势，发挥海铁联运优势，大力开发中南地区货源，铁海联运新开拓沙良纸制品、贵港板材、百色食糖等 6 个新项目，新增汉源、贵定南等 12 个下浮站点和 5 个品类。钦州铁路集装箱中心站与自动化集装箱码头拆除隔离围网，正式并入同一海关监管区，实现区域一体化，钦州港海铁联运一体化由此进入新阶段。2023 年，北部湾港紧密联系腹地企业，成功启动云贵川渝地区氢钙、铝锭、玻璃、铝矾土、石粉、新能源车、锂矿石等业务，上半年实现增量 3000 标准箱。紧盯市场行情动态，采取针对性营销政策，加大煤炭、铝土矿、石灰石等揽货力度，不断提高市场份额。2023 年 1~6 月，完成煤炭吞吐量同比增长 40%，铝土矿同比增长 127%，石灰石同比增长 143%。同期，广西装备制造业、消费品制造业分别进出口 1305 亿、421.3 亿元，同比分别增长 44.1%、66.1%；采矿业、原材料制造业分别进出口 687 亿、301.4 亿元，同比分别增长 16.4%、43.7%。广西"新三样"产品——电动载人汽车、锂电池、太阳能电池，出口保持强劲增速，2023 年上半年合计出口 59.5 亿元，同比增长 289.2%。

5. 港口通关效率提升发展

深化广西与重庆、云南等通道沿线省份"单一窗口"合作，与重庆实现桂渝舱单、车辆进出境等业务数据共享；稳步提升"提前申报""两步申报"等改革应用水平，持续加大"先放后检"等改革力度。2022 年，广西口岸进口、出口整体通关时间分别为 11.65 个小时、0.38 个小时，较 2017 年分别压缩 79.41%、97.3%，通关效率明显提升。2022 年，广西对 RCEP 其他成员国进出口 3214.33 亿元，占全区进出口总值的 48.7%，比全国高 18 个百分点。越南、泰国是 2022 年广西对 RCEP 其他成员国进出口最多的两个国家，进出口值分别为 1991.3 亿元、306.8 亿元，合计占广西对 RCEP 其他成员国进出口总值的 71.5%。广西对文莱、菲律宾、新加坡进出口迅速增长，增速分别为 531.7%、128.4%、99.1%。2023 年上半年，广西对第一大贸易伙伴东盟进出口总值为 1613.8 亿元，同比增长 92.6%，占同期广西进出口总值的 47.6%，其中，对越南、泰国进出口大幅增长 102.6%、152.6%。RCEP 全面生效带来开放发展新机遇，2023 年上半年广西对 RCEP 其他成员国进出口总值为 1850.1 亿元，同比增长 85.1%，拉动同期广西外贸进出口增长 35.9 个百分点。

在 RCEP 政策引导下，创优营商环境加速激发通道经济活力。依托中马"两国双园"，广西大力发展东盟贸易。泰国木薯片、印度尼西亚矿产等货物搭乘船舶运抵钦州港"下船上车"，再通过海铁联运班列分拨到西部其他省（区、市）。不断优化的营商环境，让越来越多西部地区货物通过北部湾港出海，西部陆海新通道综合竞争力显著增强。2022 年，新通道沿线省（区、市）经广西口岸进出口总值达 5237.3 亿元，有力助推广西外贸稳增长。同年，广西铁海联运班列开行 8820 列，同比增长 44%，提前 71 天完成年度 7000 列目标；友谊关、东兴等重点口岸实现即到即出或次日出境，广西口岸全年共保障全国超 8000 亿元货物进出口顺畅通关；南宁空港口岸国际货邮吞吐量年内达到 7 万吨，同比增长 220%，创历史新高。

三 西部陆海新通道视角下港口物流 对外贸发展的影响分析

（一）前向关联效应

1. 政策因素

近年来，世界经济持续逆全球化、地缘冲突加剧、通货膨胀高企、发达经济体金融环境收紧等更趋复杂严峻的国际环境和国内经济增长放缓等多重挑战，增加了广西市场发展空间和资源渠道的压力，但西部陆海通道也给广西开拓新的市场、寻求新的发展带来新的机遇。从挑战上来看，西部陆海新通道涉及老挝万象、泰国曼谷林查班、越南海防、印尼雅加达等诸多国家和地区，在建设过程中，因为地区法律、文化等差异，不可避免地存在协调障碍。尽管国内高度重视陆海新通道发展，但因为各地建设的侧重点不一致，财力支持水平不相同，项目推进主体众多，基础设施建设进度也有所不同，发展问题交织掺杂，资源争夺存在冲突，政策的多期叠加在某种程度上可能并不能使"叠加优势"转换为经济发展优势和区域比较优势，反而在经济发展和政策贯彻和执行方面存在较大问题，不但在一定程度上造成了政策资源的浪费，还会进一步引发地区间发展的差异。从机遇上来看，全球范围内的产业链和供应链的布局调整对广西外贸发展提出更高要求。西部陆海新通道、中国（广西）自由贸易试验区、广西—东盟经济技术开发区、东兴边境经济合作区等国家级开放平台建设以及《区域全面经济伙伴关系协定》（RCEP）的生效，为广西强化园区在金融、产业链等的支撑和服务能力，利用国内国外两个市场、两种资源，形成国内创新策源地，汇聚创新要素，推动对外开放形成了巨大合力。

2. 地理因素

经济腹地对沿海港口的地区经济发展有着极为重要的影响。《西部陆海新通道总体规划》明确赋予中国广西北部湾国际门户港的重要定位，北部湾港成为陆海新通道的主要出海口。港口物流的发展是经济发展的"晴雨表"，港口发展推动经济腹地的繁荣兴盛。一方面经济腹地的空间面积与人口数量影响经济发展，主要表现在越大的空间可容纳的人口越多，相应的需求也会更多，经济发展的动力也更具有可持续性，经济发展的质量也就越高，从而推动产业的新兴壮大。另一方面腹地经济发展的质量与其产业结构合理有关，经济越发达，越需要广阔的空间去支持和转化经济成果，因而经济腹地直接决定了一个城市、一个港口的繁荣兴衰程度及时间的长短。

西部陆海新通道北接丝绸之路经济带，南连21世纪海上丝绸之路，向东衔接长江经济带，途经省份地域辽阔，各地区经济环境、发展水平的差异使得广西在贸易上存在空间和时间的差异。就空间层面而论，广西的经济腹地可以按照经济辐射范围、吸引资源作用力及政策影响力，划分为三个明显的层次。第一层次的经济腹地，包括广西的南宁市、北海市、钦州市、防城港市、玉林市、崇左市。第二层次的腹地，是除"广西北部湾经济区"以外，全广西壮族自治区辖区内的其余部分。第三层次的腹地，则是广西周边省份诸如云南、贵州、四川、重庆甚至还包括湖南等地。"十四五"时期，广西进一步与国际经济走廊相衔接，更加广阔的开放程度更加深刻地影响广西空间形态，特别是与中国—中亚—西亚、新亚欧大陆桥、中国—中南半岛等国际经济走廊的合作，将进一步推动广西成为经济发展、产业兴旺、人才聚集的磁力场，凸显其在西部对外开放格局中的地位和作用。就时间层面而言，西部陆海新通道基础设施的初期建设会对广西区域贸易有着明显的促进效应，对沿线地区的贸易增长产生空间溢出。西部陆海新通道建设及交通基础设施的不断完善，有利于推动所在区域贸易协调发展。

从挑战来看，则需注意两点。一是西江航道严重压缩直接腹地范围。西江水运价格的巨大优势以及关键通道缺失，导致潜在的扇形腹地退化为现实的新月形腹地，严重压缩了北部湾港腹地范围，本该属于合作关系的南宁港与贵港港也演变为竞争关系，引发了"广西货不走广西港"这一尴尬局面。二是潜力腹地变现存在困难。广西区域范围内港口比较分散，场强不集中，北部湾港的直接腹地竞争存在压力。在考虑河流通航条件前提下，防城港市的上思县到达南宁港花费的货币成本更低，钦州市的灵山县、浦北县到达贵港港的货币成本更低。北部湾港腹地拓展最大的障碍因素为货币成本，降低港口与腹地间货物运输的成本支出依然是未来港口腹地拓展需要重点考虑的问题。因此由"沿江"转"向海"是推动潜力腹地变为现实的关键，并可最大限度推动广西产业升级与区域均衡发展。

3. 基础设施

港口物流以综合运输体系为驱动器，在国民经济中有着不可忽略的战略性资源地位。港口及其集疏运体系等基础设施建设决定了陆海新通道的输送能力。港口基础设施建设有效提高货物的运输效率，节省运输的时间成本。港口物流基础设施建设的投资能够引起一系列反应，首先会拉动钢筋、水泥、光纤光缆等与建筑原材料相关的需求，在较短时间内弥补西部地区交通基础设施资本存量不足的劣势，进而直接或间接地带动与之相关的产业发展。此外，港口物流基础设施建设也会增加对原材料、新能源、新技术等的需求，刺激相关行业的技术进步，从而优化区域经济结构，实现产业转型升级，拉动区域经济增长。随着区域经济的增长，更多投资者将会关注当地关联产业，从而进一步发挥投资乘数的杠杆作用。

2023 年 1~6 月，北部湾港完成货物吞吐量 2.1 亿吨，同比增长 15.6%；其中集装箱完成 360.7 万标准箱，同比增长 13.98%。港口货物与集装箱吞吐量排在全国沿海主要港口前 10，增速分别在我国十大沿海港口中分别排第 4 位和第 2 位。

钦州港区 2023 年 1~6 月完成货物吞吐量 9177 万吨，同比增长 10.1%；其中集装箱完成 279.33 万标准箱，同比增长 16.14%。通过"套泊热接""无接触式查船"等减少船舶、货物在港停时。港区集装箱船舶平均等泊时间同比压缩 61%；集装箱昼夜产量创新高，达到 21592 标准箱，较历史纪录提高 748 标准箱；钦州自动化集装箱码头船时效率创新高，达到 221 自然箱/时。港区硬件提升为服务提供良好保障，大榄坪南 12 号、13 号泊位 10 台新门机完成安装、调试并投入使用，岸边装卸效率提升 30%。大榄坪作业区 1 号至 3 号泊位（一期工程）正式投产运营，新增 2 个 7 万吨级和 1 个 5 万吨级通用泊位。大榄坪南北 2 号泊位、3 号泊位获批 8 种危险货物的《港口危险货物作业附证》，为高冰镍、低冰镍、氢氧化镍等货物到港装卸提供资质保障。通过"直装直提""船船转运"、单箱吊具改双箱、修旧利废等措施，节约成本 600 多万元。

北海港区 2023 年 1~6 月完成货物吞吐量 1861 万吨，同比增长 6.5%。其中集装箱完成 41.8 万标准箱，同比增长 14.9%。使用"无接触式卫生检疫系统"、采取"远程检疫"形式开展外贸船舶的查验，外贸船舶平均船前船后时间同比减少 39.1%。2023 年 1~6 月累计 14 次打破煤炭、钢材、铁矿、镍矿、硫黄和大豆的单船作业效率纪录，其中煤炭连续 7 次刷新卸率新高。石步岭港区进口冷链集装箱功能重新启用，港口各项服务功能不断完善。北港网散货预约系统、人员车辆统一管理系统、铁路运输智能管理系统先后上线运行，推动港口信息化、数字化、无纸化和管理扁平化建设。北海铁山港东岸榄根码头建设加快推进，2023年上半年码头水下工序基本完成，为下一步码头施工快抢快干创造有利条件。

防城港港区 2023 年 1~6 月完成货物吞吐量 9224 万吨，同比增长20.0%。20 万吨级及以上船舶平均等泊时间为 3.01 天，同比下降 2.2 天。升级改造铁路智能调度系统，进路排列时间由 5 分钟提升至 15 秒，大幅度释放铁路生产力，2023 年 1~6 月铁路到发量完成 2597.9 万吨，同比增长13.9%。港内无人值守汽车衡系统上线试运行，司磅员由每班次 15 人调整为每班次 2 人，自动化减人效果显著。

（二）后向关联效应

西部陆海新通道作为连接"一带"和"一路"的纽带，将为推动西部地区高质量发展、建设现代化经济体系提供有力支撑，也将进一步发展为人口和经济活动新的集聚带。预计"十四五"时期末，主要发展轴带人口占全国比重将提高 1.07 个百分点。西部陆海新通道人口将提高 0.91 个百分点，成为引领我国西部地区增长的新引擎。①

1. 关联产业

西部陆海新通道所在地理位置决定了其建设必须具备显著的经济效应。我国在西部陆海新通道建设实施的过程中，西部地区经济发展质量与数量滞后于东中部地区，东西部地区差距成为我国不均衡、不协调发展的突出表现。广西作为我国经济版图中较突出的"塌陷区"，西部地区经济界迫切希望西部陆海新通道建设能够成为经济增长的新引擎、新支撑。

企业是经济发展的核心组成部分，广西外贸发展与西部陆海新通道港口建设、企业发展密不可分。在全球贸易投资放缓的大背景下，广西积极扩大

① 中国宏观经济研究院国土开发与地区经济研究所课题组：《我国城镇化空间形态的演变特征与趋势研判》，《改革》2020 年第 9 期。

高水平开放，外贸进出口开局平稳向好。

根据地区生产总值统一核算结果，2023 年上半年广西生产总值 12684.78 亿元，按不变价格计算，同比增长 2.8%。分产业来看，第一产业增加值 1186.88 亿元，同比增长 4.4%；第二产业增加值 4270.35 亿元，增长 1.2%；第三产业增加值 7227.55 亿元，增长 3.5%。

一方面，西部陆海新通道从更广维度上扩大港口物流规模，集中航线、增加货运量，港口货物的运输和中转会带动临港企业的发展，同时，优秀知名物流企业在广西布局，也进一步提升港航物流技术，夯实推进西部陆海新通道建设。另一方面，在技术要素不变的条件下，可以降低物流成本，提升网络化经营能力，增加广西对外贸易的比较优势，从而拉动广西对外贸易额，促进外贸企业的发展。而以外贸为主导的企业由于进出口贸易量的扩大而增加对港口物流的需求。由此形成港口物流、外贸企业、航运企业的一体化运作，良性发展循环。

此外，当港口物流成为影响区域经济发展的重要因素时，可能会产生港口物流所在区域的地价昂贵、劳动力成本上升、市内交通拥堵等不利于经济发展的负面因素，迫使临港工业为降低生产成本而往内陆地区迁移，而港口物流所在区域继续发展以服务业为代表的港口关联产业。

总的来看，广西经济长期向好的基本面没有变，支撑高质量发展的条件也没有变，但与构建新发展格局、开创新发展阶段的要求相比，依然存在不协调、不平衡、不充分的问题。一是物流业与制造业融合程度不深、覆盖范围不广，物流业服务工业能力仍需提升，农产品冷链物流发展不充分。二是基础设施建设不协同，物流枢纽节点要素集聚与整合能力不强，公路集疏运占比大，调控模式滞后，多式联运仍未实现无缝对接，港口优势发挥存在较大空间。三是信息资源缺乏有效互联共享。四是物流成本偏高、效率偏低。五是物流信用体系建设有待规范，行业管理亟待形成合力，体制机制支撑不足，与新阶段西部陆海新通道建设形成较大差距。

2. 产业集聚

港口历来都是多种运输方式汇集的最重要、最大节点，港口物流所在区域在阶段性进步和经济积累之后通常都会面临经济转型。当临港核心区域的资源达到过饱和时，港口物流相关企业就会对产业聚集产生抑制作用，即"聚集不经济"。在这种情况下，便利的港口物流就会引导生产要素和经济活动向整个区域分散，即港口物流的腹地扩散效应将逐步扩大，不仅能带动周边地区的经济发展，甚至能够促进整个地区的繁荣发展。随着西部陆海新通道和广西外贸的发展，市场容量不断扩大，物流服务呈现专业化、规范化、多样化趋势，贸易信息与港口物流信息需要一个能够及时、准确地整合信息的平台，西部陆海新通道即提供了有关国际货物采购、中转、装卸运输、仓储信息的汇集平台。由于国际中转、采购等的正常运行离不开工业、制造业、服务业的发展的支撑，这些行业在发展的同时，也会进一步增加地区投资吸引力，同时促进该产业自身的发展。相比其他西部内陆省份，广西在空间上更能够高度集聚，产生规模经济，降低产业成本，进而反过来促进港口物流的发展，形成良性互动。

广西工业生产稳中有升，高技术制造业较快增长。2023年上半年，全区规模以上工业增加值同比增长5.2%，比1~5月加快0.3个百分点。从三大门类的增长来看，电力、热力、燃气及水生产和供应业增加值同比增长9.3%，制造业增长5.0%，高技术制造业增长14.2%，比规模以上工业增速快9.0个百分点，但采矿业增加值同比下降4.0%。从经济类型的增长来看，外商及港澳台商投资企业增加值同比增长5.3%，股份制企业增长5.7%，国有控股企业增长5.0%。从主要行业来看，有色金属冶炼和压延加工业增加值同比增长23.8%，化学原料和化学制品制造业增长21.0%，黑色金属冶炼和压延加工业增长10.6%，电力、热力生产和供应业增长10.2%，造纸和纸制品业增长6.3%。从产品产量来看，电解铝产量同比增长58.0%，中成药增长48.8%，铝材增长37.7%，十种有色金属增长37.7%，精制食用植物油增长33.9%，烧碱增长33.0%，机制纸及纸板增长18.1%，氧化铝增长11.6%。新产品较快增长，太阳能电池产量同比增长5.9倍，光学仪器增长 9.4%，锂离子电池增长 7.9%。

服务业持续恢复，现代服务业增势较好。2023 年上半年，广西服务业增加值同比增长 3.5%，其中，金融业增加值同比增长 6.7%，批发和零售业增长 5.4%，住宿和餐饮业增长 10.5%，交通运输、仓储和邮政业增长 8.9%。2023 年 1~5 月，广西规模以上服务业企业营业收入同比增长 3.9%，其中，互联网和相关服务、科技推广和应用服务业、专业技术服务业企业营业收入分别增长 3 倍、13.3% 和 12.6%。

固定资产投资下降，部分制造业行业投资增速较快。2023 年上半年，广西固定资产投资（不含农户）同比下降 21.1%，主要是受房地产开发投资（同比下降 43.4%）影响。广西商品房销售面积下降 28.8%。分产业看，第一产业投资同比下降 28.6%，第二产业投资下降 7.3%，第三产业投资下降 27.2%。部分制造业行业投资增长较快，其中汽车制造业投资同比增长 13.8%、食品制造业增长 16.1%、电气机械及器材制造业增长 37.9%、造纸及纸制品业增长 93.4%。

外贸进出口快速增长，边贸发展形势较好。2023 年上半年，广西外贸进出口总额 3390.71 亿元，同比增长 43.2%，其中，出口 1690.39 亿元，增长 51.7%；进口 1700.32 亿元，增长 35.6%。从分贸易方式来看，一般贸易进出口同比增长 34.6%，边境小额贸易（边民互市贸易除外）增长 82.9%。分地区看，对东盟、欧盟、非洲进出口分别同比增长 92.6%、62.9%、35.8%。分企业性质看，国有企业进出口同比增长 22.3%，外商投资企业下降 10.3%，民营企业增长 63.6%。由此看出西部陆海新通道对所跨接地区的其他经济体也具有正向刺激作用，但是，不同地区受到的经济影响存在差异，表现在与广西的空间距离越远，通道的所发挥的运输成本节约作用越小，经济影响就越小。与广西距离最近的东盟和最远的非洲，分别成为受西部陆海新通道拉动作用最大和最小的地区。东南亚地区是西部陆海新通道上与中国距离最近的区域，通道将对其经济产生较明显的刺激作用，可进一步深化双边经贸关系。

四 西部陆海新通道视角下港口物流
对广西外贸发展建议

（一）培养港口物流人才

在港口物流人才的培养过程中，应当理论与实践结合，学以致用、用以促学，将书本上的知识融会贯通用到实际中去。从北部湾港、北部湾经济区的发展视角上产学研用，通过校企合作平台更好地整合学校和行业里的优质资源，深化多元化人才培养模式，为北部湾经济区的发展培养一批适用于当地经济发展的特色人才，精准服务于多元发展的北部湾经济区，力推形成广西北部湾经济区的特色名片。可采取措施鼓励支持广西相关高校与广西北部湾国际港务集团等大中型物流企业联合办学，积极推广其联合办学模式和经验，实行"订单式"的人才培养模式。高校按照港口物流企业岗位对知识、能力、素质提出的新要求，及时调整人才培养目标和人才培养规格，及时结合港口物流企业的新知识、新技术、新工艺充实教学内容和课程体系。鼓励支持高校推进产学研用联合培养人才，可分层次建立一批港口物流产业人才培养培训基地，面向产业相关领域培训人才、开展技术研发等，加快培养港口物流产业需要的各类专门人才，为广西港口物流产业发展提供人才保障和智力支持。

（二）积极与西部其他省份达成发展战略合作

2022 年 1 月，四川省陆海新通道发展有限公司在成都成立，该公司由四川省港航投资集团有限公司与中国铁路成都局集团有限公司、广西北部湾国际港务集团有限公司联合成立。此前广西北部湾国际港务集团还与重庆等地合资在重庆组建了陆海新通道运营公司。为了充分发挥西部陆海新通道的战略效应，吸引更多的西部地区货物走北部湾港，广西需要紧紧围绕通道建设加快物流枢纽节点的建设，积极与西部省（区、市）建立更为紧密的联系。这些运营平台的建立将会为北部湾港建立比较稳固的货源腹地，同时也会加密川渝地区至北部湾港等铁海联运班列开行频次，推进完善西部陆海新通道沿线节点设施布局，在产业等方面提高北部湾跨区域协同运作能力。

（三）优化通道运输组织和提高物流效率

应大力发展铁海联运，优化铁路运输组织，加强集装箱中转集结，扩大开行图定班列。逐渐增加海铁联运开行班列，努力实现西部地区路线全覆盖并延伸至中部地区。推动广西中欧班列常态化开行，积极加强北部湾港与广西区内、重庆、四川、贵州等西南地区海公联运班车的常态化运营。探索发展港口、腹地、重点产业园区之间的运输效率班列组织模式，提高海铁联运组织一体化运行水平，打造西部陆海新通道班列运输品牌；强化与陆海新通道沿线地区与东盟国家的合作，完善多式联运的标准与规则，多引进一些优秀的多式联运大型企业进驻，在中国—东盟友好交流合作各项机制背景下，健全完善中国—东盟港口城市之间常态化交流合作机制，吸引更多中国和东盟国家的城市、港口、航运物流企业和有关机构加入合作网络。搭建多式联运信息共享服务平台，深化跨境运输衔接，推动共建东盟经北部湾至中亚、中欧大陆桥，开展货物全程一体化衔接组织，统一运价规则和相关政策。加强广西口岸的基础设施建设，更大效率地提升货物通道进出口的效率，提升口岸的对外开放营商环境，推动海港口岸码头泊位开放启用和航空口岸设立海关指定监管场地。

（四）推动大能力运输通道建设

南宁至崇左高铁等关键项目建成运营，贵阳至南宁高铁开通在即，黄桶至百色铁路、合浦至湛江高铁项目可研已获国家发展改革委批复。高速公路三大主通道广西段已全线贯通，全面实现"县县通高速"。南宁机场综合交通枢纽建成运营，南宁机场改扩建工程全面开工建设，加速建设南宁陆港型国家物流枢纽，重点推进如南宁国际铁路港、中新南宁国际物流园、南宁农产品交易中心等项目的建设，争取其成为空港型国家物流枢纽承载城市，增强邮政、跨境电商等国际服务功能。加快建设钦州—北海—防城港港口型国家物流枢纽，钦州铁路集装箱中心站"北粮南运"转运中心、北港钦州新通道联运中心一期等项目。加快完善高速公路主通道，推动沿线地区高速公路和普通国省干线建设、扩容，扩大通道网络衔接覆盖范围，有效提升通行效率，加快突破江海联运瓶颈，强化北部湾港与西江黄金水道衔接，开工建设平陆运河，完善"一干七支"高等级航道网络，形成上游通、中游畅、下游优的内河水运网。提升铁路运能和联运效率，围绕主通道建设，统筹铁路、公路、水路、航空通道规划布局，大力推进快速网、干线网和基础网建设，形成分工合理、多向联通、衔接国际的集成大通道。

（五）提升互联互通水平，共享跨境通道建设新机遇

广西主动对接国家发展战略，积极承接产业转移；加快通粤交通重大项目建设，构建连接粤港澳大湾区快速通道网络；加强与大湾区产业集群精准对接，构建"粤港澳大湾区—北部湾经济区—东盟"跨区域跨境产业链供应链；主动对接长江经济带发展，加强与成渝地区双城经济圈、海南自贸港协同联动，深化与湖南、云南、贵州等周边省份的务实合作，不断增强全方位开放发展势能，深化开放合作体制改革，深度融入全国统一大市场。同时在日益紧密的中国—东盟开放合作中，广西作为积极的参与者和推动者，多年来不断推进与东盟贸易畅通、设施连通、政策互通、资金融通、民心相通。目前中国—东盟技术转移中心与泰国、老挝等9个东盟国家分别建立政府间双边技术转移工作机制，与7个东盟国家组建了技术转移联合工作组，建立包含2619家成员的技术转移协作网络。跨境产业合作优势和口岸开放和通关便利化优势不断巩固与加强，与东盟国家就技术转移与科技交流不断深化合作。今日之广西，开放环境更优，动力活力更足，在国家构建新发展格局中的战略地位更加凸显，具备推进高水平开放、打造国内国际双循环新发展格局市场经营便利地的优越条件和良好基础。

参考文献

林威：《基于对外贸易视角分析港口物流竞争力》，《营销界》2022 年第 24 期。

黄明霞：《港口物流与区域经济协同发展"三位一体"的模式研究》，《中国储运》2022 年第 6 期。

朱广文、董力源：《长江经济带区域省市港口物流竞争力评价研究》，《中国水运》（下半月）2022 年第 9 期。

于子添：《"一带一路"倡议影响中国与东盟双边贸易的引力模型研究》，《中国商论》2021 年第 17 期。

胡成亚、李鸿：《港口物流促进南京市"产业强链"联动发展路径研究》，《中国工程咨询》2023 年第 3 期。

郑浦阳：《基于一元线性回归模型分析泉州港港口物流的发展对外贸的影响》，《佳木斯教育学院学报》2012 年第 7 期。

蔡静雯、张向上、丁胜、李昱：《粤港澳大湾区港口物流竞争力评价研究》，《中国水运》2022 年第 8 期。

黎振强、周秋阳：《沿海港口物流对国际贸易进出口的影响研究》，《湖南文理学院学报》（自然科学版）2020 年第 4 期。

朱芳阳、欧阳雪莲、朱志东：《"一带一路"背景下广西港口物流对国际贸易的影响》，《物流技术》2022 年第 8 期。

谭庆红：《西部陆海新通道建设的机遇、问题及路径》，《社会科学家》2022 年第 8 期。

B.6

平陆运河建设背景下钦州临港区域城市功能空间整合研究

李燕 罗洋 杨蕾 周彤*

摘 要： 本报告在平陆运河建设背景下，深入分析钦州发展现状与钦州临港区域城市功能空间整合的战略意义，明确平陆运河建设与临港区域城市功能空间整合是钦州发展的战略选择，指出平陆运河建设背景下钦州临港区域城市功能空间整合的方向选择。平陆运河建设背景下钦州临港区域城市功能空间整合具有政策优势、区位优势、资源优势和人口优势，拥有我国宏观政策带来的发展机遇、产业转移带来的发展机遇等，但同时也面临钦州老城区与港区距离较远、无法通过内部重组实现功能提升，钦州城市扩展方式不利于服务功能的聚集、城市空间结构严重制约公共职能的发展等问题。有鉴于此，本报告提出平陆运河建设背景下推动钦州临港区域城市功能空间整合的对策建议：突破现有城市发展空间，调整钦州临港城市空间结构；合理设计城市功能布局，优化城市功能区布局形态；优化城市空间职能，提升临港产业能级；加快空间整合，促进港产城联动；放大空间位势，提升钦州临港区域城市空间能级。

关键词： 平陆运河 钦州 城市功能 空间整合

* 李燕，北部湾大学教授，硕士生导师，广西高校人文社会科学重点研究基地——北部湾海洋发展研究中心研究员，陆海新通道北部湾研究院研究员，主要研究方向为海洋经济等；罗洋，北部湾大学在读硕士研究生；杨蕾，北部湾大学在读硕士研究生；周彤，北部湾大学在读硕士研究生。

城市功能（Urban Function）指城市特有的机能，由城市这种特定的组织形式的各种结构性因素所决定，是城市在特定地理空间区域范围内，在政治、经济、社会活动和文化活动中所承担的任务和作用。

城市功能是城市的本质特征，城市功能深刻地体现了城市体系本身以及外部环境对其产生的影响，也是城市发展的重要驱动因素之一。城市普遍具有多种功能，如生活生产、娱乐休闲、服务行政等。随着时代的发展，城市功能也在与时俱进，不断发生着变化（见表1）。

表1　城市功能发展变迁一览

项目	1782~1845 年	1845~1892 年	1892~1948 年	1948~2008 年	2008 年至今
技术创新	蒸汽机的发明和应用	铁路、交通运输革命,冶金技术进步	电力、化工和内燃机发明	电子技术的革命,全球网络化	工业 4.0、信息化、数字化,智能化时代
产业结构	农业部门占主体,制造业比重上升,服务部门比重小	制造业比重上升,服务部门增加,农业比重下降	制造业占主要地位,服务业比重加大,农业比重减少	第三产业为主体,第二产业<30%,第一产业<5%	第三产业占主要地位,第二产业<25%,第一产业进一步缩减
城镇化水平	城镇化水平 6%左右,人口向城市集中,城市围绕旧城扩大	城镇化水平 13%左右,人口向大城市集中,大城市郊区化开始	城镇化水平 25%左右,产业向郊区迁移,城市分散化开始	城镇化水平 42%左右,城市中心区呈现衰退,城市分散化普遍	城镇化水平 60%作用,多极中心城市群增强,城乡联动更紧密
城市功能	生产功能	生产、服务功能	生产、服务、集散和管理功能	文化、创新功能	生态、文化、创新功能
世界经济增长重心	伦敦到利物浦城市群雏形	大巴黎地区、莱茵—鲁尔地区城市群	纽约至波士顿地区形成大片城市群	东京、名古屋至大阪城市群	珠三角至粤港澳城市群多级联动

资料来源：陶松龄、张尚武《现代城市功能与结构》,中国建筑工业出版社,2014。

城市功能空间整合是城市中心的经济、社会、政治和文化等人文因素和土地使用、地貌形态等自然因素，在地域上的向外推进与扩散。

随着社会经济的发展，港口已成为国际大流通体系的重要组成部分，借助港口资源发展壮大临海经济，从而形成辐射带动腹地发展，全面发展向海经济已经成为区域经济发展的有效途径。

"一带一路"倡议的推动引发了我国对区域发展格局的重新构思和调整，而钦州也正面临战略地位和空间重心方面的重大变革。平陆运河是一条江海联运的大通道，平陆运河的建设目标是服务于我国西南、中南和西北地区，打造出一条更加经济更加便捷的出海通道，覆盖广西、云南、贵州等省份。平陆运河有利于推进西江黄金水道和北部湾港江海联运，同时在广西全面对接粤港澳大湾区、推进西部陆海新通道建设以及贯彻落实中央赋予广西"三大定位"新使命等方面发挥重要作用。

建设平陆运河有助于深度联通广西区内城市，助推我国西南地区交通物流网络向更高水平发展。平陆运河江海联运，协同北部湾国际门户港的区位优势和枢纽作用，推动钦州临港区域城市功能空间整合，将有助于钦州充分发挥综合优势，有效利用区位、港口、交通和平台等资源，深入推进《区域全面经济伙伴关系协定》（RCEP），在面向东盟的国际区域发挥重要作用。

一 平陆运河建设背景下钦州临港区域城市功能空间整合的战略意义

（一）钦州经济发展现状分析

近年来，钦州按照"五位一体"总体布局和"四个全面"战略布局要求，全面推进实施"开放创新、港城联动、产业强市、生态惠民"的发展战略，全力完成各项任务，在社会经济发展取得了一定的突破，图1展示了2021年、2022年钦州GDP三次产业结构对比。

2021年，钦州市全市生产总值（GDP）达到1647.83亿元，同比增长10.0%，其中第一产业增加值达315.99亿元，同比增长7.9%。2022年，全市生产总值（GDP）达1917.00亿元，同比增长9.2%（见图2）。其中，第二产业增加值达532.75亿元，同比增长11.8%，对经济增长的贡献率为12.76%；第三产业增加值达799.09亿元，同比增长9.8%，对经济增长的

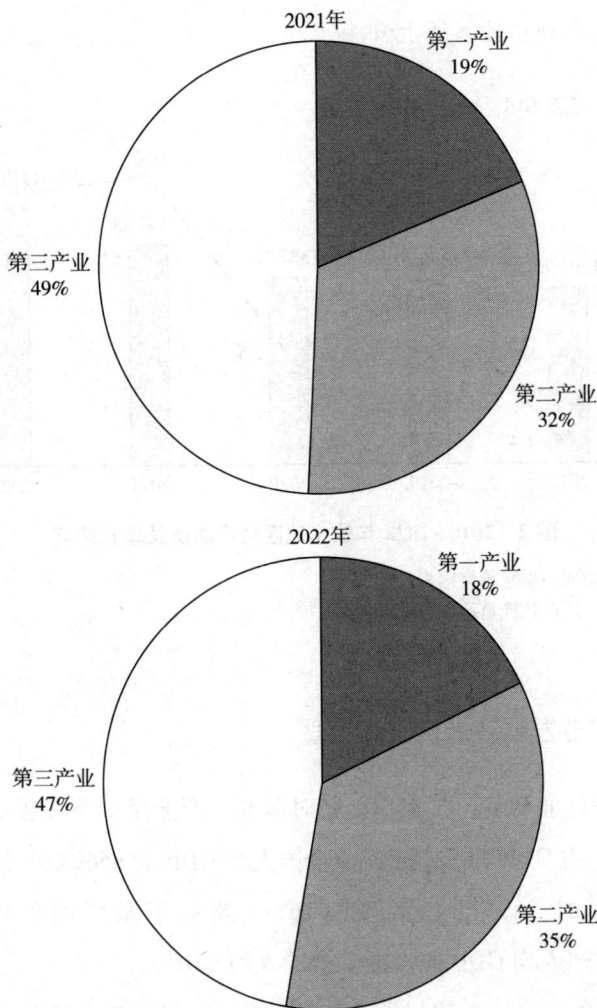

图 1　2021 年、2022 年钦州 GDP 三次产业结构对比

资料来源：广西壮族自治区统计局网站。

贡献率为 54.86%。① 从产业类别看，2022 年第一产业增加值 338.38 亿元，同比增长 5.0%；第二产业增加值 678.61 亿元，同比增长 11%；第三产业增

① 资料来源：《2022 年广西壮族自治区国民经济和社会发展统计公报》。

加值900.01亿元，同比增长8.0%。其中，第一产业和第三产业的占比均略微下降，第二产业占比有所上升。①

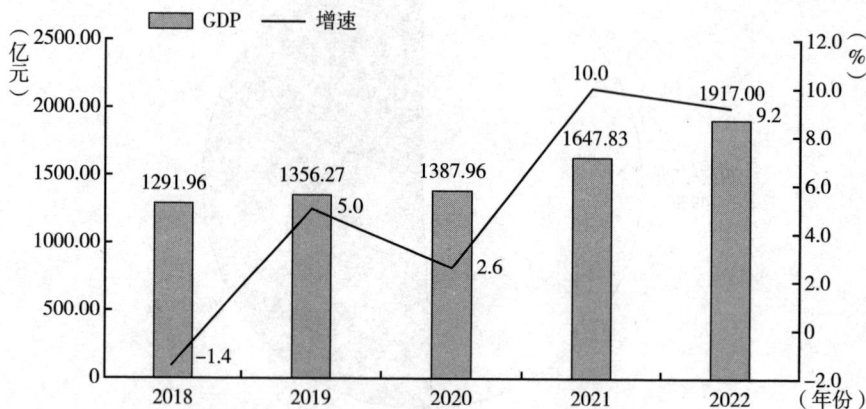

图2　2018~2022年钦州地区生产总值及增长速度

注：同比增速为剔除价格因素后的情况。
资料来源：广西壮族自治区统计局网站。

（二）产业发展就业吸纳能力弱

钦州经济总量偏小，发展基础相对薄弱，产业发展就业吸纳能力较弱。2022年广西人均GDP为52164元，全国人均GDP为85698元，而钦州人均GDP为57901.41元，比上年增长16%，略高于全区的平均增长水平（11%），但钦州人均GDP同样低于全国人均GDP。

对外开放的大格局在钦州尚未真正形成。中国—东盟自由贸易区等国家级开放平台辐射带动效应不强，开放的竞争优势还不够明显；经济结构不够合理，第一产业比重偏高，工业化率低于全国、全区平均水平，第三产业发展层次总体不高。2022年，钦州第三产业增加值达到900.01亿元，同比增长8.0%，占生产总值的47%，比上年回落2个百分点。②

---

① 资料来源：《2022年广西壮族自治区国民经济和社会发展统计公报》。
② 资料来源：《2022年广西壮族自治区国民经济和社会发展统计公报》。

钦州产业结构较单一，产业集群、企业集群还未真正形成，产业规模偏小，综合效益不高。在新常态下，钦州作为后发展地区，面临的转型升级压力更大，应准确把握钦州发展情况，借助平陆运河建设契机，把发展作为第一要务，推动钦州临港区域城市功能空间整合，走出一条新时期具有钦州特色的崛起之路。

（三）临港产业发展空间有待拓展

临港产业是钦州港新时代发展的重要抓手。自 2021 年以来，钦州市在发展中紧紧围绕"建大港、壮产业、造滨城、美乡村"四轮驱动战略，积极践行"三大定位"新使命和"五个扎实"新要求，敢于大胆尝试、大胆创新，勇于自主改革。通过不断集聚产业集群，钦州的工业得到了快速发展。2022 年，钦州港区生产总值为 474.20 亿元，比上年增长 13.5%。

钦州港以产业链为中心做大工业经济，进一步突出"强龙头、补链条、聚集群"的发展战略布局。产业转型升级步骤加快，工业运行调度加强。产业集群加速崛起，一批百亿项目加快推进。钦州正在稳步推进形成五个千亿级具有临港特色的向海产业集群，包括化工新材料、新能源材料、海上装备制造、电子信息、粮油木材产业。这些产业集群的发展将有助于促进钦州市经济的持续增长和区域产业结构的优化升级。在中央政策的大力扶持和全市人民的共同努力下，钦州产业格局不断高端化，绿色化工产业蓬勃发展、海洋装备制造业集群加速、RCEP 推进跨境产业链发展等，为钦州港区的工业发展注入强大动能。

钦州港现阶段仍存在许多不足，虽有港口资源、政策支持、地理区位等优势，但是产业发展基础相对薄弱的局面没有根本改变。钦州港区规模以上企业数量较少，少有的规模企业是近些年才引进的，上下游相关支持企业和配套产业并不完善，产业链未打通，产业集群未形成，工业增加值占地区生产总值比重下降。尽管第三产业产值比重有所上升，但新兴产业的比重仍然较低，科技创新方面的投入也不足。港口、交通、物流、园区等基础设施仍然存在短板问题，口岸服务等软环境建设还不能完全适应扩大开放的需要，营商环境亟须改善和提升。

（四）平陆运河建设与临港区域城市功能空间整合是钦州发展的战略选择

当前，正是钦州获得大力发展的重要战略机遇期，尽管机遇与挑战并存且都出现了新的变化，但是总体来看，机遇大于挑战，钦州须牢牢把握机遇，加快转型发发展的步伐。

RCEP生效实施和中国—东盟自由贸易区升级版建设进程的加快，为广西提供了机遇。中央赋予广西构建面向东盟的国际大通道、打造西南中南地区开放发展新的战略支点、构建中国—东盟信息港的全新平台、建设北部湾经济区与粤港澳大湾区"两湾"联动格局、形成共建"一带一路"有机衔接的重要门户的战略定位。这些战略定位为钦州的社会经济全面发展和区域合作带来重要的机遇与挑战，促进其在面向东盟的国际区域合作中发挥更重要的作用，获得更为广阔的发展空间和更加巨大的发展潜力。

目前，国家积极推进环北部湾城市群建设，广西实施"双核驱动"战略，力求打造一个升级版北部湾经济区。这些举措加强了广西与周边地区的合作与发展，广西成为连接"一带"和"一路"及国内国际双循环的重要枢纽节点。同时，平陆运河世纪工程规划开工、西部陆海新通道加快建设，都将有利于资源、资本、技术、人才、信息等发展要素加速集聚。这一系列举措为钦州市及周边地区带来了更多的发展机遇和潜力。

"十四五"时期，钦州将迎来加快实现"港、区、产、城、人"发展愿景的重要阶段，这是努力成为"建设壮美广西，共圆复兴梦想"排头兵的关键时刻。在这一时期，钦州应全力以赴，发挥自身优势，积极推进各项发展目标，即新型工业化、城镇化、信息化和农业现代化进程提速，发展总量和质量同步提升等，为广西的繁荣发展作出重要贡献。

平陆运河的建设将推动钦州有机衔接共建"一带一路"和"面向东盟"等发展战略。平陆运河将为钦州提供便捷的水上通道，高效连接北部湾和西南内陆地区，为内陆企业提供更多的运输选择，进一步降低物流成本，促使钦州成为一个重要的物流枢纽，促进货物和人员的流动，提高区域内外的互联互通，提高钦州的市场竞争力。平陆运河不仅在交通方面有重要作用，还同时兼具供水、防洪、灌溉和水生态治理等功能，通过最大限度地利用水资源，平衡环北部湾地区的生产和生活用水需求，减轻西江干流的防洪压力，优化钦江流域的水生态环境。这样的综合规划和利用水资源的方式将为地区的可持续发展和水资源管理带来积极影响。此外，运河沿岸的土地将成为钦州发展商业、工业和旅游业的理想场所。

推动钦州临港区域城市功能空间整合，加快打造以北部湾国际门户港为方向的全国重要枢纽港，构筑以中国—东盟自由贸易试验区为引领的高水平开放合作格局，构建以绿色石化业为龙头的现代产业体系，抢抓西部陆海新通道建设重大机遇，有利于平陆运河的建设，更进一步发挥平陆运河货物运输、互联互通、多式联运的功能，提高钦州港口竞争力，推动钦州充分发挥临港经济作用，利用区位优势吸引沿海产业转移，合理进行产业布局，优化产业结构。

（五）平陆运河建设背景下钦州临港区域城市功能空间整合的方向选择

区域经济的协调发展一直是我国经济发展研究中的重要议题。国家"十四五"规划中就指出要坚持深化供给侧结构性改革，推动区域协调发展，培育若干带动区域协同发展的增长极，构建科学合理的城市化格局。科学合理的城市化格局往往取决于城市功能能否在空间布局上准确定位，以及能否与区域内产业结构相匹配，以求充分发挥城市的优势，推动经济发展和产业升级，实现区域发展的良性循环和可持续发展。

在习近平新时代中国特色社会主义思想的指引下，钦州要抢抓平陆运河世纪工程新机遇，把握发展形态，从出海通道向陆海枢纽战略性转变，发挥临港沿海优势，积极整合钦州临港区域城市功能空间。

钦州临港区域城市功能空间整合，一要坚持建设面向东盟、服务共建"一带一路"、连接国内国际"双循环"新发展格局中的全国沿海重要城市的发展新目标，发展思路聚焦于构建大开放、大通道、大港口、大产业、大物流新格局，努力推动经济发展和区域合作迈上新台阶，实现新作为，再创新辉煌；二要坚持"东拓南进、沿江向海发展"的发展战略，推动"港产城"两两联动发展，在互相融合中推动产业结构升级，提高产业集聚和城市辐射带动能力，提升城市现代化水平，为居民提供更好的生活环境和发展机遇；三要坚持构建"四区联动"格局，推进城市快速路网络建设，实施"一环两横四纵一联"规划，加强不同功能组团间的交通衔接，实现主城区、滨海新城、钦州港区和三娘湾旅游度假区之间半小时内的便捷通达。

二 推动钦州临港区域城市功能空间整合的优势与机会

（一）推动钦州临港区域城市功能空间整合的优势

1. 政策优势

钦州作为广西面向世界的窗口，其政治和经济影响力辐射整个广西，临港区域城市功能空间整合战略享受国家级经济技术开发区有关政策、国家西部发展优惠政策、广西本地政府政策红利、民族区域自治政策优势，以及沿海开放和边境口岸开放等一系列优惠政策，为促进钦州临港区域城市功能空间整合提供了强大的支持。这些政策措施为钦州的发展提供了有利条件，推动城市在区域合作和功能整合方面取得显著进展。这些政策的实施将促进钦州地区的经济发展和城市功能的优化升级，吸引更多的资本、技术和人才集聚于此，推动区域的跨界合作与融合发展，为钦州的可持续发展打下坚实基础。

2018年1月5日，《北部湾城市群发展规划广西实施方案》发布，该实施方案要求钦州建设"一带一路"有机衔接重要门户港、推进海洋主体功能区建设、培育发展绿色工业。

2021年8月17日，国家发展和改革委员会发布《"十四五"推进西部陆海新通道高质量建设实施方案》，该方案要求钦州港建设成为高水平的海铁联运自动化现代大港、加强中马双国产业园区产业跨境联动和物流协同作业。

2021 年 10 月 30 日,《广西北部湾国际门户港建设三年行动计划（2021—2023 年）》出台，该行动计划要求钦州提升码头航道设施能力、完善铁海联运集疏运体系、强化与东盟国际合作关系。

2022 年 5 月 7 日,《广西高质量实施 RCEP 行动方案（2022—2025 年）》出台，该方案要求钦州大力发展向海跨境产业链，深入开展中马钦州产业园区金融创新试点，并加快完善国际跨境物流节点。

2022 年 6 月 30 日,《广西壮族自治区生态环境厅关于平陆运河环境影响报告书的批复》公布，该批复要求钦州在做好水污染、大气污染防治措施，保护好钦江饮用水水源保护区、广西钦州茅尾海国家海洋公园的同时，全力支持平路运河的建设。

2. 区位优势

钦州具备独特的区位优势，有利于临港区域城市功能空间整合战略。

从地缘区位视角看，钦州是北部湾经济区的一员，是西部地区唯一沿海地域，拥有独特地理区位，对内是我国西南经济圈、华南经济圈和东盟经济圈的交汇中心，对外与东盟十国有着海上和陆地接壤的优势，通道地位显著。随着北部湾国际门户港的不断发展，钦州将在我国与东盟各国的人文交流、经贸往来和国际合作中发挥重要作用。

从北部湾经济区区位视角看，钦州位于北部湾经济区（南北钦防）"一湾"与"一线"布局的中心，平陆运河的建成将进一步联通钦州与广西各大城市，交通网络不断完善，其地理价值更加突出。

从"一带一路"区位视角看，钦州港所在的北部湾港是中国西南出海大通道的门户港群，钦州是中新互联互通项目国际陆海贸易新通道的主通道和中欧班列铁海联运枢纽的重要港口城市。西部陆海新通道的不断完善将增强钦州港和我国西部各地区的交通运输网络，具有衔接国家"一带一路"倡议布局的区位优势。

平陆运河横穿钦州，超过 80% 的河段位于钦州市内，下游将并入钦江直抵北部湾。钦州市内将新建三座枢纽，即马道枢纽、企石枢纽和青年枢纽。平陆运河的建设将进一步突出钦州在西部陆海新通道战略枢纽和北部湾国际门户港的中心地位。

此外，钦州拥有天然深水港，已成功实现15万吨级集装箱船舶和30万吨级油轮码头投产运营，这使得钦州在面向东盟、抢抓 RCEP 机遇时具有突出区位优势。

3. 资源优势

钦州有优美宜居的城市环境，拥有丰富独特的旅游资源和地域文化，共有30多个4A级旅游景点，包括三娘湾旅游区、八寨沟旅游区、冯子材故居、刘永福故居、大芦村民族风情、王岗山等自然景观，以及椎林叠翠和麻蓝岛等人文景观，为游客提供了丰富多彩的旅游体验，展示了钦州独特的自然美景和悠久的历史文化。

钦州港是一座天然良港，海岸线全长563公里。其三面环陆，向南延伸至大海，拥有宽阔的港池，拥有港口、土地、矿产、植物等丰富的自然资源。此外独特的地理位置也为钦州港创造了良好的避风条件，北部湾港航道水深，具有较强的可挖掘性，且由于其潮差较大，很少出现回淤。钦州港还拥有着广阔的腹地，钦州港码头岸线长达75公里，并可以建设200多个1万~30万吨级别的码头。

4. 人口优势

公安部门统计数据显示，截至2022年末全市户籍总人口420.44万人，比上年末增加0.97万人。全市常住人口331.81万人，其中城镇人口144.96万人，占常住人口比重（常住人口城镇化率）为43.69%，比上年末提高0.87个百分点；乡村人口186.85万人，占常住人口比重为56.31%。全年出生人口3.29万人，出生率为9.93‰；死亡人口2.11万人，死亡率为6.37‰；自然增长率为3.56‰。[①] 近年来钦州经济与人口规模迅速壮大，劳动力约240万人，其中外出务工劳动力近80万人，但随着钦州经济的快速发展，外出务工劳动力正逐步在回流，将为投资企业提供充足的人力资源供给，为城市功能空间的扩张与调整提供支撑条件。

---

① 资料来源：钦州市人民政府网站。

（二）推动钦州临港区域城市功能空间整合的机会

1. 我国宏观政策带来的发展机遇

钦州享有多项国家政策，也享受相应的政策利好，同时作为西部沿海沿边地区，是国家开发建设中的战略高地，这都为钦州临港区域城市功能空间整合提供了宏观政策带来的发展机遇。

2018年1月5日印发的《北部湾城市群发展规划广西实施方案》、2018年1月22日印发的《广西北部湾经济区升级发展行动计划》、2021年8月17日印发的《"十四五"推进西部陆海新通道高质量建设实施方案》、2021年10月30日印发的《广西北部湾国际门户港建设三年行动计划（2021—2023年）》、2022年1月28日印发的《促进加工贸易高质量发展实施方案》等诸多文件都要求钦州积极建设"一带一路"有机衔接重要门户港，建设高水平的铁海联运自动化现代大港，推进海洋主体功能区和海洋先进装备建设，发展绿色工业、新能源材料、电子信息等高端产业；要求钦州加强中马双国产业园区产业跨境联动和物流协同作业、深度实施RCEP、强化与东盟国际合作关系。上述要求为钦州港未来发展带来重大机遇。

2. 产业转移带来的发展机遇

凭借区位、港口、交通等竞争优势，钦州临海工业区吸引了众多知名大企业集团、大公司的投资视线。乘此良机，钦州已形成以钦州港经济技术开发区、钦州保税港区和中马钦州产业园区为核心的临海经济带，这三个工业基地被视为重要平台和关键的经济增长极。钦州拥有钦州保税港区，获批我国第5个沿海整车进口口岸，是全国第二批加工贸易梯度转移重点承接地，将进入中石油千万吨炼油项目、金桂林浆纸一体化项目等自治区级重大项目的"投产回报期"，面临产业转移带来的最佳发展机遇。

2022年，钦州港区临港工业产值提速增长，规模以上工业总产值完成了1286亿元，同比增长了38.5%。其中，全年新开工及在建的百亿元重大产业项目有11个。这一数据充分显示了钦州工业发展的积极势头和吸引大型产业项目投资的能力。

3. 发展钦州临海产业集群的现实需要

2022 年，钦州临海工业产业集群已经初步成型，临港工业产值同比增长 42%。成功实现 15 万吨级集装箱船舶和 30 万吨级油轮码头投产运营。钦州港已吸引 11 家全球排名前 20 的船务公司总计开通了 58 条集装箱航线，覆盖了 200 多个港口和 100 多个国家和地区。其中，钦州港与香港、新加坡之间的航线已实现每天都有班次。

此外，钦州还有 8 条南向通道铁海联运班列开始运营，包括"渝桂新""陇桂新""蓉欧+东盟""云桂新"以及中欧班列（从钦州到波兰马拉舍维奇）、宜宾至钦州、泸州至钦州以及贵阳至钦州等路线。

2022 年，钦州港在自动化码头和铁路一体化运营管理方面取得了重要进展，并成为国内首个实现铁海联运自动化码头的项目。中船修造船一期和力顺轻型载货汽车升级改造项目已竣工。总投资 228 亿元的华谊化工新材料一体化基地项目正式启动建设。国家级石化产业基地、广西轻型载货汽车生产基地启动规划建设，千亿元石化、装备制造产业加快发展，临海产业的发展推动了钦州临港区域城市功能空间整合的进程。

三 推动钦州临港区域城市功能空间整合的困难与问题

（一）推动钦州临港区域城市功能空间整合的困难

1. 钦州老城区与港区距离较远，无法通过内部重组实现功能提升

随着平陆运河开工建设，钦州港区和临港产业得到发展，钦州城市规模不断扩大，但随之出现的问题是钦州老城区到钦州港有 30~40 公里，距离较远，老城区的各项公共服务职能难以覆盖至港区。

此外，尽管老城区各项城市公共职能完善，但其长期所形成的自组织机制和社会生活网络已然固化、老旧，难以迅速革新以承担对整个城市的服务职能。因此如何逐步将钦州的各项公共服务职能，如行政中心、商业中心、交通中心、金融中心等从老城区传统空间结构中布局融入港区发展中是一大

难题。在这种情况下，钦州亟待整合城市空间功能，如商务办公、居住功能、生产服务、交通运营等。

2. 钦州城市扩展方式不利于服务功能的聚集

2000年以来，钦州采用"东拓南进、沿江向海发展"城市空间发展战略，通过优化城市布局，促进港城、产城和学城三个领域的联动融合发展，带动城建提升，产业结构升级，从而提升钦州城市发展的集聚辐射能力，实现城市品质和现代化水平的跨越式增长。但以目前形势来看，实施效果一般。其一是环境品质的影响，钦州港区多是石油、石化、化工产业链类型企业，如中国石油广西石化公司、中粮油脂（钦州）有限公司、广西金桂浆纸业有限公司等，导致港区环境污染较为严重，规划的商业区人气难以聚集。其二是钦州主城区与港区距离较远，30公里以上的空间距离拉长了城市轴线，而服务功能设施特别是公共设施需要一定的集中度和中心性。

3. 城市空间结构严重制约公共职能的发展

钦州城市空间对未来城市发展的商务办公、生产服务和休闲游憩等新的功能发展已形成了明显的制约。近年来，随着八大场馆、滨海大学城、图书馆等的修建，城市体育、教育、公共基础设施用地增幅较大，而公共服务用地增长不明显，为了尽快实现城市功能的转型、满足城市发展的新要求，必须通过城市规划手段对城市空间结构进行重构。

（二）推动钦州临港区域城市功能空间整合的问题

1. 城市与产业空间格局有待优化

钦州临港区域产业结构较单一，尽管石油加工行业占钦州市规模以上工业产值的比重已经由2011年最高的64.7%降至当前的20%左右，但占比依然较大，石化行业对钦州市工业经济发展有着举足轻重的作用，单个行业的发展趋势影响着整个城市的工业经济发展趋势。城市与产业空间格局有待优化，产业集群、企业集群还未真正形成，产业规模偏小，综合效益不高；制造业空间格局有待优化，绩效水平偏低，空间匀质分散、规模粗放。

2. 研发创新能力与产业格局契合不佳

近年来钦州优势产业加快发展壮大，中石油、国投钦州港口有限公司等企业服务力度加大，工业经济保持较高位运行，但是也存在研发创新能力与产业格局契合度不高，研发空间与工业企业离散分置，以大学、创新机构、生产性服务核和企业集群为主体的产学研一体化模式尚未成熟等问题。造成这些问题的主要原因有二：一是知识产权转化能力与优势科教资源不匹配，产业研创成果有限；二是科研机构与产业格局契合度较低，与钦州支柱产业相关的研发空间与工业企业聚合性不强，高等学校、创新机构、生产性服务核和企业集群联系不紧密，未形成具有钦州特色的"产学研"一体化模式，对钦州承担"一带一路"核心枢纽的科技贡献度有限。

3. 运输体系与产业格局衔接不足

钦州航运中转能力有待提升，向西物联能力有限，运输体系与产业格局衔接不足。

一是钦州港需要加快深水航道建设，目前仅有 10 万吨级航道，无法满足全天候进出 10 万吨级集装箱船的需求，现有的航道仅适合 7 万吨级以下集装箱船进港，而新建的 30 万吨级原油泊位目前仅有 1 个。

二是钦州港还面临铁路通道不畅的问题，亟须解决"最后一公里"的运输瓶颈。尽管钦州市目前已经形成半小时城际圈，但钦州港区与其他地区仍未连通铁路，"最后一公里"问题凸显。

三是既有物流运输体系与产业格局衔接不足。石油化工产业链、海洋经济产业链的铁路运输滞后，联运能力有待增强。

4. 生态碎片化逐步显现

生态隔离日趋严重，环境承载存在安全隐患。一是随着临港产业的发展壮大，生态碎片化日益突出，产业发展集约性欠缺，粗放型的空间增长方式造成生态绿色空间比较零碎、城市和自然生态系统隔离割裂、区域承载能力受到严重威胁；二是石化及加工产业发展日趋显著，滨海生态稳定性和可持续发展水平堪忧。钦州环境健康状况使其在承担国家级功能空间发展的规模和质量要求上存在隐患。

四 城市功能空间整合经典案例的做法和经验启示

（一）武汉市的做法和经验启示

中华人民共和国成立以来，武汉经济社会全面发展，城市结构和城市功能发生了巨大的变化。随着5次城市总体规划，武汉市不断整合完善城市功能空间，已成为我国中部地区特大中心城市、全国重要的工业基地、商贸中心、科教基地和交通信息枢纽。

武汉这座城市的崛起与发展始终离不开中央的政策支持，通过整理文件可以发现，"客货运输"和"加工制造"始终位列国家层面定位武汉功能空间的核心领域，而"科教创新"和"资源环境"则是武汉城市功能空间整合的新方向。

1. 调整城市战略定位

"一带一路"倡议下中部地区作为中枢腹地应充分发挥其强大的工业制造能力以及承接产业转移的潜力，承担起后勤保障的重要角色。2016年，武汉市在国务院的批复下成为国家中心城市。目前，顺应发展趋势，武汉的城市战略为，中部后勤保障主核心、海陆丝路互通主枢纽、内陆科研创新主动力。基于此，武汉重点优化建成区的地域组织结构，提高开敞空间与自然生态环境的连通循环水平，不断提升空间发展的弹性适应性和自我调节能力。

武汉拥有强大的科教资源，高校、科研机构、国家创新平台等的数量全国领先。在科技创新领域具有的绝对优势，使得武汉一方面得以通过给予科学技术支撑的方式围绕其城市战略定位开展工作；另一方面在科学技术上自主创新、联合创新，利用科学技术自立自强，在全球新一轮科技革命和产业变革中找到发展机会，蓬勃兴起，成为支撑新时期外向型国家战略的内陆科研创新动力。

2. 重塑功能优化目标

武汉是"长江经济带"和"中部崛起"战略的重要节点城市，在"一带一路"倡议的加持下，武汉在加工制造、运输物流与研发创新等领域被赋予了新的使命。

加工制造业方面，武汉本身就以其强大的产业基础和多元化的产业结构而闻名，在制造业、汽车工业、生物医药、信息技术等领域拥有强劲实力。近年来，在全球化背景下，武汉充分发挥国家中心城市的担当，承接沿海地区制造业转移的重任，促进城市与其他地区的联系，重点打造光电子信息、汽车及零部件、生物医药和医疗器械三大世界级产业集群，分类引导多元产业集聚，优化制造业功能结构，进一步抢占国际市场空间，让"Made in China"成为高质量名片牌。

运输物流方面，武汉作为中国经济地理中心，对外是华中地区唯一可直航全球五大洲的节点城市，对内交通网辐射大半个中国，是连接北方与南方、东部与西部的重要节点。在这样的区位优势支持下，武汉运输物流领域的重点放在发挥区域协调发展的战略支点的使命上。大城发展、交通先行，武汉积极构建"枢纽之城"，在"陆江海"和"陆路海"中转运输、区域货运交通线网上实现突破，强化了运输体系与产业空间格局的对接匹配，以打造未来内陆"Transport in China"主枢纽为目标，提高了运输物流的容量、效率和质量。

武汉在科教人才领域的基础优势及承担的科研创新"先锋"职责要求其必须提升自主研发领先势头，立足中部、放眼全国，深入对接加工制造和运输物流产业格局，着力创新产学研一体化模式，将重点放在战略性新兴产业、传统及现代制造业、物流运输业的尖端成果产出、科研转化应用方面，积极培育文化创意研发，不断提高其在"Create in China"中的支柱地位。

3. 优化功能空间结构

武汉一直坚持"多轮驱动"，不断提升产业链条的互补竞争优势，提高生产网络的弹性适应能力和整体活力。多元化及包容发展是武汉发挥中部后勤保障主核心功能的前提。朝多元化及包容发展是武汉发挥中部后勤保障主核心功能的前提，更是其立足中部及长江经济带、打造"Made in China"脊梁乃至"Create in China"支柱的需要。

在连接"一带"与"一路"的若干通道中，长江扮演重要角色，随着武汉—西安、武汉—重庆陆路运输通道及长江流域航道建设的深入，武汉连通西部丝绸之路与东部江浙省份的中枢地位将进一步凸显；随着武汉—福建沿海、武汉—广东沿海和武汉—广西沿海等陆路大通道的强化和增拓，其连接"丝绸之路经济带"和"21世纪海上丝绸之路"的枢纽作用也将提升；京广大动脉更赋予其连接京津冀、长江经济带和21世纪海上丝绸之路的联络核心地位。

（二）长春市的做法和经验启示

长春市是吉林省省会，是吉林省的政治、经济和文化中心，同时也是我国东北地区的地理中心。其辖区范围内包括1个国家级新区和4个国家级开发区。

长春市中心城区的空间形态总体上呈现团块状布局，据此特点，长春采取"单中心+放射线+环状"结构发展方式。空间结构方面表现为典型的单中心城市结构，这样的优势体现在城心到同半径环线各方位的物理距离比较接近，交通往来非常方便，在这种背景下，长春市中心成为整个城市发展的原动力。另外，长春在城市用地功能布局上呈现圈层式特点，即城市中心的土地价值最高，并按照均匀的半径向城市外围递减，新增居住用地主要布局在城市建成区中部及生态环境较好的边缘区域。城市总体规划采用"紧凑布局、轴向发展"的思路，构建了"双心、两翼、多组团"的城市空间结构。

1. 设立大型工业项目布局与开发区

在计划经济时期，大型工业项目的布局对长春市工业空间产生了深远的影响。这些项目的发展促成了一系列产业区的形成，包括西部客车制造区、西南部汽车工业生产区、东部拖拉机制造工业区和北部制造业配套工业区，构建了环状的工业功能空间布局。这些工业区的形成和布局对长春市整体工业发展和城市空间结构产生了积极的推动作用。这种布局有助于实现工业资源的优化配置和产业链的形成，推动了城市工业的发展和城市经济的整体增长，奠定了环状工业功能空间的基本格局和城市主体功能空间地域，是城市功能分区和用地空间分异的根源。

长春市一半左右的 GDP 都是由其 4 个主要开发区创造的。这 4 个主要开发区包括经开区、高新区、净月区、汽开区，占中心城区总面积的52.19%，为长春城市空间扩展提供了坚固的基石。目前，长春的城市空间规划主要围绕"建立规划区全覆盖"的编制方式进行，以开放不同区域的城市化功能，促进人口集聚，实现由工业集中区向综合功能的城市新区过渡。

2. 城市规划引导与城市空间结构优化

城市规划对城市空间扩展方向和土地利用性质具有导向和限制作用。长春市在城市功能分区的模式上拥有较长的规划历史，为城市空间的演变过程提供了独特的"长春"式模板。

1933 年以来，长春市历经了多版城市规划，规划思想经历了由"单中心"、较为严格的功能分区到"多中心"、功能混合的变化历程。各版城市规划根据时代要求与城市发展阶段不断调整，宏观上引导了工业空间扩展方向和城市功能空间结构的塑造，助力工业空间演变与城市功能空间耦合。

长春市进行城市规划前期，其"单中心、圈层式"的城市蔓延造成了交通堵塞、环境污染等"城市病"问题。为解决此类问题，政府发挥其职能，出台了一系列如调整市区用地结构的城市空间结构优化的政策，这些政策引导着原本位于城中心的大型工业产业向外圈转移，得以保留在城中心的则是为数不多的"都市型工业"。但是这也导致了城市功能空间（工业、居住、服务）的严重分离。

3. 机动化与交通设施完善

长春市道路基础设施建设事业发展迅速，道路面积不断增加。20 世纪90 年代以来，长春市交通设施建设迅速，长吉高速、102 省道、三四环线等重要交通工程的建设与完善相继完成，为工业空间在城市外围沿交通干线扩展与城市空间扩张提供了重要支撑。此外，"条条大路入家门""城乡融合一体化""全域交通便利化"等城乡路畅通行动的完成也织就了长春市城乡畅通、安全、高效、绿色的一体化现代综合交通体系。

以上交通设施的完善为城市空间扩展提供了支撑与引导，尤其对于工业空间的郊区化意义重大。新建工业企业选址不再局限于铁路站场和交通节点附近，开发区内和郊区交通设施的完善促进了工业空间在城市外围的集聚。另外，交通方式决定着城市土地利用空间布局形态和城市规模。城市公共交通和私人交通的快速发展、城市快捷交通系统的建设与完善，缩短了城乡间的物理距离，拉近了群众间的心理距离，让各方资源得以畅通，解决了区域融合发展的梗阻问题，缓和了核心区过度紧凑的格局。这成为支撑城市空间大规模扩展与调整、城市功能空间分离与城市空间增长的必要基础。

（三）福州市的做法和经验启示

福州是福建省省会，位于闽江下游的入海口，是福建省重要的轻工、外贸基地和经济、文化中心。城市地形为河口盆地，城区位于盆地中央。闽江和乌龙江两大河流穿过福州城区。这种地理位置和地形使福州成为一个重要的港口城市，同时也为城市的水资源和交通发展提供了便利条件。

改革开放以来，福州经济社会快速发展，城市规模不断扩大和城市空间结构不断改变。福州的城市形态演变历程包括山麓型（明清时期）、内河型（清代）、滨江型（近代）以及跨江、沿江型（现代）。在城市规模不断扩大的同时，福州城市布局结构也发生重大变化。

1.调整城市空间布局结构

福州位于福建省东部，市内被划分为四个不同的经济区域，主要包括闽江口中心经济区、沿海南翼经济区、沿海北翼经济区和西部山区经济区。这些经济区的划分有助于更好地规划和促进福州市的经济发展，充分发挥各个区域的优势和特点。

除经济区划分外，福州呈现以闽江、海岸线和交通干线为发展轴，以中小城市为重点发展的城市空间布局趋势，注重实行城乡一体化的整体协调发展，形成了"T"字形的城镇体系空间结构。新格局下，福州以中心城为依托，在空港和海港方向上有序滚动发展，并形成了一城（中心城）三组团（马尾、长安、琅岐）的空间布局结构。

2. 强化滨江滨海城市概念

福州市滨江、滨海资源丰富。作为对外开放重要通道，福州非常注重宣传滨江滨海城市的形象。

"东进南下、沿江向海"，既是福州城市发展空间的必然选择，更是福州产业升级的重要途径。福州产业沿江向海集聚，数字经济、临港产业、海洋经济、现代服务业等蓬勃发展，推动形成沿海产业高地，实现福州城市沿江向海跨越式发展，建设了以中心区域为核心、以次中心区域为支撑、以周边卫星城镇为基础的组团式滨江滨海城市。目前，福州港已从河口港向海港发展，工业经济向江阴湾、福清湾两大临港区集聚，形成沿江向海的趋势，现代化产业集聚带正乘势崛起。

3. 打好"海峡牌"，彰显福州是两岸先行先试的综合实验区

自改革开放以来，福州在地理位置上一直有着其独特的战略价值：与台湾隔海相望，地相近、人相亲。这样的区位优势使得福州成为两岸交流合作的重要枢纽，在开展对台工作方面具有独特优势和良好条件。近年来，福州作为"海西"门户，充分发挥对台湾的区位优政策优势和人缘优势，在海峡两岸的交流交往中发挥了先试先行作用。作为海峡西岸经济区唯一的省会中心城市，福州充分利用其对台湾的独特优势，积极磋商，已经达成多项共识，未来将打造福建马祖"同城生活圈"等。

福州（平潭）综合实验区作为与台湾交流的重要窗口，吸引了大量台湾地区工业园区和大型企业进入综合实验区投资和业务发展，成为凸显台湾人文特色、体现台湾企业发展理念、符合台湾产业发展要求的对台合作示范区域。

4. 通过城市空间结构的聚集性扩散拓展福州发展腹地

受到城市空间结构的限制，福州存在以下问题：对外辐射能力不足，经济合作范围较小，城市扩张能力低效。在海峡西岸经济区建设大背景下，福州充分利用自身的优势，树立"服务全省""服务海西"的战略思想，逐步扩大城市空间，通过以下措施拓展城市腹地。

一是扩大福州城区的城市规模，增加城市的空间容量，不断提升省会中心城市的首位度和引导力。

二是着力发展壮大闽江口都市圈，增加城市张力，不断增强省会中心城市的内向力。

三是按照地域产业经济发展和市场资源配置的规律，有针对性地整合城市空间结构。

这些措施推动了福州市的经济发展和城市空间的合理优化，使福州实现了经济社会的可持续发展，达到了通过行政区划调整来提升城市功能的目的。

五　平陆运河建设背景下推动钦州临港区域城市功能空间整合的对策建议

（一）突破现有城市发展空间，调整钦州临港城市空间结构

钦州应突破现有城市发展空间，借助平陆运河建设契机，调整钦州临港城市空间结构。运河沿岸可以规划建设港口码头、物流园区、商贸中心等相关设施，发挥临港城市的功能，打造临港城市的形象。合理规划运河沿线的交通、绿化、居住等基础设施，提升钦州城市的整体品质和宜居性，构建与新的城市功能相适应的城市空间结构。

从空间发展方向、城市山水格局和模式上进行调整，为钦州临港空间结构重构和城市功能成长提供基础。

1. 空间发展方向

坚持"东拓南进、沿江向海发展"城市空间发展战略，优化城市规划，推动港城、产城、学城联动融合发展，改善要素集聚能力和辐射驱动能力，

提升城市发展品质，提高城市现代化水平。

围绕构建"四区联动"格局，推进"一环二横四纵一联"城市快速路网络建设，加强各功能空间的交通联通，并在主城区、滨海新城、钦州港区、三娘湾旅游度假区实现半小时内通达。2025年，钦州市中心的建筑面积将达到120平方公里，人口将达到120万人。

2. 城市发展功能转型与空间需求

随着社会经济全面发展，人们对商务空间、休闲游憩空间等的需求大幅度上升，寻求高品质的城市空间成为必然选择。目前钦州市老城区难以满足发展需要，且东南线交通过于狭长，因此有必要在原有"东拓"的基础上适度"南进"，形成以主城区为主，以平陆运河为轴，大力发展滨海新城、钦州港区、中马产业新城、三娘湾度假区的新型城市空间，打破传统格局。

（1）滨海新城

滨海新城项目是钦州城建近年来全力推进的重大建设项目，其空间规划范围为北接钦州主城区，南应钦州港，临扬帆大道南延长线，西环茅尾海。

滨海新城空间布局结构为"三区"，即白石湖中央商务区、沙井岛休闲旅游和创意研发区、茅尾海辣椒槌生态居住区。其中，白石湖中央商务区位于滨海新城最北端，主要打造金融、信息、商务洽谈及接待服务区；沙井岛休闲旅游和创意研发区被规划定位为旅游风情岛，主要建设滨水宜居区、便捷购物中心以及红树林生态湿地公园等。

重点建设北部湾大学，将北部湾大学所在区域打造中国最美内海新城，成为现代生态滨海城市的核心区。目前钦州城市建设步伐加快，城市基础设施日益完善，城市品位显著提升，人居环境更加优化。

（2）主城区

由于主城区与港口区存在一定的地理距离，钦州主城区的建设主要突出"一江两岸"空间布局，优化其行政、商贸、科教文化、居住和都市型工业的城市公共职能，以提升城市能级，助力钦州早日进入大城市行列。此外主城区一分为二：河东区高起点规划建设，河西区坚持美化改造。

（3）钦州港区

钦州港区主要包括金鼓江工业区和大榄坪工业区，重点发展临港重化工业和港口物流，打造临港工业新城区。因此按照港产城一体化的要求，重点建设钦州港行政商务中心，加快完善城市发展规划体系，重点推进钦州港区疏港交通体系、重大项目配套、海绵城市、基础设施补短板、污水垃圾治理等民生热点问题。进一步优化港区城市空间布局，强化重大产业项目生产要素支撑，补齐城市基础设施和公共服务的"短板"，着力营造优质营商环境，打造宜居、宜商城市功能区。

（4）中马产业新城

按照产城融合的发展理念，加快中马产业园区城市配套功能设施建设，建成金海湾东大街东延长线、北部湾大道东延长线及产业园区快速道路网络、地下综合管廊等项目，构建生产、生活、环境和谐发展的运行机制，搭建园区与城市管理精细化运营平台。

（5）三娘湾旅游度假区

以国际化、特色化、品牌化、高端化为方向，重点开发犀利湾等旅游片区，推进海上观光等功能性项目建设，建成三娘湾中华白海豚救护中心等项目，力争将三娘湾旅游度假区创建成为国家5A级景区。建设集滨海风光、健康养生、会展旅游、影视文化、旅游地产、海洋生态文化科研等功能于一体的现代滨海新区，将三娘湾旅游景区打造成为国际海洋生态旅游休闲度假区。

（二）合理设计城市功能布局，优化城市功能区布局形态

钦州临港区域应合理设计城市功能布局，以构建大开放、大通道、大港口、大产业、大物流新格局为发展新思路，规划培育城市高端职能，打造区域服务中心城市。

城市功能主要有生产服务功能、公共服务功能、高新产业功能、休闲游憩功能、多元居住功能、行政办公功能和物流功能。

1. 生产服务功能

建立高品质商务办公区，面向研发、商务商贸、中介服务、金融和会展等各类生产性服务业，带动钦州整体产业升级，增强城市辐射能力。

2. 公共服务功能

建设区域性文化教育、休闲娱乐和体育卫生等大型公共服务设施，提高市民生活品质，凸显钦州中心城市职能。

3. 高新产业功能

面向新的经济发展阶段，培育海洋、石油、化工等战略性新兴产业和高新技术产业，强化产业研发和创新职能。

4. 休闲游憩功能

充分利用钦州丰富的海洋资源条件，通过海洋系和主要交通轴线串联绿地与开敞空间，形成滨海休闲有机网络；通过滨水空间、湿地郊野公园和特色休闲功能片区，形成由生态休闲空间、特色休闲片区和多元休闲设施构成的休闲功能体系。

5. 多元居住功能

充分考虑各种不同的居住需求，将紧凑居住布局与分散居住布局相结合，中心区结合公交布局安排高密度居住区，塑造活力城市街区；城市外围结合生态廊道和山水条件，适度安排高端居住社区。

6. 行政办公功能

逐步释放钦州市主城区的行政办公功能，缓解主城区的行政办公压力，将市级行政办公职能部分外迁至钦州港区或滨海新城区等。

7. 物流功能

结合钦州市火车东站、火车总站、汽车总站、汽车南站等站点，适当进行交通调整，合理安排钦州港物流仓储设施、建设配送基地。

（三）优化城市空间职能，提升临港产业能级

钦州临港区域应持续推进沿海经济隆起带的产业升级，科学编制沿海地区发展规划，统筹港口、产业、物流和城镇发展。

通过这些措施，钦州将能够更好地发挥沿海经济的潜力，推动产业升级和转型，实现区域经济的可持续发展。同时，合理规划和统筹各项发展，将有利于提高港口的运营效率，推动产业的优化布局，提升物流体系的服务水平，进一步促进城镇发展和城市空间的有序布局。

平陆运河的建设将为钦州临港区域带来新的发展机遇，通过整合港口、运河和临港地区的功能，吸引更多的产业和企业落户，并形成产业集聚效应。钦州港可以发展与港口相关的物流、加工制造、贸易等产业，为临港城市创造就业机会，提升经济发展水平。

平陆运河的建设将为钦州市的交通网络提供新的衔接点和延伸线。在运河沿线规划建设交通枢纽，如港口码头、物流中心和物流园区。通过优化交通网络，实现陆路和水路的无缝衔接，提高城市内部和外部的互联互通，提升交通效率和便捷性。

平陆运河的建设将为钦州市的城市景观提供新的元素。沿运河设置绿化带、景观步道等公共空间，打造宜人的城市景观和休闲空间。运河的开放和利用可以为市民提供更多的休闲娱乐场所，提升城市的品质和吸引力。

平陆运河的建设可以为钦州市的城市规划布局提供新的思路和机会。在运河沿岸规划建设港口码头、物流园区、商贸中心等相关设施，以及配套的居住区和公共空间。通过优化规划布局，提升城市的整体空间组织和功能配套，打造宜居、宜业、宜商的城市环境。

1. 不断优化钦州临港城市空间职能

围绕延伸石化产业链，建成运营 30 万吨级油码头，启动建设三墩循环经济示范岛，加快打造千亿元级国家级石化产业基地。发展港口周围的一些工业园区和加工设施，形成临港开发区、工业区、仓储区和商贸区，不断优化钦州临港城市空间职能，促进沿海产业带的形成和发展，提升临港产业能级。

2. 进一步推动临港产业升级

根据新古典主义经济理论的观点，区域经济增长取决于资本投资和劳动投入，以及全要素劳动生产率的提高，其本质在于工业结构的合理位置和有序演变。钦州应继续推动沿海经济的现代化，制定沿海发展计划，协调港口、工业、物流和城市的发展。

3.调整临港产业布局

钦州应形成临港经济开发区、工业区、物流区、仓储区和商贸区，促进沿海产业带的形成和发展。在形成沿海经济增长点的过程中，钦州必须研究和制定具体措施来培育沿海经济增长点的极点，加快建设连接沿海和内陆地区的综合运输网络，完善东出西联、南北畅通的大交通格局。

（四）加快空间整合，促进港产城联动

港口、产业、城市是钦州发展的三大支撑，钦州临港经济区域的建设，应走港产城组合的发展道路，应在发展战略目标到项目建设、政策措施等方面给予支持和优惠，构建大开放、大通道、大港口、大产业、大物流"五位一体"的新格局，以推动经济发展和区域整体实力的提升，突出以港口建设为重点，以产业发展为支撑，以建设枢纽城市为目标，以大港区为龙头，以两县两区为产业腹地，推进港产城联动，促进临港和县域协调发展。

平陆运河的建设将为钦州港周边地区带来更多的产业机会。通过运河建设和运河经济带发展，内陆地区的资源和产品可以便捷地运输到钦州港，促进物资流通和产业链的延伸。钦州港可以发展与内陆地区产业相匹配的加工制造、物流仓储、贸易等服务业，形成产业协同效应，推动产业链的高效衔接。

平陆运河的建设将为钦州港的城市功能提升提供支持。平陆运河沿线可以规划建设港口物流园区、商贸中心、科技园等相关设施，提升城市的产业、商业和科技创新能力。同时，钦州港可以通过与平陆运河的联动，打造综合交通枢纽、海上丝绸之路沿线的重要节点，提升城市的地位和影响力。

1.优化现代临港产业体系

充分发挥钦州大型临港工业支柱作用，加快建设石化、修造船等一批具

有全国或区域性影响的重要产业基地，培育形成 10 个左右高新技术、战略性新兴产业集群，加快现代服务业的融合，将港口和航运物流作为现代工业集群的核心，构建北部湾沿海现代产业集聚核心区。到 2025 年，临港工业产值占全市规模以上工业总产值比重将达到 60% 以上，服务业比重将提高到 40%。

2. 加强城港合作，促进城港经济发展一体化

港口吞吐量大并不意味着所在城市的经济实力强，临港经济区域发展取决于港口吞吐量、散货量及集装箱吞吐量等因素的综合作用。城离不开港，港离不开城，只有城港相依，紧密合作，互动发展，才能实现"城以港兴，港为城用"的城港经济发展一体化。

3. 巧妙设计城市空间整合节点

钦州港、滨海新城、三娘湾、主城区之间用都市农业、滨海旅游度假区和绿化带隔开，应开通沿海高速运输通道，连接各功能区；协调港口资源，改善区域基础设施，优化区域工业结构，改善城市功能，实施可持续发展战略。集思广益，以港口优势，采取大项目作为领导，探索新的增长点，让港口和城市共同发展和繁荣。

（五）放大空间位势，提升钦州临港区域城市空间能级

1. 开通沿海高速运输通道，促进各节点之间的联系

钦州位于广西北部湾经济区的中心位置，是共建"一带一路"重要节点城市、中新互联互通项目国际陆海贸易新通道和中欧班列铁海联运枢纽重要港口城市。开通钦州与其他节点城市的铁路、公路、航空、水运等多种高速运输通道，配合平路运河对钦州港的物流体系强化作用，加强与其他节点城市之间的联系，有利于提升钦州临港区域城市空间能级，加快把钦州发展为"枢纽城市"。

2. 进一步强化沿海城市概念，彰显钦州市的开放性和融和性

作为共建"一带一路"节点城市及中西部陆海新通道的重要枢纽，钦州应在软环境建设方面向沿海大都市看齐。

3. 推进以人为核心新型城镇化建设，提升基础设施服务水平

钦州应坚持以人为核心，建立一个高质量的公共服务中心，创造一个美丽的栖息地。钦州应集中资源和力量要因素提高基础设施服务水平，维护好基础设施、公共服务和环境，为周边地区提供更高层次的社会服务。

4. 推动科技创新与社会进步

科技创新是产业结构调整与升级的核心动力。社会进步是工业空间与城市功能空间格局演变的重要驱动力。科技创新将促使新型产业空间替换城市内部传统产业空间，改变城市内部空间结构。钦州市应加强临港产业科技创新，促进临港石油、化工、港口运输、海洋等产业集群的发展，继而推动社会不断进步。

参考文献

陈柳钦：《城市功能及其空间结构和区际协调》，《中国名城》2011年第1期。

梁志霞、毕胜：《基于城市功能的城市发展质量及其影响因素研究——以京津冀城市群为例》，《经济问题》2020年第1期。

喻澜迪：《基于大数据的钦州海产品冷链物流体系建设》，《食品研究与开发》2022年第7期。

秦小辉、赵晨曦：《西部陆海新通道物流产业效率及时空演化研究》，《铁道运输与经济》2023年第2期。

王景敏、崔利刚、许茂增：《西部陆海新通道北部湾出海口岸通关效率评价——基于结构方程模型和模糊综合评价法》，《重庆理工大学学报》（自然科学）2022年第5期。

文江雪、邓宗兵、王定祥：《临港产业集聚对区域经济高质量发展的影响——基于知识溢出的视角》，《城市问题》2021年第4期。

朱芳阳：《钦州港口物流与临港工业协同发展研究》，《物流技术》2014年第19期。

冯健、张琦楠：《城市社会空间结构及分异——基于武汉的实证研究》，《城市发展研究》2021年第9期。

田野、罗静、孙建伟、董莹、陈国磊：《武汉城市圈内部空间联系及其轴—辐网络结构演化》，《地理科学进展》2019年第7期。

石磊、张琢、金兆怀：《东北地区城市空间协调发展的动力与对策》，《经济纵横》

2018 年第 10 期。

张鹏、张栩嘉、刘勇、叶亚丽、胡宇鑫、吴彩鹤：《基于土地开发强度的长春市城市空间效率分异研究》，《地理科学》2018 年第 6 期。

欧惠、戴文远、黄万里、黄康、徐乙文：《盆地型城市建设用地扩展与空间形态演变——以福州市中心城区为例》，《地域研究与开发》2020 年第 3 期。

B.7

高质量发展背景下广西北部湾经济区
城市品牌营销策略研究

李威 黄桂媛 朱林森 张书睿*

摘　要： 在高质量发展背景下，借力西部陆海新通道建设，广西北部湾经济区积极把握发展机遇，努力提升区域城市品牌"软实力"，其产业发展迅速，经济提升显著。本报告基于当前广西北部湾经济区城市品牌营销建设现状情况和政策背景，客观总结分析广西北部湾经济区城市品牌营销"多点开花"的发展现状和"各自为战"发展环境，从区域城市品牌发展现状和营销环境两方面，解析广西北部湾经济区城市品牌营销存在的问题和未来发展方向，以及地区"区域特色，开放发展"的城市品牌营销策略。通过借鉴国内国外城市品牌营销案例，结合广西北部湾经济区特色，本报告提出未来广西北部湾经济区城市品牌营销的策略选择，为提升广西北部湾经济区发展"软实力"提供发展方向与先进模式。

关键词： 北部湾经济区　城市品牌　广西

---

* 李威，北部湾大学讲师，陆海新通道北部湾研究院科研秘书，主要研究方向为产业经济与国际贸易；黄桂媛，北部湾大学教授，硕士生导师，北部湾大学钦州发展研究院副院长，主要研究方向为区域经济与物流；朱林森，北部湾大学经济管理学院教师，北部湾海洋发展研究中心和陆海新通道北部湾研究院研究员，主要研究方向为区域经济发展；张书睿，北部湾大学在读硕士研究生。

2017 年召开的中国共产党第十九次全国代表大会首次提出了"高质量发展"这一表述，表明我国经济已由高速增长阶段转向高质量发展阶段，正处于转变发展方式、优化经济结构、转换增长动力的攻关期。2022 年，中国共产党第二十次全国代表大会再次提出"着力推进高质量发展，推动构建新发展格局，实施供给侧结构性改革"。进入新时代以来，我国经济实力实现历史性跃升，十年来，我国国内生产总值从 2012 年的 54 万亿元增长到 2021 年的 114 万亿元，经济总量占世界经济的比重达 18.5%，提高 7.2 个百分点，稳居世界第 2 位；十年来，人均 GDP 从 39800 元增加到 81000 元，城镇化率提高 11.6 个百分点，达到 64.7%。随着城镇化率的提高，以及对城市品牌化理论与城市品牌营销研究的兴起，城市品牌化被认为是提升城市竞争力的有效手段。城市品牌包含了企业发展的要素积累、空间集聚（产业集群）、政府服务和原产地效应、文旅资源等，其本身就是品牌经济的重要组成部分，同时也是企业品牌与地区空间功能互动的治理平台。一个正面、积极的城市品牌形象能够为地区的招商引资、旅游发展、人才引进和市民服务赋予更大的吸引力和竞争优势。广西北部湾经济区城市品牌建设近年来处于起步建设阶段，但在高质量发展的大背景下，城市品牌营销建设将成为推动广西、北部湾经济区进一步发展的"软实力"基础。

一 广西北部湾经济区城市品牌营销的重要性与意义

（一）广西北部湾经济区城市品牌营销的重要性

1. 进一步扩大区域城市品牌影响力

近年来，在高质量发展的背景下，广西北部湾经济区（以下简称"北部湾经济区"）迅速发展，中国—东盟信息港南宁核心基地、钦州港无人自动化智慧码头、防城港国际医学试验区等产业园区和科技项目的落户，为北部湾经济区的高质量发展提供了"硬实力"基础。但北部湾经济区城市品牌影响力相对于邻近省份如广东、云南省份，呈现影响力弱、宣传效果差等问题。切实进行城市品牌营销能够解决当前北部湾经济区面临的宣传"软实力"困境与缺陷，在高质量发展和政策加持的背景下，能够进一步扩大北部湾经济区城市品牌影响力，为未来的转型发展打下宣传基础。

2. 促进区域产业提质增效发展

北部湾经济区是西部陆海新通道的海上国际门户港、中国—东盟自贸试验区主要建设地，以及承接西南内陆、面向东盟开放的沿海桥头堡。其在基础设施建设等"硬实力"方面的建设日益完备，但在城市品牌建设和品牌文化营销等"软实力"方面的建设匮乏。城市发展时间短，城市品牌营销和建设起步晚，北部湾经济区产业政策优势与区位开放优势未能充分发挥，待开发潜力巨大。城市品牌营销能够提升北部湾经济区整体区域性影响力，扩大产业政策优势和区位开放优势的辐射范围，在广西高质量发展的关键节点，能够促进北部湾经济区产业效益的提质增效和技术的更新迭代，让区域开放优势和产业政策优势潜力充分发挥，将其区域城市品牌优势转化为发展动力，可为区域产业发展提供发展新动能。

3. 推进北部湾经济区高质量发展

当前北部湾经济区正处于"十四五"高质量发展的重点建设阶段，城市品牌营销作为能够充分发挥北部湾经济区产业政策优势和区位开放优势的关键建设点，其作用意义不言自明。城市品牌营销是北部湾地区产业经济优势和区位开放优势充分发挥的前提条件之一，因此在未来一段时间内，建设重点应围绕区域城市品牌营销和建设实践展开，着重提升城市品牌建设力度和强度，提高区域城市品牌宣传力度和知名度，更好发挥北部湾经济区特有的产业政策优势和区位开放优势，打造"国际北部湾""活力北部湾"，充分发挥区域城市品牌营销实践和建设的优势，促进北部湾经济区提质增效的转型发展。

（二）广西北部湾经济区城市品牌营销的意义

1. 增强北部湾经济区城市治理水平

在高质量发展背景下，当前我国区域城市品牌营销和建设在打造城市品牌方面存在诸多的问题。广西北部湾经济区是区域城市品牌营销和建设的典型代表案例，作为区域内包含沿海旅游城市、沿边开放城市、中心省会城市、工业产业城市的多城市种类的经济区域，北部湾经济区自身区域内可利用的城市品牌营销和建设资源，尤其是海洋旅游资源和区位开放资源非常丰富。但由于其城市品牌营销和建设滞后，优势资源并未得到最大限度的发挥，区域城市治理水平有待提高。北部湾经济区当前可利用的产业优势资源、基础设施资源较多，但是其优势资源竞争力、吸引力与发展能力严重不足，阻碍了区域城市品牌的深层次打造与城市治理水平发高质量发展。加强北部湾经济区城市品牌营销和建设可在一定程度上帮助北部湾经济区提高区域城市治理水平，鼓励和支持多元社会主体如企业、群团等参与区域城市品牌打造，提升区域竞争力、产业吸引力、技术发展力，以帮助北部湾经济区实现更好的发展。同时，可吸纳和借鉴不同区域城市品牌营销和建设成功经验，根据北部湾经济区独有特点，为北部湾打造区域城市品牌提供具有针对性的对策和建议。这对于北部湾经济区城市治理水平的提升具有十分重要的价值。

2. 丰富区域城市品牌营销理论

随着我国城市化的发展和城镇化率的提高，以及区域经济的规模发展，区域城市品牌打造变得越来越重要。目前学术界大多以单独城市为基础，从经济学、市场营销学、地理学等学科视角，从城市品牌的传播和推广等方面对如何利用城市营销活动打造城市品牌进行解读，且多数学者研究"京津冀""长三角""粤港澳"等老牌区域的城市品牌，鲜有学者以北部湾经济区城市品牌为研究对象进行区域城市品牌营销实践的研究。此外，学界还未对区域城市品牌营销活动打造多元社会主体协同参与和各政府部门的协同进行深入和系统化的研究，并且当前缺乏与区域城市品牌营销和建设相关的实证研究。因此，本报告能够在一定程度上弥补现有研究领域中关于区域城市品牌营销问题的研究空白，完善城市治理理论体系，为我国各地政府打造城市品牌和提升城市治理水平提供学术参考，丰富国内关于区域城市品牌营销实际案例和理论基础。

二 北部湾经济区城市品牌营销现状及存在的问题

（一）北部湾经济区概况

广西北部湾经济区地处中国西南沿海，由南宁、钦州、北海、防城港、玉林、崇左六市所辖行政区域构成。2008 年 1 月 16 日，国家批准实施《广西北部湾经济区发展规划》，广西北部湾经济区成立。在《广西北部湾经济区发展规划》中，国家提出把北部湾经济区打造为西部大开发和面向东盟开放合作的重点地区，将北部湾经济区建设成为中国—东盟开放合作的物流基地、商贸基地、加工制造基地和信息交流中心，成为带动支撑西部地区开发的战略高地和开放度高、辐射力强、经济繁荣、社会和谐、生态良好的重要国际经济合作区域。

1. 经济概况

2022 年，北部湾经济区生产总值达到 13026.09 亿元，占广西全区的49.5%。同年广西北部湾经济区社会消费品零售总额 4441.9 亿元，占广西全区的 52.01%；社会固定资产投资达 12559.62 亿元；六市累计旅游总消费4142.98 亿元；规模以上工业总产值 8598.95 亿元。2022 年北部湾经济区规模以上工业产值增速 7.2%，工业投资增速 35.5%。北部湾经济区工业投资前景向好，工业投资增速和规模以上工业产值增速高于广西平均增速。

2. 社会概况

北部湾经济区最初由南宁、钦州、北海、防城港四市构成，2014 年玉林、崇左两市加入北部湾经济区。截至 2022 年底，北部湾经济区内常住人口2344.79 万人，其中南宁市常住人口 889.17 万人，北海市常住人口 184.89 万人，防城港市常住人口 105.91 万人，钦州市常住人口 331.81 万人，玉林市常住人口 582.3 万人，崇左市常住人口 250.71 万人；城镇化率达 58.2%（见图 1）。

北部湾经济区土地面积 7.33 万平方公里，占广西全区的 30.8%。2022年，北部湾经济区社会消费品零售总额 3341.94 亿元，占广西全区社会消费品零售总额的 52%（见图 2）。广西北部湾经济区以占广西 49% 的常住人口消费了广西 52% 的社会消费品，可见其强劲的经济发展活力。

当前，北部湾经济区城市建设和产业园区发展迅速，南宁五象新区、钦州中马产业园、北海中电产业园、自贸试验区崇左片区等一大批新区落地北部湾且规模发展逐步壮大。《广西北部湾经济区高质量发展"十四五"规划》指出，北部湾经济区将建设面向东盟的现代服务业体系，推动文化旅游高质量发展和区域一体化联动发展提升北部湾经济区城市品牌知名度。

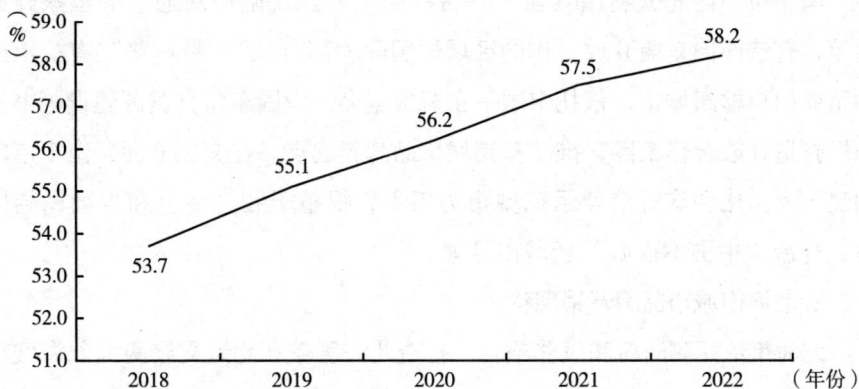

图 1　2018~2022 年北部湾经济区城镇化率

资料来源：历年《广西统计年鉴》。

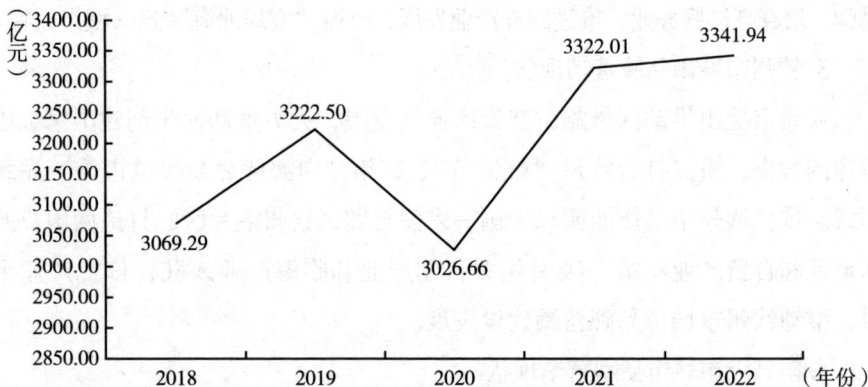

图 2　2018~2022 年北部湾经济区社会消费品零售总额

资料来源：历年《广西统计年鉴》。

241

（二）北部湾经济区城市品牌营销现状

当前，北部湾经济区城市品牌多以打造旅游、消费、康养等服务型城市品牌为主，重点以"一核双轴"为布局进行经济区城市建设。其中，"一核"即以南宁为中心城市，"双轴"分别是以钦州、北海、防城港为沿海湾区建设轴，以玉林，崇左为内陆边境建设轴。

1.南宁市城市品牌营销现状

南宁市当前充分利用共建"一带一路"和西部陆海新通道等国家开放政策，打造面向东盟开放合作的区域性国际大都市、"一带一路"有机衔接的重要门户枢纽城市，依托中国—东盟博览会、中国东盟自贸区建设等渠道积极打造开放合作氛围，推动营销城市品牌新起点。在文旅方面，南宁市以创建国家文化和旅游消费示范城市为抓手，根植于壮乡特色和少数民族风情，打造"中国不夜城"新城市品牌。

2.北海市城市品牌营销现状

北海市依托涠洲岛和康养项目，打造北海服务和北海文旅两大北海城市品牌特色。重点通过文旅资源营销宣传"魅力北海"品牌IP，推广天下第一滩、中国最美海岛、南珠文化、海丝文化、中国最美红树林、水上运动之都六大文旅品牌，提升北海文旅品牌知名度。打造"幸福宜居"城市公共服务品牌，培育高端服务业，推进康养产业发展，打造"宜居北海"这一城市品牌。

3.钦州市城市品牌营销现状

钦州市提出推动区域旅游建设高质量发展，大力推动钦州创建国家级旅游休闲城市，重点打造钦州"蚝情节"、三娘湾白海豚之乡等城市旅游品牌形式。依托钦州中马产业园和中国—东盟自贸区钦州港片区，打造两国双园示范区和自贸产业集群，吸引相关科创产业和临海产业入驻，依托产业平台，推动钦州市城市品牌营销建设发展。

4.防城港市城市品牌营销现状

防城港在沿边沿海的地理优势和交运优势下，于2023年4月在重庆召开防城港城市品牌推介会。在西部陆海新通道建设中，推进防城港市打造

"西南门户、边陲明珠"防城港城市品牌。通过招商引产、共建专项资金等方式，吸引大型企业项目入驻港区市区，提升城市影响力。打造优质营商服务环境，进一步推进文旅企业报税贷款便利化，有助于企业更好地谋划创意营销活动。招商产业引入和营商环境的塑造推动防城港市城市品牌营销活动进一步发展。

（三）北部湾经济区城市品牌营销存在的问题

当前北部湾经济区城市品牌营销在产业基础和政策加持的背景下虽然发展势头良好，但是相比国内其他区域城市品牌营销效果和营销手段，其还存在如下问题。

1. 缺乏区域整体性品牌营销活动

目前，南宁市在推动打造"中国绿城"和中国—东盟区域性金融商贸中心的城市品牌；北海市在极力发展当地特色文旅产业，建设国际滨海度假休闲城市；钦州市着力打造北部湾临海核心工业区，依托自身生态优势着力发展"白海豚之乡"；防城港市在打造海洋文化名市和边陲旅游风光的城市品牌形象，利用东兴口岸边境旅游资源进行品牌营销；玉林市依托自身绿色种植业，打造"五彩玉林、田园都市"城市品牌；崇左市依托边境发展旅游业，打造边关明珠城市品牌。但就目前区域城市品牌营销和建设来说，北部湾经济区六市的城市品牌形象是相互割裂的，任何一个城市的品牌营销定位或是品牌形象设计都不能完全代表广西北部湾经济区的区域形象。如果北部湾经济区城市品牌营销不作为一个整体品牌来规划，那么任何一个城市的竞争力和发展潜力都是相当弱的，根本不能与珠三角、长三角等经济发达地区相提并论。广西北部湾经济区内六市之间的竞合关系较为复杂，这使得行政区划和行政事务一定程度上阻碍了区域内资源的整体发展。北部湾经济区各城市间缺乏有效的合作交流机制，虽然近年基础设施和道路交通不断完善，但是由于缺乏建立合作交流机制，六市统一的城市品牌营销和建设始终没有建立，各行政区经济和地方保护阻碍了各种资源的自由流动和跨地区的合作，还没有实现区域内各城市间产业的优势互补，没有对区域内优势资源进行整体的评估，更未整合区域内优势资源，打造整体区域城市品牌营销方案，区域内优势资源未发挥更大的提升效用。

2. 缺乏系统科学的品牌营销战略规划

城市品牌营销活动需要系统长远的战略规划作为方法指导，规划的制定和运作需要政府作为决策者在实施的过程中不断地修改完善。当前广西北部湾经济区虽然在推进区域建设、提高区域经济水平的过程中取得了一定的成绩，但是政府决策者缺乏对于城市品牌营销战略的专业规划，也没有将品牌营销理念紧密融合渗透到具体的实践行动中。广西北部湾经济区对于区域内资源的整合、市场的划分等规划工作做得还不够系统专业。另外，当前一些决策者没有充分考虑到城市品牌营销与区域可持续发展间的联系，存在忽略生态环境发展的整体利益和长期利益，只考虑到了当前经济利益，造成了资源的浪费和环境的破坏的现象，这些都有碍于城市品牌营销活动的作用体现，城市品牌营销涉及多种要素，城市管理者和活动实施者需要确认品牌营销主体、客体、目的、工具等基本要素，并把营销目的分解成具体的工作任务。广西北部湾经济区城市品牌营销的主体是各地方政府。各地方政府要根据打造区域品牌这一体目标，分工协作充分利用共同的资源，集中资源优势，但目前如何合作、哪个部门负责品牌营销活动还没有明确的规范。城市品牌营销客体是多方面的，它包括政府政策、公共产品和服务，这是营销活动的关键环节，要结合多元化的营销目的、广泛和不同的营销对象组合设计不同的城市品牌营销规划。营销活动的成功离不开系统的战略规划。目前广西北部湾经济区各地政府开展的城市品牌营销活动尚缺乏系统、科学的品牌营销战略规划。

3. 缺乏有效准确的城市营销管理理念

作为城市品牌营销建设实施主体的政府和企业，其对待城市营销的态度直接影响到城市品牌营销活动的各个方面。北部湾经济区城市品牌营销活动开展困难的根本原因是缺乏精准的城市品牌营销管理理念。随着城市品牌营销理念的引入，政府和企业应树立营销学的顾客导向的观念，将把公众当成顾客来对待作为城市品牌营销活动开展的准则。只有将群众的利益、顾客的满意度作为营销活动运行的标准,才能真正地运用营销活动来提升城市竞争力。当前,广西北部湾经济区各地方政府对城市品牌营销概念的理解还不够深入,不理解它的真正含义,更不知道该如何针对自身区域资源情况进行实际营销应用,城市与城市之间存在大量设施的重复建设,这既造成了资源的浪费,又没有达到应有的营销效果,在经济建设过程中还存在为了经济利益最大化而忽略自然环境的现象。从总体上讲,广西北部湾经济区在对区域城市品牌营销活动管理经营的过程中,未能树立准确的城市营销观,城市营销活动投入不到位,营销力度不够,城市品牌营销并未达到理想的状态。目前北部湾经济区内的城市品牌营销活动都是各市所开展的零散的基于本城市品牌的营销活动,其营销效果有一定的局限,统一的区域营销格局尚未形成,具有竞争力的区域品牌也尚未形成。

三 北部湾经济区城市品牌营销环境分析

本报告用 PEST 分析法分析北部湾经济区城市品牌营销环境。PEST 分析法是一种宏观环境分析方法,早期该方法主要应用于企业外部环境分析,包括识别与评价当前和未来影响企业的政治、经济、社会以及技术等环境因素,这类因素大多为不可控因素。随着该方法的不断发展与应用,学者逐渐发现 PEST 分析法适用于城市品牌营销战略的制定,原因在于宏观环境的变化将极大地影响一个城市的未来发展,从而为城市提供机遇,但也为城市发展带来一定的威胁。因此。为了全面掌握现阶段北部湾经济区城市品牌营销的现状,分析当地城市品牌营销的必要性和重要性,本部分采用 PEST 分析法对北部湾经济区城市品牌建构的宏观环境进行分析。

(一)政治环境分析

一是国际政治环境分析。当今世界正处于百年未有之大变局的时代,世界多极化、经济全球化不断深入发展,和平、发展、合作、共赢的时代潮流不可逆转，人类社会越来越成为"你中有我、我中有你"的人类命运共同体。中国适时提出"一带一路"倡议、"双循环"战略等，携手"一带一路"沿线主要国家共建人类命运共同体。信息时代的来临、技术革命的发展、城市化进程的加速以及人口的跨境流动也不断推进中国与东南亚国家命运共同体的形成。近年来，中国积极与东盟国家建立合作关系，如中国—东盟自贸区的正式建立、《区域全面经济伙伴关系协定》（RCEP）对15个成员国的全面生效、中国—东盟全面战略伙伴关系的建立等。广西北部湾经济区作为中国—东盟开放合作的前沿，在服务国家周边外交战略中扮演重要的角色。特别是党和国家制定、修订和印发了《广西北部湾经济区发展规划》，给予了北部湾经济区建设重要国际经济合作区的重要使命。

二是国内政治环境分析。党的十九大报告与党的二十大报告明确了我国社会的主要矛盾是人民日益增长的美好生活需要和不平衡不充分的发展之间的矛盾，并紧紧围绕这个社会主要矛盾部署了在新时代推进中国特色社会主义的伟大事业和党的建设的伟大工程，为新时代中国特色社会主义现代化建设提供了坚实的政治保证。2014年10月，国家发改委修订的《广西北部湾经济区发展规划》指出，"努力建成中国—东盟开放合作的物流基地、商贸基地、加工制造基地和信息交流中心，建成重要的国际区域经济合作区"。2017年4月，习近平总书记在北部湾经济区调研时，作出了"要重点发挥北部湾经济区龙头作用，带动全区在更高层次、更宽领域参与国际合作与竞争"的重要指示。这为北部湾经济区高质量发展指明了前进的方向。2021年，《广西北部湾经济区高质量发展"十四五"规划》指出，"十四五"时期北部湾经济区的主要目标为"经济区综合竞争力和战略功能地位大幅跃升，与全国同步基本实现社会主义现代化"，等等。

（二）经济环境分析

自《广西北部湾经济区发展规划（2014年修订）》印发后，北部湾经济区经济运行延续总体平稳、稳中向好发展态势，部分指标增速高于全区平均水平，部分市主要指标增速位居全区前列。

在国内生产总值方面，"十三五"时期，北部湾经济区 GDP 年均增长率明显高于全区平均水平，固定资产投资年均增长率达到 10.1%，社会消费品零售总额年均增长率达到 6.4%。电子信息、绿色石化、临港新材料、林产加工、硅科技、能源、高端服务业、文旅八大产业集群加快形成，其中产业集群总产值将近达到 8000 亿元。在制造业企业数量方面，营业收入超过 100 亿元的企业占全区总数超过四成。此外，经济区信息技术产业、生物产业、高端装备制造产业、节能环保产业等战略性新兴产业快速发展并逐步壮大。如表 1 所示，2020 年，北部湾经济区地区生产总值突破万亿元，占全区比重达到 48.3%，财政收入占全区比重达到 52.5%；2021 年，北部湾经济区地区生产总值为 12148.78 亿元，同比增长 8.0%，占全区比重达到 49.10%；2022 年，北部湾经济区地区生产总值为 13026.09 亿元，同比增长 3.4%，占全区比重达到 49.53%。2020~2022 年北部湾经济区地区生产总值以及占全区比重逐年递增。

表 1　2020~2022 年广西北部湾经济区地区生产总值以及同比增长率

单位：亿元，%

地区	2020 年		2021 年		2022 年	
	生产总值	同比增长	生产总值	同比增长	生产总值	同比增长
全区合计	22156.69	3.7	24740.86	7.5	26300.87	2.9
六市合计	10694.10	3.1	12148.78	8.0	13026.09	3.4
四市合计	8124.02	2.8	9089.08	7.5	9777.63	3.3
三市合计	3397.68	1.6	3968.14	9.4	4559.29	5.8
南宁市	4726.34	3.7	5120.94	6.1	5218.34	1.4
北海市	1276.91	-1.3	1504.43	8.8	1674.21	3.5
防城港市	732.81	5.1	815.88	9.4	968.08	5.1
钦州市	1387.96	2.6	1647.83	10.0	1917.00	8.2
玉林市	1761.08	3.3	2070.61	9.9	2167.46	2.5
崇左市	809.00	6.1	989.09	9.8	1081.00	6.1

注：同比增长为剔除价格因素后的增长。

资料来源：广西壮族自治区北部湾经济区规划建设管理办公室网站。

在工业经济方面，2022 年北部湾经济区工业经济实现稳步发展，规模以上工业增加值同比增长 7.2%，高于全区 3 个百分点。其中北部湾经济区电子信息、林浆纸与木材加工、绿色化工、能源发展、粮油和食品加工、生物医药和健康、冶金精深加工、装备制造产业八个重点临港产业集群营业收入突破万亿元，达到 1.08 万亿元，同比增长 9.7%。在重大项目方面，2022 年北部湾经济区取得积极进展，其中港航基础设施建设取得新突破，北部湾港集装箱船时效率同比提升约 5%，集装箱最高船时量较 2021 年最高纪录提升 4%，集装箱船舶平均等泊时间同比减少 11%；同时，重点产业项目支撑作用明显，2022 年，钦州港自贸片区全年新开工并投入建设的百亿级别的重大产业共 11 个，总项目投资金额高达 2200 多亿元，项目与投资金额均创历史最高，惠科电子北海产业新城一期铜箔项目、新福兴硅科技产业园等项目启动建设。

在国际贸易方面，如表 2 所示，2022 年，北部湾经济区外贸进出口总额同比增长 14.5%，高于全区 3.2 个百分点，其中出口总额同比增长 31.5%，高于全区 5.4 个百分点。北部湾港累计完成货物吞吐量排全国主要港口（含内河港口）第 10 位，同比增长 3.7%，集装箱吞吐量排全国主要港口第 9 位，同比增长 16.78%，在全国前 10 名港口中增速最高；西部陆海新通道铁海联运班列线路已通达我国 18 个省（区、市）60 市 116 站，覆盖全球 113 个国家和地区的 338 个港口；西部陆海新通道铁海联运班列开行量突破 8800 列，达到 8820 列，同比增长 44%，日均发车约 24 列，累计发送集装箱 75.6 万标准箱，同比增幅 18.5%；北部湾经济区 4 个综合保税区进出口总值达 193.8 亿元，占全区外贸总值的 29.3%，同比增长 12.2%。

表 2　2022 年广西北部湾经济区进出口总额以及累计同比增速

单位：亿元，%

地区	累计总量	在自治区排位	累计同比增长	在自治区排位
自治区合计	6603.53	—	11.3	—
四市合计	3280.90	—	22.7	—

地区	累计总量	在自治区排位	累计同比增长	在自治区排位
六市合计	5544.05	—	14.5	—
三市合计	1770.83	—	22.5	—
南宁市	1510.07	2	22.9	4
北海市	344.07	6	14.4	6
防城港市	784.57	3	-11.7	13
钦州市	642.19	4	150.8	1
玉林市	43.44	12	11.6	7
崇左市	2219.70	1	4.4	10

资料来源：广西北部湾国际港务集团有限公司、广西壮族自治区北部湾经济区规划建设管理办公室网站。

综合来看，北部湾经济区在高质量发展背景下建构城市品牌拥有"四大经济优势"。一是沿海开放优势。北部湾经济区拥有全国领先的港口吞吐量与集装箱吞吐量，经过几十年建设，港口功能完善，服务功能完备，可利用建设用地充足，为临港产业发展打下了坚实基础。二是区位和交通优势。北部湾经济区是中国西部唯一沿海、中国与东盟唯一海陆江相连的经济区。它东邻粤港澳，南临北部湾海域，跨海连接东盟十国，北联云贵川湘等内陆腹地，处于中国—东盟、华南和西南三大经济圈的中心，是西南中南地区最便捷的出海出边大通道，是中国—东盟开放合作最重要、最便捷的门户，是中国沿海新兴的经济增长极和国内唯一的国际区域经济合作区。三是产业基础雄厚的优势。北部湾经济区近年来发展重心都是发展工业经济，具备多种资源优势与多重临港产业发展的基础，近年来吸引了一大批优秀的国企、民营企业入驻北部湾经济区。四是政策叠加优势。北部湾经济区享有国家西部大开发、沿海开放开发、民族自治等多种国家政策。南宁是广西壮族自治区的首府，又是北部湾经济区最重要的城市之一，从2004年开始就成为东盟博览会永久举办城市。中国（广西）自由贸易试验区中的南宁片区、钦州港片区以及崇左片区均位于北部湾经济区。

（三）社会环境分析

一是教育状况分析。一般来说城市居民的文化水平的高低能极大地影响该城市的消费理念与水平。城市的教育与文化水平越高，消费者的消费理念也会趋向于合理或者超前，因此设计城市品牌营销时应设计出符合城市自身和区域经济发展要求的城市定位与策略。近年来，北部湾经济区内高校数量稳步增长，结构不断优化，使得该地区城市居民接受教育水平持续提高，精神文明建设不断提升。目前北部湾经济区拥有高等学校 81 所，其中，普通本科院校 20 所，高职高专院校 35 所，为该地区的发展提供了重要的人才支撑。

二是城镇化分析。《中华人民共和国国民经济和社会发展第十四个五年规划和 2035 年远景目标纲要》要求"发展壮大城市群和都市圈，分类引导大中小城市发展方向和建设重点，形成疏密有致、分工协作、功能完善的城镇化空间格局"。城镇化的发展过程不能仅关注各项指标，更重要的是提高整个城市的治理水平与竞争力，从而致力于打造一批和谐宜居、富有活力、各具特色的城市。近年来，北部湾经济区推进以人为核心的新型城镇化，全面提升区域城乡协调发展水平，构建以南宁强首府为核心，以北钦防一体化发展为重要增长极、玉林和崇左"两翼"联动的区域协调发展新格局。其中"十三五"时期北部湾经济区常住人口城镇化率从 2015 年的 53% 左右提升至 2020 年的 56.2%，城镇化发展态势良好，为区域城市品牌营销奠定了坚实的城镇化基础。

三是文化环境分析。受地理因素影响，北部湾经济区的文化主要表现为海洋文化的特点。据史料记载，合浦是汉代丝绸之路开通之后的始发港，早在秦汉时期就存在船舶航运的记录。北部湾地区属于沿海地区，人们通过开展国际贸易与文化交流，从而积累了深厚的具有鲜明地域特征的海洋文化。首先，北部湾经济区拥有丰富的历史文化资源，例如"灵山古人类洞穴"是目前广西最早旧石器时代的文化遗址；钦州的独料和谭池岭搪瓷是新石器时期北部湾沿海先民活动的遗址；拥有海上丝绸之路始发港遗址、大型汉墓群、明清城墙遗址；拥有古寺、古庙、古塔、古亭、古桥、百年老街、夕阳建筑群和名将故乡等大量历史遗存。其次，北部湾经济区拥有灿烂的民族（民俗）文化资源。北部湾经济区是一个拥有汉族、壮族、侗族、瑶族、京族等12个民族的多民族集聚地；拥有"凿牡蛎""京族围箔"等生产技艺类的非物质文化遗产；拥有"京族独弦琴艺术""京族哈节"等音乐艺术、民俗类的非物质文化遗产。最后，北部湾经济区拥有丰富的旅游文化资源，例如钦州坭兴陶烧制技艺、北海银瞭滩、德天瀑布、青秀山、三娘湾、刘冯故居等。

（四）技术环境分析

一是科技创新综合实力分析。近年来，北部湾经济区各市科技投入持续提升，科技创新综合实力明显提升。"十三五"时期，北部湾经济区研究与试验发展（R&D）经费支出 334.21 亿元，占"十三五"时期全区研究与试验发展（R&D）经费支出总额的 44.87%，研究与试验发展人员全时当量共 88087.8 人年，占"十三五"时期全区的 41.95%，专利申请总计 124176件，占"十三五"时期全区的 48.41%，科技创新综合指数均在全区占有重要的比重。2020 年，北部湾经济区更加重视研究与试验发展（R&D）经费投入，其中 2021 年南宁市全社会研究与试验发展（R&D）经费约达 57.3亿元，占全区总量的 28.7%，比上年增加约 7.19 亿元，同比增长 14.35%，经费总额、增长量均为全区各市首位；全社会研究与试验发展（R&D）经费强度约为 1.12%，较上年增长 0.05 个百分点，高于全区平均水平 0.81 个百分点。2021 年北海市全社会研发经费投入 6246.8 万元，同比增长 148%。2021 年钦州市全市研发经费投入 3.9 亿元，投入强度为 0.24%。

二是重点产业园发展情况分析。2022 年，北部湾经济区重点园区集聚效应显著提升。如图 3 所示，10 个重点产业园区规模以上工业总产值实现 8598.95 亿元，同比下降 3.1%，降幅比前三季度收窄 7.7 个百分点。其中，中国（广西）自由贸易试验区钦州港片区积极探索"两国双园多区"联动发展，深入开展中马钦州产业园区金融创新试点，跨境合作园区发展成效显著，2022 年自贸区钦州港片区规模以上工业总产值同比增速达 38.5%；北海铁山港工业区同比增长 21.6%、北海经开区同比增长 14.2%、防城港经济技术开发区同比增长 9.1%、南宁经济技术开发区同比增长 8.0%、广西—东盟经济技术开发区同比增长 7.8%、南宁高新技术开发区同比增长 0.1%，总体保持平稳较快增长。

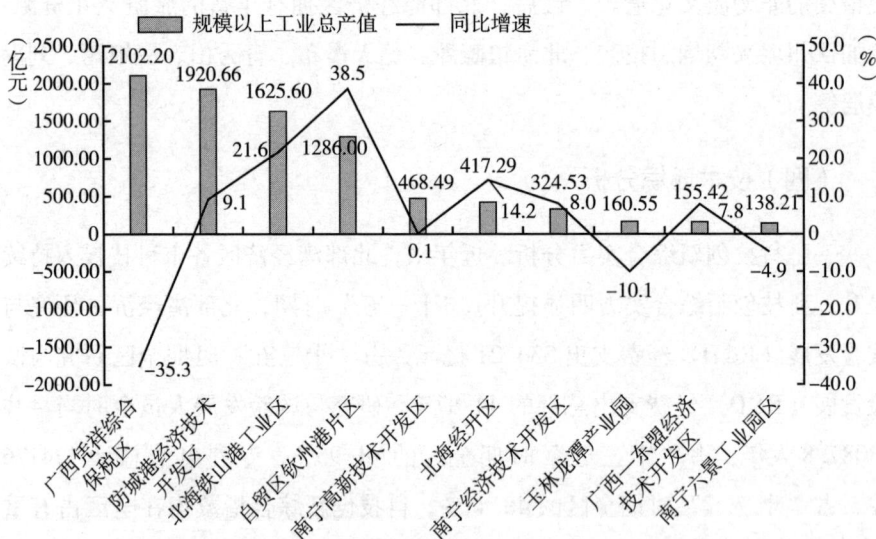

图 3　2022 年北部湾经济区 10 个重点产业园区规模以上工业总产值情况

资料来源：广西壮族自治区科学技术厅网站。

　　三是科技水平分析。北部湾经济区的科技水平在近年来得到了快速发展。2022 年中国科学技术统计数据显示，北部湾经济区的研发经费投入和科技成果转化能力持续提升。北部湾经济区在信息技术、生物技术、新材料、先进制造技术等领域取得了一些重要科技成果。例如，北部湾经济区发展数字经济、大数据、人工智能等新兴产业，积极推动互联网、物联网等新技术的应用。同时，北部湾经济区积极推动农业科技创新，通过引进先进技术和推广农业科技成果，提高农业生产效益和农民收入。此外，北部湾经济区还注重科技人才培养和科技合作交流。北部湾经济区各行政区政府加大对科研机构和高校的支持力度，鼓励科技人才创新创业，吸引高层次人才来北部湾经济区发展。北部湾经济区还积极参与国际科技合作，与国内外科研机构、高校及企业开展合作，加强科技资源共享和技术交流。综上所述，北部湾经济区的科技水平得到了显著提升，不仅在特定领域取得了重要成果，还加强了科技创新能力和国际交流合作。随着广西全面深化改革开放，北部湾经济区科技水平有望进一步提高，也将为广西经济社会发展作出更大贡献。

四 国内外案例分析

（一）国内发达经济区域城市品牌营销典型案例

1. 长三角区域品牌一体化案例分析

国务院于 2010 年 5 月正式批准实施《长江三角洲地区区域规划》，着重提出要将"长三角城市群"建成国家综合竞争力最强的世界级城市群。同时，长三角通过深入推进品牌区域一体化推动品牌高质量发展，通过品牌高质量发展促进品牌区域更深层次一体化，形成长三角品牌高质量发展的区域集群，打造满足人民美好生活需要的民生新格局。

长三角区域内的三省一市在各自城市品牌建设、培育和认证方面都有一些经验做法模式。例如在城市品牌培育方面，分别打造了"上海品牌""江苏精品""浙江制造""安徽名牌"等创新型品牌名片，有效提升了经济发展质量和效益，也不断被其他省份和地区所借鉴。其中，上海市服务业较为发达，因此在服务业品牌方面具有很大优势；浙江省则主打制造创新型产品，发展各类制造业品牌；江苏省的品牌建设更多倾向于轻工业和精致工艺品等；安徽省主要聚焦于农产品等发展型品牌建设。同时，上海、苏州和浙江也都各自成立了（国际）认证联盟，建立了相应的认证管理制度，采用第三方评价机制确保认证的公信力和可靠性。

（1）全力打响上海"三大品牌"

当前，上海作为长三角城市群的龙头城市，已经提出打响上海服务、上海制造、上海文化"三大品牌"，推动上海品牌和管理模式全面输出。为加快自主品牌建设，设立针对性专项资金援助等一系列扶持政策。建立中小微企业品牌促进中心，引导和促进企业及其产品或服务品牌化发展。

"上海服务"品牌发挥核心统领作用，是中心城市功能的集中体现。2023年，上海市社会消费品零售总额规模将达到1.8万亿元、网络购物交易额将达到1.6万亿元；上海逐步成为具有全球影响力、吸引力和竞争力的国际消费中心城市。"上海制造"加快迈向全球卓越制造基地，从服务国家战略出发，加快供给战略高端产品，进一步加快建设世界级领军企业、链主型企业、硬核科技企业，促进"双链"数字化增智，强化产业链、供应链数据融通。"上海文化"力图打造更有世界影响力的社会主义国际文化大都市。2023年，上海建党历史资源高地、建党精神研究高地、建党故事传播高地基本形成，实现以"高质量文化发展、高品质文化生活、高水平文化供给、高效能文化治理"为导向，围绕做强"码头"、激活"源头"、勇立"潮头"，全力提升"上海文化"标识度。

（2）打造江苏产品的金字招牌——"江苏精品"

"江苏精品"不仅代表着高质量的江苏产品（服务），还代表着江苏信誉、江苏形象、江苏文化、江苏实力。其主要涵盖"江苏农产""江苏制造""江苏服务"等各大高端品牌。

为促进更多江苏优秀品牌走向全国、走向世界，2021年10月14日江苏品牌建设促进会正式成立，"江苏精品"通过质量基础设施"一站式"服务，聚焦品牌建设、品牌培育、品牌创新、品牌价值等。截至2022年11月，江苏省共有255家企业、271个产品（服务）通过"江苏精品"认证。首先，江苏省筛选培育对象，围绕优势产品、龙头企业，通过培训宣贯、政策引导等措施，组织企业积极申请"江苏精品"。其次，江苏建立了一系列标准体系和认证体系，以高质量的服务业和制造业、高端化发展的产品（服务）团体标准为主体，共同组成评价标准体系。同时在农业、工业、工程和服务等领域，制定统一评价根据、认证细则，以统一标准对高端品牌进行自愿评证，确保认证规范且具有公信力。最后，江苏创新推出的"苏质贷"金融产品，服务对象包括"江苏精品"认证获证企业，加大金融支持力度，化"无形资产"为"有形资产"，将企业的"无形资产"转化为"真金白银"。

（3）树立浙江制造的标杆——"品字标"

浙江以打造品字标"浙江制造"品牌为抓手，联动推进标准强省、质量强省、品牌强省建设，打出"三强一制造"转型升级"组合拳"。浙江省在2014年就开始在全国构建以"区域品牌、先进标准、市场认证、国际认同"为重心的"品字标"品牌建设体系。

截至2022年底，浙江省已累计发布"浙江制造"标准3029项，培育"品字标"企业3962家，销售额增长10%、利润增长12%、纳税增长9.9%。首先，"品字标"相较于其他企业架构更加先进。"品字标"采用"A+B+C"标准体系，即"好企业+好产品+好服务"要求，把高质量作为构建品牌发展的核心，不断推动产品和服务由低品质、低附加值向高品质、高附加值转变。其次，"品字标"推动从"浙江制造"到"浙江智造"的转变，不断释放推动产业高质量发展的改革效能，激发产业提质增效。同时，浙江借助市级部门和专家力量，强化标准制定过程中的服务，为标准技术水平符合"国际先进、国内一流"的高端定位做好坚强后盾。目前，"品字标"这张"金名片"对浙江高质量发展起到了很大的推动作用。

（4）刚起步的"安徽皖美品牌"

在长三角区域，上海有"上海品牌"，江苏有"江苏精品"，浙江有"浙江制造"，而安徽的"皖美品牌"则是刚刚起步，安徽省市场监管局于2021年7月启动"皖美品牌示范企业"创建活动，替代原来的安徽省制造业高端品牌示范企业。截至2023年5月，安徽共培育驰名商标341件，认定皖美品牌示范企业356家，创建省级专业商标品牌基地146个，制造业质量竞争力指数提升到88.48，全省制造业产品质量合格率提升至95.1%，消费品质量合格率提升至93.01%。

安徽以传统农业、战略性新兴产业和现代服务业为核心，以行业领头骨干企业、中小企业、现代产业集群领军企业为主体，依次选择一些具有发展潜力的企业作为支持发展对象，并对"皖美品牌示范企业"给予支持，鼓励其积极参与省内外政府采购、招投标、知识产权质押贷款等活动，扩大"皖美品牌示范企业"的知名度和影响力。同时开展区域交流合作等活动，推动皖美品牌示范企业与"上海品牌""江苏精品""浙江制造"企业相互学习建设经验，以带动更多企业加强自身品牌建设，形成区域、产业链整体品牌效应，促进质量效益提升和产业转型升级。

2. 粤港澳大湾区案例分析

2019年，中共中央、国务院发布了《粤港澳大湾区发展规划纲要》，该纲要提出将香港、澳门、广州、深圳作为湾区发展的中心城市。

近年来，大湾区基础设施建设、科技教育、社会服务、休闲旅游等领域的合作，已初见成效。目前形成了全方位、多层次的合作格局。从城市品牌的构建方面，可以看出"港澳广深"四个城市的品牌特色鲜明，城市品牌建设取得了良好的阶段性成果。

（1）广州

作为海上丝绸之路的发祥地，广州被誉为"千年商都"。广州正在从一个立足华南的"国家中心城市"逐步发展为一个"国际中心城市"，不仅稳居中国一线城市之列，也具备了参与世界一线城市竞争的实力。

"花城广州"的城市品牌在国内的认可度很高。广州大力发展自身的文化产业，鼓励影视、文创、旅游业升级发展，并为相关海内外企业提供政策支持。广州深知，唯有在文化消费上丰富"花城"的内涵，才能让"世界花城"的形象传播到世界每一个角落。在城市的宜居性和人文性方面，与香港深圳相比，广州无疑对全球精英更具吸引力。广州这座"南中国之都"将留住更多国际化人才。目前，广州创新产业已聚集了多元的国际人才，颁发"人才绿卡"7623张，国际化人才队伍建设进展迅速。擦亮"食在广州"城市品牌。广州2022年评选出一批星级餐饮单位，以此打造"食在广州"城市品牌，促进全市食品行业高质量发展。广州大力推进智慧监管，加强对食品生产、销售、餐饮环节的风险隐患排查，尤其是对生鲜电商总仓实行对口驻点。同时，对快检数据分析、食品安全风险排查做到及时准确。

（2）深圳

深圳被誉为"消费不夜城"，其商业规模和实力跻身全国前3。深圳在很多领域处于全国甚至世界的领先位置，其城市发展核心和人文精神的独特品牌形象，可给受众全方位地呈现一座年轻活力、开放包容、科技领先、文化丰富的多维都市。

深圳城市文化建设扎根深厚，并且文化设施建设亮眼。深圳市将于2024年全面完成"新时代十大文化设施"项目构建，树立世界级公共文化地标。深圳推进"图书馆之城"建设，真正实现"一证走遍全城、一体共享资源、一站获取信息"。目前，深圳市已完成首批10个文化街区阶段性提升改造工作，这些文化街区经过实地考察认证，被定为十大特色文化街区，形成了具有鲜明特色的文化空间。同时，深圳着力打造工业旅游，市文化广电旅游体育局联合市工业和信息化局，逐步推出了"湾区之光"和"智造大师"两天主题路线，进一步持续探索"工业+旅游"发展新模式。深圳在食品安全方面进一步推广"圳品"的影响力，以高标准、优品牌引领食品产业持续发展，切实保障市民饮食健康安全，产品辐射超过25个省份。"圳品真好"服务平台和"圳品餐厅"品牌进一步走向全国。

（3）香港

香港，作为世界金融中心和全球自由贸易港，一直以来都是国际资本的重要枢纽和国际贸易的重要通道，其不仅与国际市场紧密相通，而且与内地的政治、经济、文化都具有深入联系，是亚太地区重要的商业和贸易服务中心。

香港致力于打造"文化之都"。香港的文化优势显而易见——中西荟萃，香港特别行政区内两大世界级文化基建项目香港故宫文化博物馆和M+博物馆，在展示中国传统及现代文化艺术的同时，亦竭力引进主题各异的高水平国际展品。同时，香港特别行政区政府逐步建立世界级的文化设施和多元文化空间，为艺术家、艺团和从业者提供土壤，共同孕育文化艺术创作；加强与内地以及海外艺术文化机构的交流合作，进一步确立香港在国际艺坛的地位；把握国际趋势，增拨资源鼓励文化及创意界拥抱数码科技。作为国际金融中心，香港对全球从事虚拟资产业务的创新人员持开放和兼容态度，香港特别行政区政府将带头发行非同质化代币、推动绿色债券代币化、数字港元等相关试验计划等。可见，香港正朝着打造全球数字金融中心之路不断迈进。

（4）澳门

2003 年，澳门特别行政区政府提出"促进经济适度多元发展"的发展理念，并在此基础上出台了多项经济政策，但博彩业仍然是澳门中坚产业，博彩行业对澳门的社会经济结构和财政收入具有深厚的影响关系。《粤港澳大湾区发展规划纲要》为澳门的发展指明了方向，多层次主动对接大湾区建设，打造"打造多元文化魅力之城"。

首先，为促进经济多元化发展，澳门计划建设世界旅游休闲中心、中国与葡语国家商贸合作服务平台；打造以中华文化为主流、多元文化共存的交流合作基地。其次，澳门将积极融入横琴深合区建设，促进经济适度多元化。澳门大学横琴校区的建成，不仅推动了澳门高等教育教学的质量，而且为港澳高校在大湾区办学也提供了更多新的思路。为缓解澳门旅游的承载压力，珠澳横琴口岸不断简化通关程序，实现了游客"白天游澳门，夜晚住横琴"，提升了游客的平均停留时长。最后，为加强提升消费智能化和消费者便利化程度，澳门紧抓大湾区战略机遇，推出了"电子消费优惠"计划，以"政府补贴、消费立减、全民受惠"为原则，向澳门符合资格的居民派发 5000 澳门元启动金及最高 3000 澳门元立减额的组合优惠，进一步推动数字经济发挥便利作用。

（二）国外城市品牌营销案例分析

1. 新加坡城市品牌营销案例分析

（1）案例简介

新加坡的国土面积约为 719.1 平方公里，是一个典型的东南亚热带岛国，主要由新加坡岛、圣约翰岛等 60 多个岛屿组成。1967 年，新加坡提出"花园城市"意愿，经过约 55 年的花园城市建设，新加坡成为世界上热带地区城市绿化建设最好的城市。如今，新加坡通过"花园城市"品牌建设及营销，成功吸引了众多高新企业、金融投资机构入驻。因此，新加坡城市品牌建设以及营销经验在世界范围内得到了广泛的借鉴和学习。

（2）经验做法

第一，建设未来之城——花园城市。早在20世纪80年代，新加坡政府就将城市生态环境保护与城市绿化建设纳入城市发展规划，包括禁止随意砍伐森林、建立植物园、开展森林绿化方面科学研究、建立森林自然保护区等，旨在通过这些措施，维持新加坡的生态平衡，促进人与自然的和谐发展。此外，新加坡政府十分重视植物保护的教育、绿化科学研究、森林自然保护区三个方面的协同发展。具体做法一是出台保护公园、森林、植物的法律法规，以为花园城市建设提供法律支持与官方指导；二是成立花园城市官方部门，即"花园城市"建设委员会，一方面负责城市道路周围绿化建设，另一方面负责监督花园城市的维护以及升级；三是组建花园城市公园部门，负责城市公园的绿化建设与植被养护；四是成立住房与开发委员会，负责房地产开发过程中的绿化养护的监督与审查工作。

第二，打造多样化的旅游产品。新加坡一直努力打造集文化与艺术、建筑与生活等为一体的城市品牌形象，坚持以建设优美的城市环境为目标，从而设计出多种城市旅游产品，宣传城市品牌文化。一是凭借城市旅游规划与活动，打造新加坡城市旅游目的地，例如城市美术馆、学校、自然保护区、艺术陈列馆等，向来自世界各地的游客全方位地展示新加坡的历史文化、宗教信仰、生活习俗以及自然环境。二是举办旅游美食节，通过销售当地独具特色的美食，吸引世界各地爱好旅游的游客前往新加坡，以美食营销新加坡花园城市。三是致力于成为世界购物大国，通过举办购物嘉年华、产品营销节等，推出当地具有特色的产品，例如新加坡国花镀金等。四是致力于成为世界留学的聚居区。新加坡通过将花园城市建设与教育相结合，为来自世界各地的留学生提供一个良好的花园城市校园，留学生既感受了新加坡城市建设的力度，又让感受了新加坡花园城市的特殊之处。

第三，重视文化价值的培养。新加坡非常重视文化价值的培养，新加坡政府通过建立保护区以保留当地独特的建筑。据统计，新加坡共修复了超过6800座的古建筑，这些建筑也成为每一位国际游客打卡旅游目的地，例如牛车水、小印度、甘榜格南等。通过对古迹的保护，新加坡的文化底蕴逐渐丰富，新加坡人的自豪感逐渐增强，从而为发展城市旅游业和展示新加坡城市风貌贡献力量。此外，新加坡政府十分注重城市绿化，不断增加绿地面积，以呈现良好的城市风貌，同时为支持新加坡"花园城市"的定位，新加坡将绿化等级列为城市识别的重要标志。新加坡多角度全方位展示"花园城市"的城市形象，通过在理念、视觉和行为三个层面建立识别系统。

第四，制定多元化的城市营销策略。新加坡结合多种营销方式，制定花园城市营销策略。一是利用明星效应宣传花园城市。新加坡政府通过将具有较大影响力与知名度的明星塑造成新加坡世界旅游城市形象大使，达到宣传新加坡花园城市的目的。二是制定具有特色的城市主题组合营销策略。新加坡将圣诞节、开斋节、大宝森节等具有特色的节日活动结合到城市旅游产品中，吸引世界游客前来。三是事件营销。新加坡在各大国际赛事和展览会中，植入新加坡花园城市的各种元素，从而实现城市品牌营销，扩大新加坡的影响力。

2. 硅谷城市品牌营销案例分析

（1）案例简介

硅谷位于美国加利福尼亚州北部的旧金山湾南部，早期以设计和制造芯片闻名，之后其他高科技产品与产业开始出现，并快速发展，因此，硅谷现在也成为高科技产业的代名词。当前，硅谷是美国重要的电子产业集中地，也是世界最著名的电子产业基地。当前美国硅谷内的计算机公司超过1500家，在此工作的科技人员超过100万人，而且硅谷周围均是世界排名靠前的知名科技大学，例如斯坦福大学、伯克利大学等，拥有高科技中小型企业群，也拥有集科学、技术、生产为一体的思科、英特尔、惠普、朗讯、苹果等国际知名公司。

（2）经验做法

第一，以知名品牌带动城市品牌。硅谷充分利用产业集群具备的"羊群效应"现象，即通过硅谷的知名品牌来进行城市品牌建立与营销。当前硅谷拥有全球知名的高科技公司，例如微软与苹果。这些全球闻名的高科技企业带来的不仅是影响力与知名度，而且还会产生"虹吸现象"吸引世界范围的企业入驻硅谷，通过借助当地高科技企业的产品优势，提高本企业在供应链上的重要性与知名度，从而吸引更多的企业进入硅谷，形成较大规模的产业集群。因此，当前硅谷不仅仅是一座城市，而且也是高科技产业的代名词，是一个典型的城市品牌建立与营销的案例，值得全世界学习。

第二，拥有十分清晰的定位。硅谷在致力于发展高科技产业开始，就已经形成了该城市独特的定位，即高科技创新城市。这成为硅谷长期以来城市品牌建立与营销的重点，也是"圣荷西市"这一名词产生的原因。对于硅谷这一城市来说，高科技、创新等不仅为该城市带来巨大的产业集群优势，也促进硅谷形成、发展和确定城市品牌。长期以来，硅谷形成了以高科技产业为主的全球最领先的产业集群，不断为世界输出各种各样的产业，也不断地改变着世界各国人民的生活方式。因此，硅谷全球科技创新中心这一城市形象深入人心。

第三，创新城市文化环境。城市文化环境是一座城市品牌建立的基础，而创新文化环境为城市品牌的发展与营销提供不懈动力。一是硅谷全球顶尖的高科技学校为硅谷高科技产业的发展提供了充足的人才支撑和先进的发展理念；二是硅谷高科技企业内部合理的管理制度以及管理者与员工之间的相互信任、相互鼓励的自治形态为城市文化的创新贡献较大的力量；三是拥有一套不断积累和不断进步的高科技创新机制与激励奖励制度，促进硅谷城市品牌建设；四是美国政府全力的经济支持与政策倾斜也为硅谷创新城市文化带来很大的优势。

第四，完善的城市金融体系。硅谷拥有一套完善的城市金融体系即"硅谷模式"，促进其城市品牌的建立与发展。"硅谷模式"主要是指通过严格的筛选程序，由一般合伙人组成的合伙制创投基金选择有发展潜力的公司进行投资。硅谷利用这种完善的金融体系，为高科技创新创业企业提供大量的资金支持，进而提高了在硅谷从业的高科技人才的收入与知名度，产生更多创业者与更多高科技公司。

3. 伦敦城市品牌营销案例分析

（1）案例简介

从 20 世纪 90 年代开始，全球多地城市开始塑造自身的城市品牌，欧洲一些国家最先建立城市品牌，并开始传播与宣传。2020 年全球城市实验室（Global City Lab）公布的数据可以看出，欧洲国家的国土面积虽然较小，但是却是拥有全球 500 强城市最多的大洲，其中该地区拥有 186 个 500 强城市，在这些城市中，伦敦被称为最具有魅力的都市。2016~2022 年《世界城市 500 强》报告显示，伦敦市已经连续 6 年排名全球第 2，更是在 2016 年超过美国都市纽约成为全球排名第 1 的城市。

（2）经验做法

第一，设置专门的城市品牌建设与营销部门。经过多年的城市品牌建设，伦敦市政府建立了一组由旅游局、发展署、投资局等部门组成的专门负责城市品牌建设与营销的部门。该部门可以规划政府的各项对外政治、经济、文化等活动，并促进政府按照规划实施行动，从而使伦敦城市品牌的建设有了统一的思想，能够集中精力全力建立和宣传城市品牌，进而加深世界人们对伦敦城市品牌的形象。因此，伦敦为城市品牌建设与营销提供了一个强有力的组织支撑。

第二，树立城市品牌形象识别系统。伦敦城市品牌形象识别系统是经过伦敦各方力量的努力，经过大概 5 个月时间建立成的。总共分为三个时间段：一是城市品牌的初步分析；二是城市品牌核心内容的确定；三是城市品牌核心内容的建立与传播。经过品牌专家的悉心研究，伦敦城市品牌核心价值得以确立，即"不断探索"。

第三，开展多元化的城市品牌宣传。伦敦拥有多元化与多样化的城市品牌营销方式，例如通过英国广播公司（BBC）向世界各地传播、通过英国摄政街点播仪式传播城市品牌形象、通过狂欢节和庆典等节日活动向世界游客传播城市品牌等。除此之外，伦敦市政府在城市品牌形象建立与营销中起着不可忽视的作用，其通过组织外交活动、举办国际大型竞赛等官方与非官方的多种国际活动传播城市形象，例如举办 2012 年伦敦奥运会等。同时伦敦市政府积极与中国建立合作关系，举办了"背景的伦敦"活动，以展示伦敦开放的国际城市形象。

（三）案例启示

通过以上案例分析，我们得知，城市品牌营销的策略需要结合城市的特点和目标受众的需求，通过宣传推广、形象塑造、旅游推广、产业发展推广、市民参与和合作交流等多种手段，全面提升城市的知名度和美誉度，打造具有竞争力的城市品牌。

一是加大宣传推广力度。通过媒体、社交媒体、广告等渠道，宣传城市的特色和优势，吸引目标受众的注意力。如通过制作精美的宣传片、印刷海报、举办形象展览等展示城市形象。

二是积极塑造城市形象。打造独特的城市形象，突出城市的特色和独特之处，让目标受众对城市有更深入的了解和认知。如通过文化活动、艺术节、体育赛事等来展示城市的魅力和活力。

三是努力进行旅游推广。城市作为旅游目的地，可以通过旅游推广策略来吸引游客。如开展旅游宣传活动、设计旅游线路、提供旅游服务等，创造良好的旅游环境和体验。

四是开展产业发展推广。城市的经济发展也是城市品牌的重要组成部分。如可以通过吸引投资、推动产业升级、举办商业展会等来促进城市的经济发展，并将其作为城市品牌宣传的重点内容。

五是鼓励市民参与。城市品牌的建设需要广大市民的支持和参与。可以组织市民参与活动、鼓励市民提供创意和建议等，增强市民对城市品牌的认同感和归属感。

六是加强合作交流。加强与其他城市或地区的合作交流，共同推进城市品牌的发展。可以与其他城市签署友好城市协议、举办交流活动、进行经验分享等。

五　广西北部湾经济区城市品牌营销的策略选择

在互联网和新媒体盛行的时代大背景之下，要想顺利地实施城市品牌营销的传播工作，首要应对城市品牌进行精准定位。北部湾经济区拥有丰富的自然资源，具有沿海、沿江、沿边的区位优势和良好的投资与营商环境。由于北部湾经济区对于打造区域品牌的观念不强，且区域内各市目前并未形成合力、各不相谋，大局观念与整体意识也未形成，广西北部湾区域品牌建设任重道远。首先，从各种综合因素来考虑，广西北部湾区域品牌形象，应该是以面向国内市场、东南亚市场以及东盟国家的生产、商业、贸易、服务等角度为主的品牌定位，可以将以南宁为首，形成对接东盟的桥头堡，并用"东盟门户、八桂风韵"来统一对外形象。其次，北部湾国际门户港作为区域品牌建设现代国际化大港口。最后，以北钦防滨海城市群为核心，打造国际性沿海旅游区域。

（一）以 RCEP 全面生效为契机，做好整体区域规划，谋求城市品牌"大发展"

1. 以北部湾港为核心，进一步加速"国际门户港"建设

广西北部湾国际门户港是《西部陆海新通道总体规划》中明确提出要建设的国际性综合交通枢纽，主要包括钦州港片区、防城港港片区和北海港片区。2009 年 12 月，经原国家交通部批复，"北部湾港"这一名称开始统一指代钦州港、北海港、防城港港三港。加快北部湾国际门户港建设，有助于推动北部湾经济区开放开发，既关系到广西的自身发展，也关系国家整体的发展，具有重要的战略意义。北部湾经济区可以北部湾港为核心，打造"国际门户港"为区域城市品牌。

首先，中国（广西）自贸试验区占地面积最大、功能设施最齐全的沿海临港片区便是钦州港片区，其同时也是西部陆海新通道的唯一直接出海口。要想建设广西高质量实施 RCEP 示范区，就应以钦州港片区为坚实基

地，利用其背靠内陆腹地、面向东盟，港口、铁路、公路网互联互通的便利物流条件，并且以 RCEP 纲要规划为指引，长远布局产业园区格局，例如建设物流仓储园区、贸易加工园区、飞地合作园区、特色产业片区等。同时，应加强双向多变产能合作。以钦州港片区为主要基地，以示范区为"吸铁石"，吸引 RCEP 其他成员国、东盟各国以及国内邻近省（区、市）进驻产业园区开展双向投资合作，从宏观布局上主动引导港航物流、农林渔业、国际贸易、绿色化工、新能源汽车等产业发展与升级，以出口匹配进口，以进口刺激出口。

其次，广西于 2022 年 5 月印发了《广西高质量实施 RCEP 行动方案（2022—2025 年）》，明确提出建设面向东盟跨境产业链供应链，并出台了《推进构建 4+N 跨区域跨境产业链供应链行动方案》。北部湾经济区应该重新聚焦汽车、电子信息、绿色化工新材料、高端金属新材料等关键产业，在打造"东盟资源+北部湾制造+粤港澳大湾区市场""长江经济带、粤港澳大湾区总部+广西制造+东盟市场"等产业链开放合作新模式上有所突破。要建立防城港片区、北海港片区的中高层定时联系机制，紧密联系防城港片区和北海港片区，共同承接先进地区核心产业转移重任，同时，积极引进粤港澳大湾区劳动密集型以及现代服务业企业，主动承接日韩和欧盟转出产业等。同时，将钦州港、北海铁山港 20 万吨级航道，防城港 30 万吨级航道等航道建设作为重点项目，以钦州港区自动化集装箱码头、防城港大型散货码头和北海液化天然气（LNG）码头等项目建设为主要抓手，着力推动配套产业锚地建设，补齐北部湾港港口设施主要短板。

再次，根据《广西加快对接 RCEP 经贸新规则若干措施》《RCEP 项下广西货物贸易潜力商品清单》《RCEP 项下广西服务贸易潜力领域清单》等文件，对广西现有产业进行细致梳理，进一步优化营商环境，提出对接东盟和日韩等不同市场的差异化发展政策，充分抓住 RCEP 生效实施带来的重大机遇。

最后，借助国家丝路基金（SRF）、亚洲基础设施投资银行（AIIB）、亚洲开发银行（ADB）等投融资平台，探索采取新型 BOT、BT、PPP 以及土地租赁、资产置换、期权入股、分期分享等投融资方式，尝试异地投入、品牌托管、飞地建厂、产销分离、贸易代理、利益分成、期权分享等投资开发模式，打造多个高水平跨区域合作、多产业融合、各国家协作的产业链和供应链，提高北部湾国际门户港在区域乃至世界范围内的知名度。

2. 南宁统筹，打造中国—东盟桥头堡

南宁市是广西的首府，是广西的经济、文化、金融、创新、体育、军事、医疗中心，是北部湾经济区核心城市，是中国面向东南亚开放发展的城市，是中国—东盟博览会永久会址举办地。将南宁打造成为对接东盟的桥头堡具有良好的基础，发展潜力和空间较为巨大。

解决企业急难愁盼问题，是提振市场信心的关键。要持续优化南宁市营商环境，全面落实外商投资准入、国民待遇以及负面清单管理等贸易制度，建立健全高水平的外商投资服务体系，推动外商投资促进、项目跟踪服务和投诉工作等机制的完善，加快落实《南宁片区聚焦制度创新高质量实施RCEP工作方案》《加快建设中国（广西）自由贸易试验区南宁片区支持政策》《中国（广西）自由贸易试验区南宁片区支持人才发展若干措施》等政策，持续提升南宁作为广西 RCEP 政务服务的中心功能，为中外投资企业提供政务、关务、法务以及经贸合作、项目引进等综合服务。进一步加快提高"智能预审"系统的利用率，满足企业群众"自助办、随时办"需求，进一步优化营商环境的生动实践，实现"拿地即开工"4.0 版本。持续推进跨境金融创新。在深入开展中马钦州产业园区金融创新试点的基础上，加快推进南宁、防城港数字人民币试点的落地实施，加快实现跨境人民币结算优质企业的跨省共享互认。主动创新国际合作发展模式，推动人民币的国际化。在解决部分企业在仅有电商卖家或供货商的资质证明时，难以获得大型银行的授信支持的问题方面，可考虑引入外贸综合服务平台企业（或贸易公司）为跨境电商卖家做垫资采购，解决电商卖家资金需求；并利用外贸综合服务平台企业（一般为国有企业）资质向银行申请保单融资或信用贷款等。

3. 以北钦防三市为核心，打造国际知名沿海旅游区域

北海、钦州、防城港同属北部湾经济区，是广西有名的沿海城市，三者

在地缘、人文和气候方面，条件惊人相似，同样有着海岸线资源，有着淳朴的滨海风味人情，每个城市都有着迷人的自然风光。北海有涠洲岛、北海银滩、星岛湖，钦州有三娘湾、犀丽湾，防城港有万尾金滩、白浪滩等一批沿海景点。

北海是滨海旅游城市，其在 1984 年就被设为首批全国 14 个沿海开放城市之一，起步较早。经过三十几年的发展，北海城市建设、城镇化进程都在不断地加快，城市基础设施不断完善，城市品位不断上升，城市度和美誉度也在不断地提高。钦州的城市定位是想要打造港口城市，最西侧的防城港的城市定位则是工业（重工业）城市。因此在打造区域沿海城市旅游品牌的时候要以北海为核心，钦州、防城港协同发展，进一步强化北部湾城市群的协同作用，形成产业合作、优势互补、协同发展的良好格局，奋力打造广西北部湾国际滨海度假胜地，合力打造"浪漫北部湾"品牌。

第一，要依托良好的生态优势开发特色生态产品，充分挖掘海丝文化、坭兴陶文化、海洋文化等潜力，打造一批具有示范带动作用的文化创意项目，创建一批国家 AAAAA 级旅游景区和国家级旅游度假区。对北海银滩进一步升级改造，以打造世界级著名旅游景区为第一目标，大力推动涠洲岛鳄鱼山景区、圣堂景区的生态旅游布局升级，并充分借鉴国际著名海岛，例如普吉岛、巴厘岛、马尔代夫等建设经验，努力将北海涠洲岛建设成为国际休闲度假岛，同时对钦州犀丽湾和三娘湾等景区也进行进一步融合升级。

第二，要推进北海、钦州、防城港文化和旅游一体化发展，适宜宣传海滨旅游和避暑疗养方面的旅游主题，加大政策配套和实施力度，力争滨海度假胜地建设实现重大突破。政府部门应以北部湾得天独厚的先天优势，着力推动国际旅游疗养院的相关建设，提高北部湾黄金海岸风景区等沿海景区的国际化知名度。北部湾地区拥有丰富的海洋生态资源，应充分利用其独特资源优势，大力推动北海国际邮轮母港、防城港邮轮港和钦州贝恩国际邮轮海产港的相关建设，完善钦北防三市沿海地区的旅游客运邮轮码头和海上交通基础设施，积极配套高端酒店、商业街、娱乐城、餐饮、会展、港航服务等设施，打造北部湾国际度假邮轮旅游综合体。同时，为加速推进钦北防三市因地制宜发展游艇旅游，应主动配套建设游艇度假设施及高端游艇俱乐部。例如，争取举办国际邮轮会展、国际帆船比赛和国际游艇比赛等活动，打响北部湾的特色邮轮游艇旅游品牌形象。以涠洲岛国际水上乐园、游艇帆船公共码头、沙滩体育设施等基础设施建设为主要抓手，重点开发快艇、帆船、潜水、海钓等滨海体育运动项目；积极举办帆船、沙滩排球、近海冲浪等海洋体育赛事等，加快创建国家全域旅游示范区和打造国际滨海度假旅游胜地。

（二）全面迎接信息互联网时代，结合现有传统媒体，谋求城市品牌营销"新格局"

习近平总书记在中央政治局第十二次集体学习中指出，全媒体时代的不断发展，衍生出了全程媒体、全息媒体、全员媒体、全效媒体等分支，媒体信息无时不有、无处不在、无所不及、无人不用，这也导致了舆论生态、媒体格局、传播方式等发生深刻变化，新闻舆论工作面临新的挑战。这是习近平总书记在细心洞察时代变迁、卓力站在时代高度，仰望科技前沿高度，对新时代下现阶段的媒体特征作出的精辟概括。

在全新的媒体模式时代，对于城市品牌或形象本身来讲，如何打造特色鲜明、别具一格的城市品牌，利用新媒体的网络方式进行城市品牌的营销推广，以此打造良好的城市品牌形象，让国内外以及全世界更加了解这座城市，提高城市的国际知名度和美誉度，增强城市品牌的竞争力，成为摆在城市管理者与智库专家面前的一个重大课题。

1. 拓展新媒体，营销主体多元化

在新媒体时代背景之下，城市品牌营销传播工作要想顺利实施，首先需要对城市品牌进行精准定位，同时还需要在传播过程中注重多元主体的参与。一方面，城市品牌营销人员需要先对城乡形象进行精准定位，充分挖掘城市品牌所具有的内涵，基于此来思考要使用什么样的传播手段。对于城市品牌营销定位最好是能够先做好相应的调研，真正了解城市内所具有的资源及优势。在城市品牌营销中，其营销的内容大多从城市的历史文化、产业产品、人文风貌、自然资源等多方面着手，不同城市营销内容及资源差异十分明显，还需要注重资源城市品牌的可持续发展。另一方面，新媒体时代城市品牌营销传播工作在开展的时候，还需要注重多元主体参与，可以充分调动政府、企业、媒体、市民等多方面主体来一同参与城市品牌营销传播工作，例如，政府部门可以直接在政府门户网站、官博微博上传播，这样就能起到良好的营销传播效果。

2. 整合传统媒体，建立新媒体中心

传统媒体的基础在于内容资源的积累和深厚化发展。因此，传统媒体在融合的过程中，需要在专业内容的整合和随时更新上下足功夫。如将专业化的新闻报道、资讯信息、图片、视频、音频等素材资源整合在一起，形成自己的专业化内容库，以吸引更多的受众和用户。为了追求更广泛的覆盖面和更丰富的传播途径，传统媒体需要整合多种媒介形式来增强自身的表现力和传播效力。比如将电视、广播、报纸、杂志等媒体形式进行整合，构建跨媒介的平台，以吸引更多的受众和客户。如今的传统媒体已经可以在多个平台上实现内容传播，比如在微博、微信、手机 App 等平台上，即实现了平台的整合，也增强了自身的传播效果。因此可以建立新媒体中心，充分发挥传统媒体的优势，并有效地将传统媒体与新媒体进行结合，对信息传播内容、流程进行再造，使新媒体中心成为跨越传统媒体和新媒体的综合平台。

同时，针对城市品牌推广各地不均衡的问题，各地市政府部门应转变以往注重短期政绩和经济效益的发展理念，利用互联网媒体的传播与营销优势，以北部湾经济区整体品牌效应提升为前提，进一步推动资源推广的实效性和有效性。构建网络营销平台。相关政府部门应利用互联网营销的方式，塑造城市形象。由于网络视频拥有感染力强、多样化、生动化、形象化等优势，能够有效地吸引社会大众的注意，可以利用声音、图片、文字、微电影、宣传片、短视频、网络视频等方式，将城市的本土文化和特色文化融入经济建设与产业发展的过程中，使内部顾客或外部顾客对城市品牌有"更直观"的体验。构建复合式网络传播体系。在城市品牌营销的过程中，各地市政府部门应注重文化产业建设、人文环境建设、社会公众对城市的整体评价，应将网络传播与传统媒体传播有机地结合起来，提升人文环境建设、产业环境建设的质量，充分利用新媒体讲好北部湾故事。

3.建立危机管理机制，加强引导社会舆论

在当今互联网全覆盖的情况下，城市品牌的营销渠道蕴藏着许多危机，而这些危机带来的后果将十分惨痛。首先，为了尽可能地降低危机带来的损害，应建立一套城市品牌危机管理体系。危机管理体系可以在前期建立一套预警机制，化被动为主动。同时，宣传部门可建立一个城市新闻媒体监控中心对城市整体的新闻事件进行监控，及时发现城市品牌危机，加强对城市网络舆情的监测及管理，并对发生的危机结合实际情况及时调整营销传播手段，形成修复或降低影响的方案，这样才能在传播的同时减少消极信息的传播。其次，北部湾经济区城市品牌关系到整个区域的城市、经济发展和居民的生活水平。因此，广西壮族自治区人民政府可谋划成立一个由"南北钦防"四市政府共同管理的部门，四市的政府可以分别委派专家团队进行集中研讨，在自治区"十四五"规划的整体指导下，联合当地的企业和组织，统筹规划北部湾经济区城市品牌建设，一旦发现问题，及时进行沟通。同时，北部湾经济区的城市品牌还应该多"走出去"，多去参加长三角、粤港澳大湾区等其他地方的政府、企业和组织开办的各项推介会活动，扩大区域品牌的传播范围和影响力。最后，各地市政府也需要进一步提升城市管理人员的新媒体危机公关能力。广西壮族自治区人民政府可邀请长三角或粤港澳等发达地区的专家对各地市分批派遣的城市管理人员进行线上线下共同授课，提升管理人员的危机公关能力。

地方城市管理人员要善于抓住热点，引导社会舆论。例如，南宁市每年举办的"东盟博览会""桂—粤港澳群众文化活动"、北海市举办的"北部湾滨海欢乐周"等在很大程度上起到了城市形象宣传的作用，而如何将"秀甲天下壮美广西"和"浪漫北部湾"品牌形象有效结合起来，深挖北部湾资源，迎合年轻消费群体的潮流生活方式，从"潮文化""潮消费""潮体验""潮玩法"出发，打造独具"浪漫北部湾"特色的文旅消费盛宴，讲好"向海经济"文旅篇章成为关键。同时品牌传播者还需要随时监测、追踪网上舆情，确保城市品牌口碑的正向传播，一旦出现负面信息就需要进行快速反应并给出合理的处理方式，将城市品牌受到的负面影响降到最小。

（三）以维护自身城市形象为基础，做好城市品牌管理，力求城市品牌"续发展"

品牌管理是城市品牌营销中最为关键的部分，影响品牌长期发展。城市品牌管理包括市场推广、客户服务、品牌保护、市场反馈等。城市品牌要在管理过程中不断创新、不断完善，才能让品牌更具有生命力和竞争力。同时，城市管理需要注重维护城市形象，提升城市的品质和服务水平。

首先，客户服务是品牌质量的体现，要做好市民满意度测评，随时改善品牌服务，只有让市民和外部观众能够真实地感受到城市的核心特色和竞争优势，才能够建立起长久的城市品牌形象。其次，要对城市品牌做出有效保护，品牌保护就是要防止恶意攻击和侵权行为，保护城市的品牌形象。各地市政府要积极开展统筹协调、资源整合，从场地、人才等方面入手，不断加强与有关单位的沟通协调，联合多部门组建城市品牌保护项目组，并针对保护工作的难点堵点问题及时分析原因、寻找对策，不断改进工作思路及方法，提升保护效果。最后，城市品牌建设需要综合运用定位策略、形象设计、传媒传播和城市管理等手段，重视突出城市的核心特色和竞争优势，营造出鲜明而有吸引力的形象，并以此影响外部观众和内部市民的认知和态度。

参考文献

孙长恩：《基于互联网时代的城市品牌营销策略分析》，《老字号品牌营销》2023 年第 3 期。

严晶晶：《论品牌故事视角下的城市形象建构》，《新闻研究导刊》2023 年第 2 期。

单娟、朱林晶、龙彦池：《从营销策略视角看城市品牌形象的建构——以巴黎时尚形象为例》，《全球城市研究》（中英文）2021 年第 1 期。

陈家闯:《苏州城市营销的现状与策略研究》,《商业经济》2020 年第 10 期。

牟映洲:《成都城市品牌营销研究》,硕士学位论文,电子科技大学,2020。

刘栋、陈博:《互联网背景下城市品牌营销策略分析》,《中国商论》2019 年第 9 期。

李天雪:《北部湾城市文化品牌建设研究——以防城港为例》,《广西师范大学学报》(哲学社会科学版) 2011 年第 5 期。

李慧:《城市品牌营销理论的新发展》,《商业时代》2010 年第 11 期。

姜智彬:《城市品牌的系统结构及其构成要素》,《山西财经大学学报》2007 年第 8 期。

张逍:《沿海旅游城市品牌打造问题研究——以秦皇岛市为例》,硕士学位论文,河北师范大学,2021。

庞体慧:《文化节与城市品牌营销的共生发展研究——以北海市为例》,《商业文化》2021 年第 9 期。

Michalis Kavaratzis, "From City Marketing to City Branding: Towards a Theoretical Framework for Developing City Brands", *Place Branding*, 2004.

Reeman Mohammed Rehan, "Urban Branding as an Effffective Sustainability Tool in Urban Development", *HRBC Journal*, 2013.

Zhou Lijun, Wang Tao, "Social Media: A New Vehicle for City Marketing in China", *Cites* (37), 2014.

来凯悦:《"浙"十年:"品字标"浙江制造公共区域品牌建设与发展概况》,《中国品牌与防伪》2023 年第 8 期。

石章强:《长三角一体化国策下的城市 IP 引爆和产业品牌打造》,《上海企业》2023 年第 6 期。

叶建:《文旅融合视角下的城市品牌建设研究——以广西南宁市为例》,《特区经济》2023 年第 5 期。

李天民、黎伟:《长三角品牌战略一体化实施路径研究》,《中国质量与标准导报》2022 年第 5 期。

高敏、王伟:《乡村振兴背景下北海市乡村旅游发展策略研究》,《全国流通经济》2022 年第 29 期。

李琼、方丹、李芳:《长株潭城市品牌的整合营销传播》,《今传媒》2022 年第 3 期。

马杰:《互联网视域下城市品牌营销策略研究》,《江西电力职业技术学院学报》2021 年第 6 期。

艾辰星:《新媒体时代城市品牌形象传播策略与方法——以许昌市为例》,《中国有线电视》2020 年第 12 期。

马婷:《新媒体时代石河子城市品牌建设与营销研究》,硕士学位论文,石河子大学,2017。

刘海英：《集群化理论视角下北部湾国际门户港高等教育发展策略》，《北部湾大学学报》2020 年第 3 期。

吴静激：《全域旅游视角下挖掘文化元素推动广西北部湾经济区旅游发展研究》，《旅游纵览》（下半月）2018 年第 24 期。

王震：《智慧城市建设与品牌形象传播策略——评〈智慧城市 2.0：科技重塑城市未来〉》，《科技管理研究》2022 年第 7 期。

史蕾琦、王燕茹：《文化创意产业与城市品牌营销的研究——以无锡市为例》，《现代城市研究》2012 年第 8 期。

赖盛中、缪飞：《基于"中国—东盟"的广西南宁城市品牌定位研究》，《特区经济》2009 年第 12 期。

颜晶：《重庆悦来新城城市营销问题研究》，硕士学位论，重庆大学文，2015。

苏道伟：《威海城市营销策略研究》，硕士学位论文，华北电力大学（北京），2020。

Chan A., et al., "City Image：City Branding and City Identity Strategies", *Review of Integrative Business and Economics Research* 10（2022）.

Ahmad B., Ivonne A., "City Branding and the Link to Urban Planning：Theories, Practices and Challenges", *Journal of Planning Literature* 35（2020）.

Ma W., et al., "From City Promotion Via City Marketing to City Branding：Examining Urban Strategies in 23 Chinese Cities", *Cities* 116（2021）.

陈琳：《全球化时代国际大都市的营销策略——香港、伦敦、上海案例研究》，硕士学位论文，同济大学，2006。

夏萌萌：《伦敦市的优势产业对其城市品牌建设的作用》，硕士学位论文，广东外语外贸大学，2020。

雷凤鸣：《生态城市品牌建构路径探究——以杭州和新加坡为例》，硕士学位论文，暨南大学，2018。

张英：《中小城市品牌创建研究——以赣州市为例》，硕士学位论文，赣南师范学院，2013。

洪思琪：《昆明城市品牌营销策略研究》，硕士学位论文，云南大学，2020。

许少兰：《泉州城市品牌营销战略研究》，硕士学位论文，华侨大学，2014。

张暖桢：《成都城市营销研究》，硕士学位论文，四川省社会科学院，2014。

附录一　2022~2023年北部湾国际门户港大事记

2022年

2022年1月，平陆运河项目纳入交通运输部印发的《水运"十四五"发展规划》。

2022年5月，中国首个陆路启运港退税试点政策在广西北部湾港正式落地。

2022年6月，中国首个铁海联运集装箱自动化码头——广西北部湾港钦州港区自动化集装箱码头正式启用。

2022年8月，西部陆海新通道骨干工程——平陆运河在广西正式开工建设。

2022年12月，2022年西部陆海新通道班列开行突破8800列，达到8820列，同比增长44%。

2022年12月，全年集装箱吞吐量突破702万标箱，列全国港口第9位，同比增长16.8%。

2023年

2023年3月，西部陆海新通道铁海联运班列开行突破25000列，向高质量发展新阶段迈进。

2023年4月，"洋浦港—北部湾港—云南"海铁联运沥青班列首发、关丹港—北部湾港—中国川渝多式联运航线正式开通。

2023年5月，广西国际班列运营平台正式投入运营，开行中越（南宁—安员）跨境班列。

2023年5月，钦州港区自动化集装箱码头取得"标准化港口危险货物码头"一级达标认证。

2023年6月，钦州港大榄坪港区大榄坪南作业区9号、10号泊位工程顺利通过竣工验收，为全球首个"U"形工艺布局的北部湾港钦州自动化码头二期建设工作画上完美句号。

2023年7月，30万吨级的广西防城港赤沙2号泊位码头平台实现贯通，标志着广西北部湾港最大干散货自动化码头平台实现全线贯通。

2023年7月，中国南方地区第一家锰硅期货交割仓库落户钦州港片区。

附录二 2022~2023年广西港口水运行业政策清单

附表　2022~2023年广西港口水运行业政策清单

政策类型	政策及文件	颁布时间
国家层面	《国务院关于印发"十四五"现代综合交通运输体系发展规划的通知》	2021年12月
	《关于陆路启运港退税试点政策的通知》	2022年2月
	《北部湾城市群建设"十四五"实施方案》	2022年3月
	《推进铁水联运高质量发展行动方案(2023—2025年)》	2023年1月
自治区层面	《广西北部湾经济区高质量发展"十四五"规划》	2021年12月
	《广西北部湾经济区港口物流发展补助实施细则(修订)》	2022年2月
	《推进多式联运高质量发展优化调整运输结构实施方案(2022—2025年)》	2022年7月
	《钦州—北海—防城港港口型国家物流枢纽高质量建设三年行动计划(2022—2024年)》	2022年8月
	《广西港口集疏运铁路建设实施方案(2022—2025年)》	2022年12月
	《关于加强沿海港口工程建设管理工作的通知》	2023年1月
	《广西大力发展向海经济建设海洋强区三年行动计划(2023—2025年)》	2023年4月
地市层面	《钦州市人民政府办公室关于印发钦州市推进广西北部湾国际门户港建设实施方案(2022—2023年)的通知》	2022年1月
	《南宁国际铁路港开发建设运营支持政策(2023年修订版)》	2023年6月
	《南宁国际铁路港项目及财政支持资金管理办法(2023年修订版)》	2023年6月

Abstract

At the very beginning, this book combs through the overall development of theBeibu Gulf International Gateway Port (2022-2023). Based on the current new situation, new background and new opportunities, it objectively summarizes the current situation and achievements of the development of Beibu Gulf International Gateway Port in seven aspects, namely, the scale of port logistics, infrastructure construction, the system of collection and evacuation, transportation services, port-related industries, green and low-carbon, and smart ports; and it analyzes the faced environment and formed foundation for the development of the Beibu Gulf International Gateway Port in terms of the international economic and trade situation, the status of the regional economy, and the status of the development of Beibu Gulf Economic Zone.

This book points out that there is still a certain gap between Beibu Gulf International Gateway Port and the other advanced ports at home and abroad, which is mainly presented in the following aspects: still lagging behind other developed coastal ports in terms of container throughput, smoothness of the collection and evacuation system, insufficient port-hinterland coordination and linkage, deficiencies in the synergistic capacity of the port business and the support capacity of the port industry and etc. Due to that, this book proposes the need to guard against the competitive development of neighboring ports, pay attention to the new situation faced by the Beibu Gulf International Gateway Port, accelerate the development of seaward industries, promote the construction of Pinglu Canal, a new land and sea corridor in the western part of the country, and optimize the business environment of the Beibu Gulf Port. In addition, this book carries out special investigation and research on six topics, including world-class port construction, optimization of port business environment, coordinated development of port-industry-city coupling, impact of foreign trade, construction of port functions under the construction of the Pinglu Canal, and high-quality branding of the Beibu Gulf Economic Zone.

The construction of the Beibu Gulf International Gateway Port is a concrete practice of implementing important strategies and plans such as the Guiding Principles of the CPC Central Committee and the State Council on Promoting a new pattern of development in the western region in the new era, the overall plan for the Western Land-Sea Corridor, the National Comprehensive Three-Dimensional Transportation Network Planning Outline issued by the CPC Central Committee and the State Council, and the three-year action plan of Guangxi Zhuang Autonomous Region People's Government for promoting the development of the Western Land-Sea New Channel (2021-2023), etc. Base on the actual development of the port industry, Guangxi should take multiple measures, and solidly promote the construction of the "international hub seaport", so as to lead the Beibu Gulf International Gateway Port onto a new journey.

There lies a great significance between the construction of the Western Land-Sea Corridor and the coordinated development of the gateway ports. This book, from the perspective of the Western Land-Sea Corridor, analyzes the current situation of port logistics and foreign trade development in Guangxi and argues the impact mechanism of port logistics development on Guangxi's foreign trade, proposesing effective suggestions to stimulate the vitality of the channel and ports and effectively promote foreign trade.

The smooth start of the Pinglu Canal project, the first river-sea intermodal transport project since the founding of New China in 2022, plays a crucial role in further realizing regional connectivity. In the context of the Pinglu Canal construction, this book focuses on analyzing the advantages, opportunities, difficulties, and problems faced by the integration of urban functions in the Qinzhou Coastal Area, and puts forward countermeasures and suggestions for promoting the integration of urban functions in the Qinzhou Coastal Area under the background of Pinglu Canal construction. In addition, this book also deeply analyzes the problems and future development direction of regional city brand marketing in the Guangxi Beibu Gulf Economic Zone and proposes strategic choices for future city brand marketing in the Guangxi Beibu Gulf Economic Zone.

Keywords: Beibu Gulf International Gateway Port; First-class Port; Western Land-Sea Corridor; Port-industry Coordination

Contents

I General Report

Abstract: Driven by the "Western Land and Sea Economic Corridor Master Plan", the construction of the Pinglu Canal is in full swing. Guangxi's Beibu Gulf region is seizing development opportunities, fully absorbing the dividends of the RCEP policy, and actively seeking progress and development. Based on the current situation, new background and new opportunities, this report objectively summarizes and theoretically analyzes the current development status and achievements of the Beibu Gulf international gateway port in terms of infrastructure construction, port collection and evacuation systems, and port transportation services; based on the autonomous region's economic development situation and international economic and trade development situation, it points out that the Beibu Gulf international gateway port still has a certain gap between advanced ports at home and abroad, and that container throughput and the degree of smooth flow of the collection and evacuation system still lags behind other developed coastal ports. It is proposed that port-hinterland coordination and linkage are insufficient, port business coordination and support capabilities for the port industry; We need to pay attention to the competitive development of surrounding ports, pay attention to the new situation and requirements facing the Beibu Gulf International Gateway Port, and continuously improve the overall competitiveness and international influence of the Beibu Gulf International Gateway Port, starting with accelerating the development of the offshore industry, promoting the construction of the Pinglu Canal, a new land and sea corridor in the west, and optimizing the business environment of Beibu Gulf Port.

Keywords: Beibu Gulf International Gateway Port; Logistics Channel; Port Industry

II Special Reports

B . 2 Beibu Gulf International Gateway World-Class Port

Benchmarking Report

Yin Xiangyu, Fang Yan, Liao Zuowen and Zhang Xiaoyan / 058

Abstract: In November 2019, nine departments including the Ministry of Transport of China jointly issued the "Guiding Opinions on Building a World-Class Port", which lays out a grand blueprint for China to promote the construction of a world-class port over the next 30 years, and also points out the direction and goals for the high-quality development of the Beibu Gulf International Gateway Port. This report establishes a world-class port evaluation index system for Beibu Gulf International Gateway Port based on the five characteristics of safe and convenience, smart, green, economical, strong support, and world-class advanced ports. After benchmarking with major domestic coastal ports, the Beibu Gulf International Gateway Port still has a lot of room for improvement in port throughput, container terminal operation efficiency needs to be further improved, 100-meter shoreline throughput needs to be further improved, and sea-rail intermodal transport capacity needs to be further improved. The city's business environment needs to be further improved, port connectivity needs to be further improved, and green port construction still has a lot of room for improvement in technology. There are nine major issues in energy port production and operation, and the need to improve international influence. Based on the benchmarking analysis results, specific suggestions were put forward in eight areas, including improving port infrastructure, strengthening port transportation services, improving convenient service levels, promoting green port construction, speeding up smart port upgrades, improving safety and emergency response capabilities, promoting port opening and cooperation, and continuously expanding shipping services.

Keywords: World Class Port; Port Evaluation System; Port High-quality Development

B.3 Beibu Gulf International Gateway Port Shore Business Environment Report

Cai Xiang, Pan Liurong, Zhou Nan, Zhao Xiaohui and Tian Ye / 089

Abstract: Deepening the "deregulation and service" reform, further optimizing the port business environment, and implementing a higher level of cross-border trade facilitation is essential to the high-quality development of the

Beibu Gulf International Gateway Port. Based on the analysis of the current situation of the Beibu Gulf international gateway port shore business environment, this report comprehensively constructs a set of indicators suitable for evaluating the Beibu Gulf international gateway port shore business environment, determines six dimensions and 26 specific indicators, including cross-border trade port costs, cross-border trade port timeliness, regulatory environment, commercial services, informatization, and supporting facilities. Based on the hierarchical analysis method (AHP), the Beibu Gulf international gateway port business environment has been specifically evaluated, revealing the difficult problems and blockages that need to be solved urgently, such as port ship costs, port access, industry marketization, and intelligent informatization, etc. Suggest countermeasures such as the level of facilitation, standardizing cross-border trade charges, deepening the construction of "smart ports", effectively improving the level of commercial services, and promoting the integrated development of the business environment, industrial collaboration, and regional ports.

Keywords: Beibu Gulf International Gateway Port; Shore Business Environment; Analytic Hierarchy Process

B . 4 Evaluation Study on Coupled and Coordinated Development of "Port Logistics-Port Industry-Regional Economy"

Zhu Fangyang, Ouyang Xuelian, Jiang Weiyi and You Yong / 131

Abstract: Coordinated development of port logistics, port industry and regional economy is a real need to speed up the construction of a modern economic system. By sorting out and theoretical analysis of the current state of port logistics, port industry and regional economic development at Beibu Gulf Port, and evaluating the development level and coordinated development of each of the three, this report further summarizes the current state of coordinated development of the three. Research shows that the coupling coordination degree of "port logistics-port industry-regional economy" of Beibu Gulf Port has gone through a transformation of imbalance-primary coordination-intermediate coordination-good coordination, and there is still some room for optimization of the coupling coordination; insufficient coupling drive between port logistics, port industry and regional economy limits the improvement in the level of coordinated development of the three; the port's fixed asset investment amount completed each year, port industry workers, and the profits of industrial enterprises above scale and actual use of foreign capital have a great impact on the future coordinated development of "logistics-port industry-regional economy". Measures and suggestions are put forward to promote the construction of urban agglomerations and achieve collaborative regional development in terms of strengthening the division of labor and cooperation in ports, improving port and shipping infrastructure construction; consolidating the supporting infrastructure for the port industry; and building a modern port industrial cluster.

Keywords: Port Logistics; Port Industry; Coupling Coordinated Development

B.5   Study on the Impact and Countermeasures of Port Logistics

on Guangxi's International Trade from the Perspective

of New Land and Sea Economic Corridors

Zhu Nian, Xie Jiali, Liang Weiye and Hu Lili / 165

Abstract: The construction of a new land and sea economic corridor in the western of China is a leading project to promote the expansion and opening up of western provinces and regions. This report introduces the evolution process of the new land and sea corridor in the west of china based on its significance, strategic position, spatial layout, policy documents, etc., and also introduces the construction results in three aspects: channel operation efficiency, channel opening cooperation, and total cargo volume. It analyzes the significance of the new land and sea corridor in Guangxi's development from coordinated domestic regional development, Guangxi industrial park linkage, and international open cooperation. Based on the background of port logistics development in the new land and sea corridors in the west, data was collected and analyzed on Guangxi's international trade development status, the foreign trade situation of economically strong provinces (cities) such as Guangdong, Jiangsu, Zhejiang, Shandong, and Shanghai in the eastern region, and the foreign trade development situation in the Beibu Gulf Economic Zone. The impact of port logistics on Guangxi's internationa trade was analyzed from five aspects: policy factors, geographical factors, infrastructure, related industries, and industrial agglomeration. Finally, in line with the new opportunities and challenges brought to Guangxi by the new land and sea corridors , countermeasures are proposed, such as training port logistics personnel, actively reaching development strategic cooperation with other provinces in the west, optimizing channel transportation organization and improving logistics efficiency, promoting the construction of high-capacity transportation channels, raising the level of connectivity, and sharing new opportunities for cross-border channel construction.

Keywords: Western New Land-sea Corridor; Opening to the World; Port Logistics

B.6 Research on the Integration of Urban Functional Space in the Port-neighboring Areas of Qinzhou City under the Background of Pinglu Canal Construction

Li Yan, Luo Yang, Yang Lei and Zhou Tong / 206

Abstract: In the context of the construction of the Pinglu Canal, this study thoroughly analyzes the development status of Qinzhou and the strategic significance of the integration of urban functional space in the Qinzhou Lingang area, clarifies that the construction of the Pinglu Canal and the integration of urban functional space in the Lingang region of Qinzhou is a strategic choice for Qinzhou's development. It points out that in the context of Pinglu Canal construction, the integration of urban functional space in the Lingang region of has policy, location, resource and population advantages. It has development opportunities brought about by China's macroeconomic policies, development opportunities brought about by industrial transfer, and development of Qinzhou. The reality of the coastal industrial cluster needs to wait for development opportunities, but at the same time, it also faces problems such as the distance between the old town of Qinzhou and the port area, which cannot be improved through internal restructuring, the Qinzhou urban expansion method is not conducive to the concentration of service functions, the urban spatial structure seriously restricts the development of public functions. There are problems such as the urban and industrial spatial patterns that need to be optimized, R&D and innovation capabilities are not well suited to the industrial landscape, insufficient connections between the transportation system and the industrial landscape, and the gradual emergence of ecological fragmentation; on this basis, it is proposed to draw on the practices and experience of integrating the domestic urban functional space. Countermeasures and suggestions to promote the integration of urban functional space in the Qinzhou Lingang area: break through the existing urban development space and adjust the urban spatial structure of the Qinzhou port; rationally design the urban functional layout to optimize the layout pattern of the urban functional area; optimize the urban spatial function and raise the energy level of the port industry; accelerate spatial integration and promote the linkage between Hong Kong and industrial cities; expand the spatial position and raise the urban spatial energy level of the Qinzhou Lingang area.

Keywords: Pinglu Canal; Qinzhou; City Functional; Spatial Integration

B.7 Research on urban brand marketing strategy of Guangxi Beibu Gulf Economic Zone in the high-quality development

Li Wei, Huang Guiyuan, Zhu Linsen and Zhang Shurui / 236

Abstract: Under the background of high-quality development and the construction of New Western Land-sea Corridor, The Guangxi Beibu Gulf Economic Zone actively grasps development opportunities, with rapid industrial development and significant economic improvement, and strives to enhance the "soft power" of regional urban brands. This report is based on the current situation and policy background of urban brand marketing construction in the Beibu Gulf Economic Zone of Guangxi. It objectively summarized and analyzed the current situation of "multifaceted development" and "independent development environment". From two aspects of regional urban brand development status and marketing environment, this paper analyzes the existing problems and future development direction of regional urban brand marketing in Guangxi Beibu Gulf Economic Zone, as well as the urban brand marketing strategy of "regional characteristics and open development". This report draws on domestic and foreign urban brand marketing cases and combines the unique characteristics of the Guangxi Beibu Gulf Economic Zone to propose strategic choices for future urban brand marketing, providing development direction and advanced models for enhancing the "soft power" of the regional development of the Guangxi Beibu Gulf Economic Zone.

Keywords: Beibu Gulf Economic Zone; City Brand; Guangxi

社会科学文献出版社

皮书

智库成果出版与传播平台

❖ 皮书定义 ❖

皮书是对中国与世界发展状况和热点问题进行年度监测，以专业的角度、专家的视野和实证研究方法，针对某一领域或区域现状与发展态势展开分析和预测，具备前沿性、原创性、实证性、连续性、时效性等特点的公开出版物，由一系列权威研究报告组成。

❖ 皮书作者 ❖

皮书系列报告作者以国内外一流研究机构、知名高校等重点智库的研究人员为主，多为相关领域一流专家学者，他们的观点代表了当下学界对中国与世界的现实和未来最高水平的解读与分析。截至 2022 年底，皮书研创机构逾千家，报告作者累计超过 10 万人。

❖ 皮书荣誉 ❖

皮书作为中国社会科学院基础理论研究与应用对策研究融合发展的代表性成果，不仅是哲学社会科学工作者服务中国特色社会主义现代化建设的重要成果，更是助力中国特色新型智库建设、构建中国特色哲学社会科学"三大体系"的重要平台。皮书系列先后被列入"十二五""十三五""十四五"时期国家重点出版物出版专项规划项目；2013~2023 年，重点皮书列入中国社会科学院国家哲学社会科学创新工程项目。

皮书网

（网址：www.pishu.cn）

发布皮书研创资讯，传播皮书精彩内容
引领皮书出版潮流，打造皮书服务平台

栏目设置

◆**关于皮书**

何谓皮书、皮书分类、皮书大事记、
皮书荣誉、皮书出版第一人、皮书编辑部

◆**最新资讯**

通知公告、新闻动态、媒体聚焦、
网站专题、视频直播、下载专区

◆**皮书研创**

皮书规范、皮书选题、皮书出版、
皮书研究、研创团队

◆**皮书评奖评价**

指标体系、皮书评价、皮书评奖

◆**皮书研究院理事会**

理事会章程、理事单位、个人理事、高级
研究员、理事会秘书处、入会指南

所获荣誉

◆2008 年、2011 年、2014 年，皮书网均
在全国新闻出版业网站荣誉评选中获得
"最具商业价值网站"称号；
◆2012 年，获得"出版业网站百强"称号。

网库合一

2014年，皮书网与皮书数据库端口合
一，实现资源共享，搭建智库成果融合创
新平台。

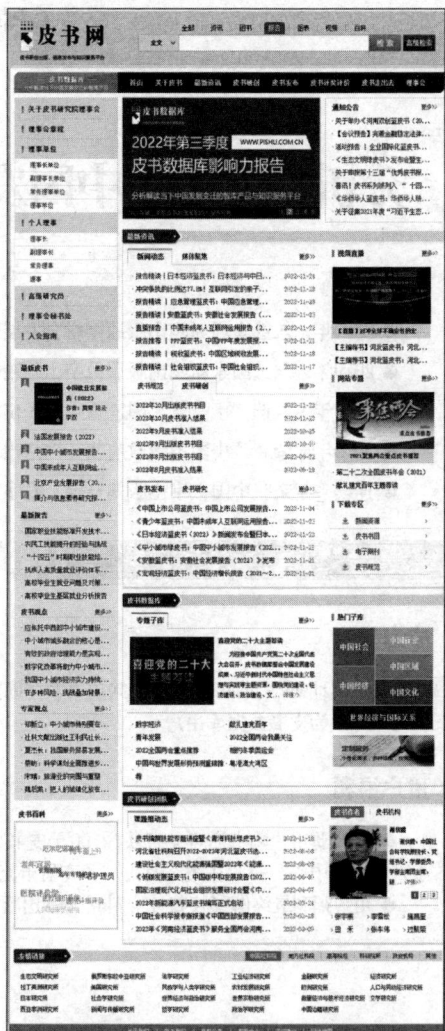

皮书网

"皮书说"
微信公众号

皮书微博

法律声明

"皮书系列"（含蓝皮书、绿皮书、黄皮书）之品牌由社会科学文献出版社最早使用并持续至今，现已被中国图书行业所熟知。"皮书系列"的相关商标已在国家商标管理部门商标局注册，包括但不限于LOGO（▨）、皮书、Pishu、经济蓝皮书、社会蓝皮书等。"皮书系列"图书的注册商标专用权及封面设计、版式设计的著作权均为社会科学文献出版社所有。未经社会科学文献出版社书面授权许可，任何使用与"皮书系列"图书注册商标、封面设计、版式设计相同或者近似的文字、图形或其组合的行为均系侵权行为。

经作者授权，本书的专有出版权及信息网络传播权等为社会科学文献出版社享有。未经社会科学文献出版社书面授权许可，任何就本书内容的复制、发行或以数字形式进行网络传播的行为均系侵权行为。

社会科学文献出版社将通过法律途径追究上述侵权行为的法律责任，维护自身合法权益。

欢迎社会各界人士对侵犯社会科学文献出版社上述权利的侵权行为进行举报。电话：010-59367121，电子邮箱：fawubu@ssap.cn。

社会科学文献出版社